# Fairness und Fairplay

Minas Dimitriou · Gottfried Schweiger
(Hrsg.)

# Fairness und Fairplay

## Interdisziplinäre Perspektiven

Springer VS

*Herausgeber*
Minas Dimitriou
Universität Salzburg
Österreich

Gottfried Schweiger
Universität Salzburg
Österreich

Gedruckt mit Förderung durch die Stiftungs- und Förderungsgesellschaft der Paris-Lodron Universität Salzburg, das Zentrum für Ethik und Armutsforschung und den Interfakultären Fachbereich Sport- & Bewegungswissenschaft / USI

ISBN 978-3-658-08674-9 ISBN 978-3-658-08675-6 (eBook)
DOI 10.1007/978-3-658-08675-6

Die Deutsche Nationalbibliothek verzeichnet diese Publikation in der Deutschen Nationalbibliografie; detaillierte bibliografische Daten sind im Internet über http://dnb.d-nb.de abrufbar.

Springer VS


Gedruckt auf säurefreiem und chlorfrei gebleichtem Papier

Springer Fachmedien Wiesbaden ist Teil der Fachverlagsgruppe Springer Science+Business Media (www.springer.com)

# Inhaltsverzeichnis

Vorwort I (G. Amesberger) ........ 7

Vorwort II (C. Sedmak) ........ 11

Fairness und Fairplay. Eine interdisziplinäre Annährung (M. Dimitriou und G. Schweiger) ........ 15

Fairness lohnt sich! (E. Jonas) ........ 23

Kommentar: Fairness lohnt sich! (H. Oberhofer) ........ 51

Zur gesellschaftlichen Relevanz von Sportevents (M. Dimitriou) ........ 59

Kommentar: Zur gesellschaftlichen Relevanz von Sportevents (R. Renger) ........ 81

Fairness, Steuerethik und Armutsbekämpfung (H. P. Gaisbauer und C. Sedmak) ........ 89

Kommentar: „Fairplay" vor dem Anspruch von „Gerechtigkeit" (F. Gmainer-Pranzl) ........ 107

Ungerechtigkeit mit System (J. Paetzold und H. Winner) ........ 117

Kommentar: Zur (gewandelten) Bedeutung von Fairness und Fairplay im Arbeits- und Sozialrecht (Walter J. Pfeil) ........ 131

Fairness in der Bioethik (M. Breitenbach und A. M. Weiss) ........ 143

Kommentar: Fairness in der Bioethik (H. Embacher) ........ 159

Fairness und Fairplay aus pädagogischer Sicht (Ch. Schmid) ........ 167

Kommentar: Fairness und Fairplay aus pädagogischer Sicht (G. Schweiger) ........ 185

Fairplay im Ferntourismus? (W. Aschauer) ........ 191

Kommentar: Fairplay im Ferntourismus? (A. Koch) ........ 225

Biografien ........ 233

# Vorwort I

Günter Amesberger

Es gibt selten einen Begriff sowie einen damit verbundenen gesellschaftlichen Diskurs, der in den letzten Jahren so eine bemerkenswerte Konjunktur erfahren hat wie *Fairness*. Fairness stellt einen Grundwert sportlicher Tätigkeit und damit des Sports in seiner gesellschaftlichen Position und Wirkung dar. Ja mehr noch, dieser Begriff strahlt auf das gesamte gesellschaftliche System aus und wird nicht selten mit dem Prinzip des Wettkämpfens, des Leistungsvergleichs unter der Beachtung von Fairnessprinzipien gekoppelt. Dies ist umso bemerkenswerter als Druck und Belastung, die nicht selten mit Leistung und Wettbewerb gekoppelt sind, in der Regel in inverser Beziehung zu Fairness und Menschlichkeit stehen. Damit wird auch zugleich die übergeordnete Perspektive sichtbar: Wenn etwa ein Dopingfall oder ein Wettskandal für Aufregung sorgt, weil ein Sportler oder eine Sportlerin hier unfair und unmoralisch gehandelt hat, dann werden darin typische gesellschaftliche Muster sichtbar, die sich mit folgenden Fragen andeuten lassen. Wer ist für diese Fairnessabweichung verantwortlich, die einzelne Person, die „Täterin" oder der „Täter"? Oder liegt die Verantwortung bei der Gesellschaft, die immer höhere Leistungen erwartet, damit einen sauberen Sport verbindet, aber sehr „unsauber" reagiert, wenn die erwarteten Leistungen nicht erfüllt wurden. Oder liegt die Verantwortung vielmehr bei jenen, die im Hintergrund die Fäden ziehen, Macht ausüben, Geld verdienen und die Strukturen für die entsprechenden Verfehlungen zur Verfügung stellen?

Umfassender können wir Fairness als fundamentales Menschenrecht sehen, mit dem Ziel und Anspruch für eine humane Welt, insbesondere für angemessene Lebensqualität möglichst Vieler. Aus dieser Perspektive sind alle gesellschaftlichen Kontexte mit Fairness imprägniert. Von einer fairen Bildungspolitik über eine faire Arbeitsverteilung bis zu einem fairen Umgang mit ökologischen Ressourcen.

Fairness entsteht nicht einfach so, sie fordert die komplexe mehrperspektivische und damit auch interdisziplinäre Reflexion gesellschaftlichen Geschehens.

Damit steht sie oft auch gegen implizite und emotionale Mechanismen, die häufig Verhaltens- und Entscheidungsmuster prägen, wie auch gegen strukturelle Dynamiken etwa eines freien Wettbewerbs oder einer freien Marktwirtschaft. Eine rückwirkende Betrachtung von Handlungen einzelner Personen, von Vertretern wichtiger gesellschaftlicher, etwa wirtschaftlicher oder auch universitärer Strukturen hat dann häufig stärker handlungsrechtfertigende denn handlungsleitende Funktion. Anstatt planend Handeln, gesellschaftliche Strukturen und Entwicklungen unter Berücksichtigung von Fairnessaspekten zu gestalten, ist sie also nicht selten den Entscheidungen und Zeitdynamiken zeitlich nachgeschalten. Gerade in Drucksituationen werden dem Handlungsvollzug vorgeschaltete rationale Gedankengänge (etwa Überlegungen zu fairem Verhalten) verlassen, um der emotionalen Regulation und der bloßen „Stimmigkeit" für die Person Platz zu machen.

Über Fairnessforschung wird Fairness auch zu einem Wissensgegenstand. Dieses Wissen kann man sich dementsprechend aneignen und zielgerichtet einsetzen. Dies impliziert die Chance einer größeren Sensibilisierung, birgt aber auch die Gefahr, der Pädagogisierung und Instrumentalisierung, etwa Fairness dadurch wieder zu einem Wirtschaftsfaktor zu machen: „Fairness rechnet sich."

Fairness kann als Schnittstelle impliziten moralischen Handelns und eines expliziten moralischen Diskurses verstanden werden. Fairness zeigt sich eben häufig in der unmittelbaren „spontanen" Handlung von Menschen, indem altruistische Mechanismen Macht-, Lust- und Leistungsprinzipmechanismen dominieren. Damit sind auch zwei erste Unterscheidungen einzuführen. Einerseits sind Fairnessprinzipien ungeschriebene gesellschaftliche Regeln: „Man überlässt dem Gegner den Ball, wenn …", „Man unterstützt ein Kind, wenn …". Fairness ist aber auch eine Haltung, ein verinnerlichtes Prinzip und damit eine moralische Dimension menschlichen Handelns.

Fairness als verantwortungsvolle und nachhaltige Handlungsoption wird immer häufiger sowohl zum Thema politischer und medialer Diskurse als auch – wie oben bereits angedeutet – zum Gegenstand wissenschaftlicher Diskurse in den Bereichen Philosophie, Psychologie, Theologie, Wirtschaft, Sportwissenschaft, Pädagogik, Soziologie, Kultur- und Naturwissenschaften.

Fairness erfordert die Auseinandersetzung mit deskriptiv erfassten Daten unserer gesellschaftlichen Bedingungen und individuellen Handelns. Eine gute Gesinnung allein reicht hier nicht aus, etwa um Prinzipien der Gleichwertigkeit umzusetzen. Der Gebrauch, die Bewertung und die Nutzung von Daten erfordert ihrerseits wieder komplexe Reflexionsmechanismen etwa in der kritischen Auseinandersetzung damit, wie diese Daten entstanden sind und wie diese genutzt bzw. benutzt werden. Damit rücken die normativen Bezugsgrößen in den Blick, die wir im Sinne der Fairness einfordern und die ihrerseits einem umfassenden gesellschaftlichen Diskurs zu unterwerfen sind. Fairness als bloßer Sollensanspruch greift sicher zu kurz. Gesellschaftlich wirksame Konzepte müssen die strukturellen und kulturellen Rahmenbedingungen fairen Handelns ebenso berücksichtigen wie Determinanten der Abweichung.

Damit wird deutlich, dass der ursprünglich im Bereich des Sports beheimatete Topos längst die „banalen" Sphären des genuinen sportlichen Rahmens verlassen hat. So spricht man zum Beispiel von der Einführung von Regeln des Financial Fair Plays mit denen die Europäische Fußball-Union künftig ökonomische Auswüchse verhindern will, aber auch von „Tax Fair Play", wenn die amerikanischen Demokraten mit der Einhebung von Steuern für Reiche für mehr soziale Gerechtigkeit sorgen möchten.

Zudem rückt in den letzten Jahren auch die Rolle von Fairness in Märkten, Organisationen und bei individuellen Entscheidungen in den Vordergrund wissenschaftlicher Forschung. Parallel dazu veröffentlicht die Fairness Stiftung GmbH regelmäßig einen Fairnessbarometer, in dem Themengebiete wie die Relevanz fairer Unternehmenspolitik, der Beitrag von Fairness zum Unternehmenserfolg und die Glaubwürdigkeit von Fairnesszuschreibung behandelt werden.

Aufgrund der oben geschilderten thematischen Aktualität und Multiperspektivität bei der Betrachtung des Topos *Fairness/Fairplay* haben der IFFB Sport- und Bewegungswissenschaft (Assoz. Prof. Dr. Minas Dimitriou) und das Zentrum für Ethik und Armutsforschung (Dr. Gottfried Schweiger) der Universität Salzburg im Sommersemester 2014 eine Ringvorlesung zum Thema durchgeführt und dazu dieses bemerkenswerte Werk herausgegeben, bei dessen Lektüre ich der Leserin und dem Leser viel Freude wünsche!

# Vorwort II

Clemens Sedmak

Am 26. August 2000 erzielte Christian Mayrleb im Dress von Austria Wien im Bregenzer Casinostadion ein Tor, das ungeschriebene Fairplay-Regeln und den fußballerischen Ehrenkodex verletzte. Er missachtete die Idee, dass der Ball nach der Behandlung eines verletzten Spielers wieder an jene Elf zurückgegeben wird, die den Ball ins Out geschossen hatte, um die Spielunterbrechung zu ermöglichen. Zur Verblüffung auch der eigenen Mannschaft schnappte er sich den Ball und beförderte ihn ins gegnerische Tor, anstatt ihn galant an Bregenz abzugeben. Der damalige Austria-Wien-Präsident Frank Stronach war dermaßen aufgebracht ob dieser Verletzung von Fairnessstandards, dass das Spiel neu ausgetragen wurde.

Diese historische Episode sagt etwas über den Wert des Ungeschriebenen, eine Kultur von Fairness und über moralische Empfindungen aus. Hier zeigt sich, dass Fairness nicht nur eine Frage von Verhaltensregeln ist, sondern tiefere, identitätsnahe Schichten des Menschen berührt, die mit Begriffen wie „Ehre" oder „Ehrgefühl" ausgedrückt werden. Kwame Anthony Appiah hat in einem wichtigen Buch, „Eine Frage der Ehre", über dieses so sensible wie schwer greifbare, aber wirkungsmächtige Movens moralischer Motivationen nachgedacht. „Fairness" ist eine Einstellung, die „Ungeschriebenes" in der Verhaltenskoordination berücksichtigt und damit über die bloße Einhaltung der Regeln hinausgeht. Ein Beispiel: Am 16. März 1912 verließ der schwer angeschlagene Lawrence Oates, Mitglied von Robert Scotts Südpolexpedition, morgens das schützende Zelt und schleppte sich in den Schneesturm hinaus, mit den berühmten Worten: „I am just going outside and may be some time." Er starb freiwillig, um seinen verbleibenden Kameraden eine größere Überlebenschance zu ermöglichen. War dies „fair"? War das eine Frage der Ehre (der britischen Navy)?

Fragen wie diese sind ethisch relevant, sozial bedeutsam und von allgemeinem Interesse. Viele Aspekte müssen bei der Behandlung dieser Fragen berücksichtigt werden. So bietet sich eine disziplinenübergreifende und öffentliche Auseinandersetzung mit dem Thema an. Dieses Projekt reflektiert der vorliegende Band, der Ausdruck einer Kooperation zwischen dem Fachbereich Sport- und Bewegungswissenschaft und dem Zentrum für Ethik und Armutsforschung der Universität Salzburg ist. Die Allianz mag auf den ersten Blick ungewohnt scheinen, aber so manche Ehe hat durch einen aufgemischten Genpool gewonnen.

Das Zentrum für Ethik und Armutsforschung beschäftigt sich schließlich unter anderem mit Fragen der normativen Ethik und der Gerechtigkeit. In diesen Debatten spielt seit John Rawls' berühmtem Aufsatz „Justice as Fairness" aus dem Jahr 1958 der Begriff der Fairness eine zentrale Rolle. John Rawls, der an der Kent School in Connecticut in Sport brillierte, wurde später zu einem engagierten Baseballfan (wie sich in seinem 1955 erschienenen Aufsatz „Two Concepts of Rules" zeigt) und schlug damit eine Brücke zwischen Sport und Philosophie. Bereits einige Jahre zuvor hatte, laut einer bekannten Anekdote Norman Malcolms, Wittgenstein die philosophische Inspiration, den Begriff „Sprachspiel" zu verfolgen, als er einem Fußballspiel beiwohnte. So ist die Brücke, die ethische Reflexion und Sportdiskurs verbindet, überschaubar und wird nicht auf den Pfeiler der Fairness verzichten können. Gleichzeitig zeigt sich: Philosophische Reflexion kann immens von sportwissenschaftlicher Expertise und sportlichen Ereignissen profitieren.

Als Zentrum für Ethik und Armutsforschung interessieren wir uns auch und gerade für Fragen der Ausgrenzung, für Aspekte von mangelnder Fairness und Ungerechtigkeit. Dazu nur ein Wort: Eine Reihe von Studien haben gezeigt, das ein Mangel an Fairness innerhalb einer Organisation krank macht (Burnout begünstigt, das Stressniveau erhöht, psychische Belastungen fördert).[1] Die White-

1 Geurts, S.A., Buunk, A.P. and Schaufeli, W.B., „Health complaints, social comparisons and absenteeism", Work and Stress, Vol. 8, No. 3, 1994, pp. 220–234; Greenberg, J. (2004), „Stress fairness to fare no stress: managing workplace stress by promoting organizational justice", Organisational Dynamics, Vol. 33, pp. 352–365; Grynderup, M.B., Mors, O., Hansen, Å.M. et al (2013), „Work-unit measures of organisational justice and risk of depression – a two-year cohort study", Occupational and Environmental Medicine, Vol. 70, No. 6, pp. 380–385; Siegrist, J., „Adverse health effects of high-effort/low-reward conditions", Journal of Occupational Health Psychology, Vol. 1, No. 1, 1996, pp. 27–41; Spell, C.S. and Arnold, T. (2007), „An appraisal perspective of justice, structure, and job control as antecedents of psychological distress", Journal of Organizational Behaviour, Vol. 28, No. 6, pp. 729–751; Ybema, J.F. and van den Bos, K. (2010), „Effects of organizational justice on depressive symptoms and sickness absence: a longitudinal perspective", Social Science and Medicine, Vol. 70, No. 10, pp. 1609–1617.

hall-Studien von Michael Marmot haben deutlich gemacht, dass Eintrittsstellen für diese Belastungen ungleich verteilt sind. Hier treffen sich normative Ethik und Forschungen zu sozialer Ausgrenzung. „Fairness" ist deswegen auch ein Begriff, der für das Verständnis des sozialen Friedens relevant ist – auf einer Mikroebene von zwischenmenschlichen Interaktionen, auf einer Mesoebene der Institutionenkultur und auf einer Makroebene von Wohlfahrtsstaat oder auch zwischenstaatlichen Beziehungen.

Ich entschuldige mich für die Fußnote im Vorwort und danke den Initiatoren, Minas Dimitriou und Gottfried Schweiger, für die Realisierung dieses Projekts, das allein durch seine Organisationskultur einen Beitrag zur Kultur der Fairness leistet.

# Fairness und Fairplay. Eine interdisziplinäre Annährung

Minas Dimitriou und Gottfried Schweiger

## 1 Zur Einleitung

Fairness und Fairplay sind zwei verwandte, jedoch nicht deckungsgleiche Begriffe. In den folgenden Zeilen werden wir versuchen, diese kurz zu skizzieren und ihre Aktualität deutlich zu machen. Dabei wollen wir besonders hervorheben, warum diese beiden Begriffe und Konzepte in vielen unterschiedlichen gesellschaftlichen Bereichen und den mit ihnen befassten wissenschaftlichen Disziplinen von Bedeutung sind. Dabei können wir natürlich keine Vollständigkeit anstreben, sondern wollen vielmehr begriffliche und thematische Fenster öffnen und den Diskurshorizont erweitern.

In der Philosophie spielt der Begriff der Fairness eine bedeutendere Rolle als jener des Fairplay. Der Begriff „Fairplay" tritt dort nur am Rande auf, wo er auch gesellschaftlich vor allem verortet ist, nämlich in Fragen des Sports und des Spiels. Fairness hingegen ist ein zentrales philosophisches Konzept, insbesondere in der Ethik- und der Gerechtigkeitstheorie, die beide fragen, wie wir unser Zusammenleben nach ethischen Maßstäben einrichten sollen. Während die Ethik dabei zumeist einen Fokus auf das Handeln der Personen abzielt, befasst sich die Gerechtigkeitstheorie vor allem mit Fragen der Einrichtung, der Konstitution der Gesellschaft und der Verteilung wichtiger Güter durch den Staat. Gemäß einem wichtigen Impuls von John Rawls, dem vielleicht bedeutendsten Gerechtigkeitstheoretiker des 20. Jahrhunderts, sind Gerechtigkeit und Fairness eng miteinander verknüpft (Rawls, 1975). Vereinfacht gesagt, ist ein gesellschaftlicher Zustand dann gerecht, wenn er fair ist, womit Rawls meint, dass ihm alle Beteiligten als freie, vernünftige und gleichberechtigte Personen zustimmen können. Fairness betrifft also die Grundprinzipien dessen, wie wir unser Zusammenleben gestalten wollen. Die Gerechtigkeitstheorie von Rawls ist aber nicht die einzige philosophische Theorie und sie ist auch nicht unumstritten. Fairness oder Gerechtigkeit können somit auch anders gedeutet werden. Einige Beispiele können das illustrieren: Fairness kann bedeuten, dass jede Person das erhält, was sie verdient. Diese Verdienstgerechtigkeit ist eng mit dem Gedanken der Leistungsgerechtigkeit verbunden, die davon ausgeht, dass bestimmte Leistungen bestimmte Entlohnungen verdienen und rechtfertigen. Fairness kann bedeuten, dass jede Person gleich viel erhält. So zum Beispiel von einer Geburtstagstorte. Fairness kann aber auch bedeuten, dass Menschen so viel bekommen, wie sie benötigen. Dann ist es fair und gerecht, einem hungernden Menschen genügend Essen zu geben, ohne dass dafür eine bestimmte Leistung erbracht wird. Und es ist fair und gerecht, für einen kranken Menschen genau jene Mittel aufzuwenden, die er benötigt, um gesund zu werden oder trotz Krankheit ein gutes Leben führen zu können. Eine andere Variante von Fairness ist, diese eng an die ausgehandelten Regeln zu binden und solches Verhalten als fair zu beurteilen, das sich an diese Regeln hält und sie nicht übertritt. Eine stärkere Version dieser Forderung könnte auch lauten, nicht nur die Regeln zu befolgen, sondern auch deren „Geist" zu verwirklichen, also keine Schlupflöcher zu suchen und auszunutzen. Einen Vorschlag, diese unterschiedlichen Vorstellungen von Fairness und Gerechtigkeit zu systematisieren, hat David Miller gemacht (Miller, 2008). Seiner Meinung nach lassen sich drei wichtige Kontexte menschlichen Handelns unterscheiden, denen jeweils eine eigene Idee von Fairness entspricht. Im Bereich der Familie und enger Gemeinschaften ist es fair, wenn jeder erhält, was er braucht, um seine Bedürfnisse zu stillen. Im Bereich des Marktes ist es fair, wenn jeder erhält, was er aufgrund seiner Leistung und Talente verdient. Und im Bereich der Gesellschaft und der Politik ist es fair, wenn wir uns alle als gleichberechtigte Bürger anerkennen und respektieren.

Was man von dieser Systematisierung mitnehmen kann, ist vor allem, dass Fairness in vielen gesellschaftlichen Bereichen relevant ist, in der Politik, dem Sozialsystem, der Schule, der Familie, der Wirtschaft oder im Sport. Und dass in all diesen Subsystemen bestimmte Vorstellungen von Fairness zur Regelung des Miteinanders der Beteiligten und zur Verteilung von Gütern, von Rechten und Pflichten, angewendet werden. Die Verteilung von Noten soll fair sein, die Steuerlast der Bürger soll fair sein und auch Eltern sollen ihre Kinder fair behandeln. Was wir bei Miller auch finden, ist eine zentrale Schwierigkeit, die auftritt, wenn Menschen ihre unterschiedlichen und je eigenen Vorstellungen von Fairness zum Ausdruck bringen und damit daran appellieren, dass ihnen mehr zustehen würde oder dass sie unfair behandelt werden. Was für den einen fair ist, kann also für den anderen unfair sein. In der öffentlichen und politischen Debatte lässt sich das schön am Beispiel der Diskussion um Steuergerechtigkeit ablesen. Während von der einen Seite Argumente für eine höhere Besteuerung, etwa von Vermögen oder Erbschaften, als fair angesehen und gefordert werden, wird diese Forderung von der anderen Seite als ungerecht verworfen (Gaisbauer u. a. 2013). Ein bestimmtes Verständnis von Fairness als Gleichheit kann auch im Hintergrund der Forderung stehen, eine sogenannte Flat Tax, also einen einheitlichen Steuertarif einzuführen. Das Zusammenleben funktioniert dabei natürlich nur, wenn ein Konsens oder zumindest weitgehende Zustimmung (in einigen Fällen wird auch die bloße Befolgung ausreichend sein) zu einer Auslegung von Fairness und Gerechtigkeit in einem bestimmten Bereich herrscht. Es kann also nicht jedem freigestellt werden, seine eigenen Vorstellungen einer fairen Steuer zu leben und seinen Steuerbetrag dementsprechend anzupassen. Ein solcher Konsens ist in der politischen Debatte zu finden, in der Argumente für und wider ausgetauscht werden. Idealerweise ist diese Debatte rational, durch wissenschaftliche Erkenntnisse informiert und frei vom Blick auf den bloß eigenen Vorteil. Ethische Überzeugungen sind dabei von zentraler Bedeutung, da sich eine faire Verteilung immer daran orientiert, welche Ziele erreicht werden sollen. Über diese Ziele besteht jedoch keine Einigkeit. Für die einen ist eine möglichst egalitäre Gesellschaft mit einem starken Wohlfahrtsstaat und einer breiten Umverteilung von Ressourcen das anstrebenswerte Ziel der Fairness und Gerechtigkeit, für die anderen ist es ein möglichst liberaler, schlanker Staat, der den Einzelnen so wenig wie möglich einschränkt und dafür auch größere Ungleichheiten in Kauf nimmt.

In welchem Verhältnis stehen nun Fairness bzw. Gerechtigkeit und Fairplay zueinander? Vielleicht lässt es sich so verstehen, dass Fairplay die aktive Umsetzung von Fairness und Gerechtigkeit meint, also die Aktualisierung dieser Werte im Rahmen einer konkreten Praxis bzw. im Rahmen eines konkreten gesellschaftlichen Teilbereichs. Während eine bestimmte Verteilung fair sein kann, so kann ein Mensch oder eine Organisation immer nur fair handeln, also übertragen gesprochen fair spielen – „fair play". Besondere Bedeutung hat Fairplay dann auch für das individuelle Erlernen der Bedeutung von Fairness und Gerechtigkeit und ihre Umsetzung in der Praxis. Faires Handeln und Spielen geschehen nicht natürlich, sondern bedürfen einer Einübung, die die richtigen bzw. adäquaten Regeln und Umgang in den verschiedenen gesellschaftlichen Bereichen vermittelt. Im Sport zum Beispiel, der als Interaktionsfeld gesehen werden kann, wird sowohl Fairness durch die Ausübung von Fairplay vermittelt als auch das Einüben sozialer Wertungen ermöglicht. Fairness avanciert zur „inneren Moral" (Court, 1995, 289) des Sports, wenn Aspekte wie die bewusste Regeleinhaltung und das respektvolle Verhalten gegenüber dem Gegner und der Gegnerin in den Vordergrund rücken. In diesem Zusammenhang könnte vielleicht der Eindruck entstehen, dass der Sport als gesellschaftliches Teilsystem eine Art „moralische Eigenwelt" ist, in der sich Fairness als genuine und konstitutive Instanz manifestiert (Dimitriou, 2006). Zwar stellt der Sport in seiner Diktion eine Eigenwelt dar, doch unterscheiden sich seine ethischen Prinzipien kaum von gesellschaftlichen moralischen Vorstellungen. Da der professionelle Sport einem Input-Output-Kalkül unterliegt, erscheint er als Teil sowohl eines globalen Kommunikationssystems als auch einer sich globalisierenden Wirtschaft. In dieser Umgebung werden oft Fairness und Fairplay als fragile Topoi definiert, die den Rezipienten und Rezipientinnen die Illusion von Gerechtigkeit vermitteln.

Aus dieser Pluralität der Bedeutung und Fairness und ihrer unleugbaren Wichtigkeit für das gesellschaftliche Zusammenleben folgt, dass diese auch in unterschiedlichen Disziplinen thematisiert werden muss und wird. Dabei kommen jeweils unterschiedliche Nuancen und Traditionen ins Spiel. Der Fairnessbegriff hat eine andere Bedeutung und Funktion in den Wirtschaftswissenschaften im Vergleich zu den Erziehungswissenschaften, und er wird wiederum anders konzeptualisiert und untersucht in der Psychologie oder den Rechtswissenschaften. Dabei kann versucht werden, Fairness empirisch zu untersuchen, also zu verstehen, welche konkreten Vorstellungen von Fairness und Gerechtigkeit in der Bevölkerung oder zu einem bestimmten Thema vorhanden sind. Es kann die Motivation für diese Einstellungen und Werthaltungen erforscht und kritisch hinterfragt werden, und es kann die Genese von moralischen Überzeugungen in der Kindheit systematisiert werden. Letztlich ist es für die Gestaltung des Zusammenlebens bzw. für die Realisierung von Fairness in einem bestimmten Bereich aber nötig, die deskriptive Ebene zu verlassen und über Normen und Werte zu entscheiden. Nur sie können anleiten, welche Vorstellungen von Fairness und Gerechtigkeit umgesetzt werden sollen. Es bedarf also beider Perspektiven und unterschiedlicher methodischer und theoretischer Zugänge zu Fairness und Gerechtigkeit, wie sie auch in diesem Band exemplarisch dargestellt werden.

## 2 Über diesen Band

Die in diesem Band veröffentlichten Beiträge entstanden anlässlich einer im Sommersemester 2014 an der Universität Salzburg veranstalteten Ringvorlesung. Um den interdisziplinären Diskurs zu forcieren und die kritische Auseinandersetzung mit den vorgestellten Argumentationen zu intensivieren, haben wir bei der Organisation der Ringvorlesung die Entscheidung getroffen, längere Vorträge mit Kommentaren aus unterschiedlichen Fachdisziplinen zu kombinieren.

Der erste Beitrag von Eva Jonas beleuchtet die psychologischen Facetten von Gerechtigkeit und ihr Beitrag zu Kooperation und Widerstand in sozialen Interaktionen. Dabei betont die Autorin, dass die Berücksichtigung von Fairness im sozialen Miteinander als Grundvoraussetzung für das Entstehen von Kooperationen angesehen werden kann. Wenn man aber bei dieser Interaktion die Rolle von Vertrauen betrachtet, kann die Umsetzung von Gerechtigkeit keineswegs automatisch zu positiven Effekten führen. Vielmehr kommt Situations- und Personenvariablen hier eine relevante moderierende Funktion zu, da sie die subjektive Wahrnehmung einer Situation und die Annahme, ob sich das Gegenüber auch tatsächlich fair verhält, in entscheidendem Maße beeinflussen. Harald Oberhofer kommentiert die Positionen von Eva Jonas aus volkswirtschaftlicher Perspektive und weist auf den Beitrag der Psychologie zur Untersuchung verhaltensökonomischer Ansätze in der Volkswirtschaftslehre hin.

Im Focus des anschließenden zweiten Beitrages steht die Auseinandersetzung mit der interdependenten Beziehung zwischen Medien und Sport aus ethischer Sicht am Beispiel der Vergabe von Übertragungsrechten. Diese von Minas Dimitriou vorgelegte Arbeit beschäftigt sich konkret mit der Frage: Inwiefern können (aus Steuern und Gebühren finanzierte) öffentlich-rechtliche Medien Investitionen für den Erwerb von (immer teurer werdenden) Sportrechten legitimieren, insbesondere wenn man in Betracht zieht, dass sie rechtlich verpflichtet sind, auf der Grundlage eines gesellschaftlichen Auftrages zu handeln? Vor dem Hintergrund einer zunehmenden Ausdifferenzierung der Mediengesellschaft werden die öffentlich-rechtlichen Medien hinsichtlich der getätigten Investitionen für den Erwerb von Sportrechten nicht von ethischen, sondern vorwiegend von monetären und gesetzlichen Aspekten geleitet. In seinem Kommentar beschreibt Rudi Renger den (Medien-)Sport als Milliardengeschäft, in dem öffentlich-rechtliche Broadcaster mit einem gesetzlichen Bildungsauftrag oder kommerzielle Fernsehsender in ihrem Handeln einer reinen „ökonomischen Rationalität" folgen.

Unter dem Titel „Fairness, Steuerethik und Armutsbekämpfung" befassen sich Helmut P. Gaisbauer und Clemens Sedmak mit der Begründung steuerethischer Positionen aus einer Fairnessperspektive. Dabei wird die These unterstützt, dass ein substantieller Begriff von Steuerethik das Gesamtphänomen der Verteilung von wirtschaftlichen und sozialen Vorteilen in einer Gesellschaft im Auge haben muss. Darüber hinaus soll nicht nur die Steuerlastverteilung, sondern auch der Zugang zu ökonomischen Gelegenheiten, die zu Steuerleistungsfähigkeit führen, als Teil der Diskussion um Steuerfairness in Betracht gezogen werden. Franz Gmainer-Pranzl skizziert in seinem Kommentar die Rolle der theologischen Diskurse bei der kritischen Rahmung gesellschaftspolitischer und ökonomischer Fragen am Beispiel der Steuerethik.

Im Beitrag von Jörg Paetzold und Hannes Winner wird anhand eines umfangreichen Individualdatensatzes österreichischer Steuerpflichtiger gezeigt, dass Steuerhinterziehung weit verbreitet ist und systematisch durch Einkommen und Bildung beeinflusst wird. Beides führt zu Ineffizienzen, Ungerechtigkeit und einer Unterminierung der staatlichen Umverteilungspolitik. Diese Evidenz bezieht sich auf den Bezug der Pendlerpauschale (im Rahmen der Lohnsteuer), welche, gemessen an anderen Einkunftsarten (z.B. Einkünften aus Gewerbebetrieb oder Vermietung und Verpachtung), nur geringe Ausweichmöglichkeiten zulässt. Walter Pfeil stellt in seinem Kommentar dar, dass Fairness und Fairplay in einer Gesellschaft zwangsläufig auch mit Fragen der *Verteilung von Ressourcen und Chancen* zu tun haben. Ob diese funktioniert und inwieweit es nicht einer korrigierenden Umverteilung bedarf, ist nicht zuletzt vom gesellschaftlichen Konsens und den diesen prägenden Machtverhältnissen abhängig. Das gilt in besonderem Maße für den gesellschaftlichen Ausgleich, der im und durch das Arbeits- und Sozialrecht bewirkt werden soll. Er diskutiert dafür die vier Beispiele, Lohn- und Sozialdumping, Flucht aus dem Arbeitsrecht, Frühpensionen und 24-Stunden-Betreuung.

Die vorstehenden Beispiele legen den Schluss nahe, dass dieser *Grundkonsens* zunehmend *brüchiger* wird und sich *Partikularinteressen* leichter und häufiger durchsetzen.

Michael Breitenbach und Andreas Michael Weiß präsentieren in ihrem Beitrag den aktuellen Stand der Stammzellforschung und erläutern einige Perspektiven, in denen Fairness in der ethischen Diskussion um die Stammzellforschung zum Thema werden kann: als ethisches Grundprinzip, als Argument für den Schutz menschlicher Embryonen, als Argument für die Stammzellforschung und als Forderung an den gesellschaftlichen Diskurs zur Bioethik. Helga Embacher kommentiert die Argumente von Michael Breitenbach und Andreas M. Weiss hinsichtlich der Embryonenforschung. Sie konzentriert sich unter anderem auf den nicht unproblematischen Umgang mit den bei der In-vitro-Fertilisation nicht verwendeten Embryonen (= verbrauchende Embryonenforschung) und auf die Rolle, die der Politik und unterschiedlichen Religionen in diesem Diskurs zukommt.

Fairness und Fairplay aus pädagogischer Sicht ist Gegenstand der Arbeit von Christine Schmid. Zum einen werden die Zusammenhänge zwischen Fairness, Fairplay und Gerechtigkeit aufgezeigt. Zum anderen geht es ihr darum, sowohl der Entwicklung der Fähigkeit, Regeln einem rationalen Diskurs zu unterziehen, als auch der Entwicklung der Motivation, Regeln einzuhalten, zu verorten. Die Autorin konstatiert, dass in Lernkontexten wie der Familie, der Schule oder auch in Sportvereinen weder auf Begründungszusammenhänge noch auf Bemühungen um soziale Integration verzichtet werden sollte. Regeln zu diskutieren, hilft, ihren Sinn zu verstehen. Regeln durchzusetzen dient der Fairness und damit allen Beteiligten. In seinem Kommentar skizziert Gottfried Schweiger drei Nachfragen: Das Verhältnis der Dualität von moralischen Wissen und moralischer Motivation zu den jeweiligen Inhalten der Moral. Die Frage nach der Verantwortung, moralisches Wissen und moralische Motivation im Laufe der Kindheit zu erwerben. Die Frage nach den Konsequenzen aus dem Pessimismus bezüglicher transnationaler bzw. allgemein komplexerer Formen der Moral und Gerechtigkeit.

Wolfgang Aschauer rückt die Potentiale verantwortungsbewussten Reisens im Ferntourismus in den Fokus der Auseinandersetzung. Dabei bezieht sich seine Analyse des Fairplay im Ferntourismus anhand einer tourismussoziologischen

Perspektive auf interkulturelle Begegnungsweisen am Beispiel von zwei Reiseformen, nämlich dem Reisen in Krisengebiete und dem Slumtourismus. Im Rahmen einer soziologischen Zeitdiagnose geht der Autor in seinem Artikel der Frage nach, wie ethnozentrische und egozentrische Handlungslogiken im Tourismus erklärbar sind, und bietet ein Interpretationsmuster an, das sich primär auf die individuelle Ebene – zwischen Tourist und Slumbewohner bzw. einheimischem Clubmitarbeiter – bezieht. Andreas Koch konzentriert sich in seinem Kommentar auf die Adressierung der Fairnessforderung und betont, dass sie vielmehr auf der Ebene des Reiseveranstalters gesehen werden muss und entsprechende Regelwerke für diesen formuliert werden müssen. Außerdem sei es im Sinne eines faires Mitspielers und Mitgestalters von Fairnessregeln im Tourismus notwendig, Aufmerksamkeit und Anerkennung nicht über Distinktionsphänomene des Außergewöhnlichen zu suchen, sondern sie im Mitmenschlichen des Alltags zu finden.

## 3 Literatur

Court, Jürgen. 1995. *Kritik ethischer Modelle des Leistungssports*. Köln: Sport und Buch Strauss.

Dimitriou, Minas. 2006. Sport als ethischer Raum: Zwischen Eigenwelt und sozialer Übertragung. In: *Politische Ethik I. Räume der Politik*, hg. von Michael Fischer und Heinrich Badura, 141–156. Frankfurt a.M.: Peter Lang.

Gaisbauer, Helmut P., Otto Neumaier, Gottfried Schweiger, und Clemens Sedmak, Hrsg. 2013. *Erbschaftssteuer im Kontext*. 1. Aufl. Wiesbaden: Springer VS. http://link.springer.com/10.1007/978-3-658-01636-4_3.

Miller, David. 2008. *Grundsätze sozialer Gerechtigkeit*. 1. Aufl. Theorie und Gesellschaft 58. Frankfurt am Main/New York, NY: Campus.

Rawls, John. 1975. *Eine Theorie der Gerechtigkeit*. 1. Aufl. Frankfurt am Main: Suhrkamp.

# Fairness lohnt sich!

Psychologische Facetten von Gerechtigkeit und ihr Beitrag zu Kooperation und Widerstand in sozialen Interaktionen

Eva Jonas


## Zusammenfassung

Die Orientierung an Prinzipien der Gerechtigkeit ist für die Kooperation in sozialen Interaktionen zentral. Dies gilt sowohl in Organisationen als auch im Privatleben oder anderen gesellschaftlichen Kontexten. Psychologisch werden vier Dimensionen von Gerechtigkeit unterschieden und zwar Verteilungs- und Prozessgerechtigkeit, interpersonale und informationale Gerechtigkeit. Diese haben einen differentiellen Einfluss auf menschliches Erleben und Verhalten.

Menschen kooperieren in sozialen Interaktionen, wenn sie den Eindruck haben, dass ihre Wünsche und Bedürfnisse berücksichtigt werden. Die Wahrnehmung von Gerechtigkeit hat sich hier als besonders einflussreich erwiesen, denn die Umsetzung von Prinzipien der Gerechtigkeit spricht sowohl das Bedürfnis nach Kontrolle als auch das der personalen (moralischen) und sozialen Identität an. Interaktionen werden dann problematisch, wenn Personen das Gefühl haben, dass ihre Bedürfnisse verletzt werden. Dann reagieren sie mit Widerstand in der sozialen Interaktion.

Im vorliegenden Beitrag erfolgt zunächst eine Darstellung der verschiedenen Dimensionen von Gerechtigkeit. Danach wird analysiert, über welche Prozesse Gerechtigkeit bzw. Ungerechtigkeit menschliches Erleben und Verhalten beeinflusst. Abschließend wird ein integratives Modell vorgestellt, welches formuliert, wann Menschen in Interaktionen kooperieren und wann sie mit Widerstand reagieren.


## 1 Fairness und Gerechtigkeit im Alltag

„Das ist so unfair!" Aufgebracht steht meine kleine Tochter vor mir. Schulkameradin Aurelia sei zwei Jahre jünger als sie und habe schon seit der ersten Klasse ein eigenes Handy. Es reiche ihr, sie wolle auch ein eigenes Handy und zwar sofort! Selten wird mit so viel Leidenschaft argumentiert wie bei Entscheidungen, die als unfair empfunden werden. Sobald Ungerechtigkeiten erlebt werden, werden zudem zumeist unverzüglich Änderungen gefordert. Haben Menschen keine Möglichkeit, ihrem Unmut Luft zu machen, reagieren sie mit Frustration, Gereiztheit, Zynismus oder Mutlosigkeit.

Bei vielen Anlässen im täglichen Leben sowohl im privaten als auch im beruflichen Bereich fragen sich Menschen, ob sie fair behandelt werden oder ob eine Situation eigentlich gerecht ist. Dies ist nicht nur vor Gericht der Fall, wenn es explizit um Recht- oder Unrechtsprechung geht, sondern auch in der Interaktion mit Verkäufern, Ärzten, der Polizei oder Vertretern der kommunalen Verwaltung, in der Schule, am Arbeitsplatz oder bei der Beurteilung politischer Reformen. Wird ein Mangel an Fairness und Gerechtigkeit erlebt, erhitzen sich in der Regel überall schnell die Gemüter – sei es bei der Beurteilung und Entlohnung von Leistungen, bei der Zuweisung von Aufgaben oder Aufstiegsentscheidungen im Beruf, bei der Aufteilung von Hausarbeit, der Vergabe von Sonderprämien, Abfindungen von Vorständen oder dem Bezug von Sozialleistungen.

In den Sozialwissenschaften ist Gerechtigkeit ein sozial definiertes Konstrukt. Etwas wird als gerecht bezeichnet, wenn es von einer Mehrheit an Personen als gerecht wahrgenommen wird (Cropanzano/Greenberg, 1997). Wenn Psychologen von Gerechtigkeit sprechen, beziehen sie sich auf die subjektiv erlebte Gerechtigkeit. Die Begriffe Gerechtigkeit und Fairness werden dabei häufig synonym behandelt. Einige Autoren nehmen jedoch eine Unterscheidung vor und sprechen von Gerechtigkeit, wenn sie sich auf die vorliegenden Bedingungen oder Kriterien beziehen, die erfüllt sein müssen, damit eine Person eine Situation als fair wahrnimmt oder erlebt (siehe z.B. Colquitt, 2001). Dieses subjektive Erleben beeinflusst dann ihr Verhalten (siehe Abb. 1).

Ursachen von Ungerechtigkeit liegen häufig in der Verteilung begrenzter Ressourcen. Muss sich z.B. ein/e Vorgesetzte/r entscheiden, welche seiner MitarbeiterInnen befördert werden soll, ist dies in der Regel für die nicht zum Zuge gekommenen MitarbeiterInnen nachteilig. Auch vor Gericht bekommt gewöhnlich nur eine Partei „Recht" zugesprochen. Die jeweils andere Partei, die von der Entscheidung nicht profitiert, fühlt sich dementsprechend benachteiligt und reagiert üblicherweise mit Protest und Unzufriedenheit (vgl. Tyler et al., 1997). Die Forschung zu Gerechtigkeit zeigt allerdings auch, dass Personen weniger unzufrie-

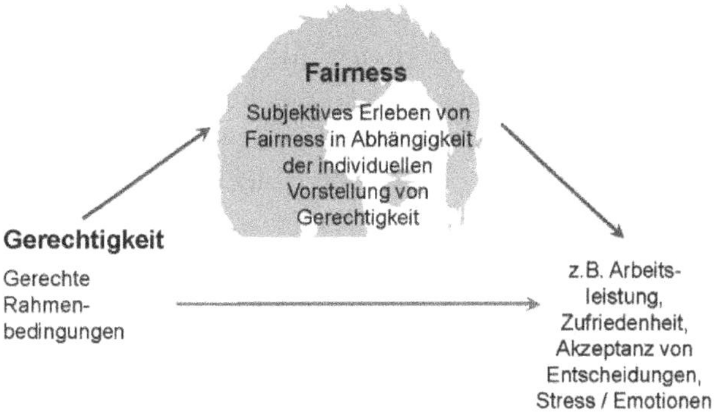


Abbildung 1: Zusammenhang der Begriffe Fairness und Gerechtigkeit

den reagieren, wenn sie die Entscheidungsprozesse und das Verhalten der beteiligten Akteure als fair wahrnehmen. Nehmen sie hier Fairness wahr, sind Menschen eher bereit, eine Entscheidung zu akzeptieren und sich gegenüber den beteiligten Personen loyal zu verhalten, auch wenn sie selbst von der Entscheidung nicht profitieren (vgl. Lind/Tyler, 1988). Dies wird auch als „fair process effect" bezeichnet (Greenberg/Folger, 1983).

## 2 Forschung zu Gerechtigkeit

Die Forschung zu Gerechtigkeit hat sich in den letzten Jahren sehr dynamisch entwickelt. Maßgeblich waren hierfür zwei Metaanalysen, die sich mit dem Konstrukt der organisationalen Gerechtigkeit befasst haben (Cohen-Charash/Spector, 2001; Colquitt et al., 2001). Es konnte gezeigt werden, dass die Wahrnehmung von Gerechtigkeit in Organisationen substantiell positiv mit affektiven Arbeitseinstellungen (z.B. Arbeitszufriedenheit, affektivem Commitment zur Organisation) und konstruktivem Verhalten (z.B. Arbeitsleistung sowie freiwilligem Arbeitsengagement) zusammenhängt. Weiterhin reduziert die Umsetzung von Gerechtigkeitsprinzipien negative Verhaltensweisen, wie Fehlzeiten, Kündigungsabsichten und Diebstahl (Greenberg, 1990, 1993), Vergeltungsmaßnahmen gegenüber der Organisation (Skarlicki/Folger, 1997; Skarlicki, Folger/Tesluk, 1999) sowie Widerstand gegen Veränderungen (Shapiro/Kirkman, 2001). Schließlich wirkt sich die Wahrnehmung von Unfairness negativ auf Indikatoren mentaler und physischer Gesundheit aus, wie beispielsweise Burnout, Erleben von Stress und negativen Emotionen oder Absentismus (Robbins et al., 2012). Die Berücksichtigung von Fragen der Fairness und Gerechtigkeit lohnt sich also für Unternehmen und Institutionen - und dies gilt nicht nur in Bezug auf das Wohlbefinden von Menschen, sondern wirkt sich auch monetär durch höhere Leistung, geringere Fehlzeit, weniger Diebstahl oder sonstiges destruktives Verhalten der betroffenen Personen aus.

Die Forschung hat zudem gezeigt, dass das Konstrukt der organisationalen Gerechtigkeit nicht homogen ist, sondern verschiedene Facetten von Gerechtigkeit unterschieden werden sollten. Heute unterscheidet man je nach Forschungsansatz zwischen drei (distributive, prozedurale und interaktionale Gerechtigkeit; Cohen-Charash/Spector, 2001) oder vier Dimensionen (distributive, prozedurale, interpersonale und informationale Gerechtigkeit; siehe Colquitt, 2001[2]). Eine solche Aufteilung ist sinnvoll, da sie nicht nur durch entsprechende Faktorenanalysen bestätigt wird, sondern sich jeweils auch einzelne Zusammenhänge der unterschiedlichen Dimensionen von Gerechtigkeit (bei statistischer Kontrolle der anderen Dimensionen) mit spezifischen Kriterien zeigen. So hängen diese mit spezifischen proximalen Kriterien, wie verschiedenen Formen der Arbeitszufriedenheit (z. B. bezogen auf Partizipationsmöglichkeiten, Gehalt, Verhalten der Führungskraft) und distalen Kriterien, wie Arbeitsleistung, organisationale Verbundenheit oder Kündigungsgedanken (z. B. Lavelle et al., 2007; Maier et al., 2007; Streicher et al., 2008) zusammen.

## 2.1 Distributive- oder Verteilungsgerechtigkeit – Die Gerechtigkeit von Ergebnissen

Historisch betrachtet, hat sich die Gerechtigkeitsforschung zunächst auf die Frage der Verteilungsgerechtigkeit konzentriert, d. h., wie gerecht wird z. B. ein bestimmter Lohn wahrgenommen. Dies wird auch als distributive Gerechtigkeit bezeichnet. Die Equity-Theorie (Adams, 1965) besagt, dass Personen nach einem ausgewogenen Verhältnis zwischen geleistetem Input (z. B. Anstrengungen, Bildung, Alter, Kreativität) und erhaltenem Outcome (z. B. Geld oder andere Belohnungen, höherer Status) im Verhältnis zu Input-Outcome-Relationen relevanter Bezugspersonen streben. Es wird also ein Gleichgewicht dieser Aus-

2 Maier et al. (2007) haben für den deutschsprachigen Raum die angenommene vierfaktorielle Struktur ebenfalls bestätigt.

tauschverhältnisse im sozialen Vergleich angestrebt (siehe Abb. 2). Im eingangs erwähnten Beispiel vergleicht meine Tochter ihren Input (Alter) und ihren Outcome (kein eigenes Handy) mit dem von Aurelia (Input: jüngeres Alter, Outcome: Handy). Da dieses Verhältnis nicht ausgewogen ist, äußert sie Unzufriedenheit und fordert eine umgehende Änderung der Situation.

$$\frac{\text{eigener Outcome}}{\text{eigener Input}} = \frac{\text{Outcome von Vergleichspersonen}}{\text{Input von Vergleichspersonen}}$$

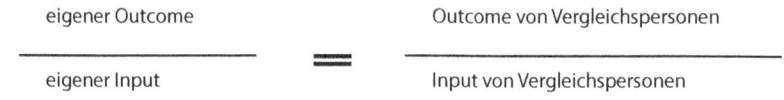

Abbildung 2: Die Komponenten des Austauschprozesses innerhalb der Equity-Theorie

Erleben Personen solche Austauschverhältnisse als unausgewogen, resultiert dies in kognitiver Dissonanz (Festinger, 1957), einem aversiven Erregungszustand und damit verbundenem Unbehagen. Haben Menschen den Eindruck, dass sie in Bezug auf ihr Input-Outcome-Verhältnis im Vergleich zu relevanten Bezugspersonen im Vorteil sind, weil sie zu viel erhalten, erleben sie Schuldgefühle. Entsteht der Eindruck, dass sie im Vergleich zu anderen für ihren Input zu wenig Outcome erhalten, erleben sie Ärger. Menschen sind bemüht, diese Unausgewogenheiten bzw. Diskrepanzen und die damit verbundenen kognitiven Dissonanzen zu reduzieren. Zumeist geschieht dies durch eine Veränderung des eigenen Inputs, z. B. durch Reduktion der eigenen qualitativen oder quantitativen Arbeitsleistung, aber auch durch den Versuch, den erzielten Outcome für ihre Arbeit zu erhöhen. Eine weitere Möglichkeit wäre es, den Input oder den Outcome der Vergleichsperson zu beeinflussen. Zum Beispiel könnte eine Umverteilung der Aufgaben an einen Kollegen erwirkt werden (Erhöhung seines Input) oder eine Intervention beim Vorgesetzten eingeleitet werden, um die dem Kollegen zugesprochenen Privilegien zu reduzieren (Senkung seines Outcomes).

Die Beurteilung von Input-Outcome-Verhältnissen ist ein subjektiver Prozess und hängt von individuellen Wahrnehmungs- und Bewertungsprozessen ab. Verschiedene Personen nehmen die objektiv selbe Situation also unterschiedlich wahr. Hiermit verbunden ist das Problem des „self-serving bias", d. h., Menschen neigen generell dazu, ihren eigenen Input als höher einzuschätzen und den Beitrag anderer zu unterschätzen (vgl. Tyler et al., 1997). Dies ist auch im Kontext von Gerechtigkeit der Fall. Je höher der persönliche Vorteil, desto gerechter wird eine Situation eingeschätzt (Folger/Konovsky, 1989). Aber auch wenn überbezahlte Personen weniger unzufrieden sind als unterbezahlte Personen (z. B. Tyler et al., 1997), reagieren sie auf Unausgewogenheiten dennoch mit Unbehagen, wie z. B. physiologische Messungen zeigen (Markowski, 1988). Empirische Studien belegen außerdem, dass auf Überbezahlung bzw. privilegierte Behandlung ebenfalls eine Motivation zur Steigerung der Leistung folgen kann (z. B. Greenberg, 1988).

Mit der Betonung von Input-Outcome-Verhältnissen basiert die Equity-Theorie auf dem *Leistungsprinzip* als gerechter Verteilungsregel. Je nach Kontext (z. B. Arbeitsplatz vs. Familie), Gruppenziel (z. B. Gruppenharmonie vs. Produktivität), persönlichen Motiven (z. B. materielle Eigeninteressen vs. altruistische Motive) und Art der betroffenen Ressource (z. B. Geld, Status, Liebe) orientieren sich Menschen jedoch auch an anderen Verteilungsregeln (Deutsch, 1975; Leventhal, 1976, siehe Tabelle 1). Beim *Gleichheitsprinzip* wird die gleiche Verteilung der Ressourcen an alle beteiligten Personen, unabhängig von deren Input, als gerecht erlebt (Regel der Gleichheit, „equality"). Diese Regel wird bevorzugt angewandt, wenn harmonische soziale Beziehungen aufrechterhalten bleiben sollen oder die Gleichbehandlung als fundamentales demokratisches Prinzip oder menschliches Grundrecht (z. B. Geltung der Menschenrechte) gesehen wird. Bei Anwendung der Regel der Bedürftigkeit („need") wird eine Umverteilung der Ressourcen als gerecht erlebt, d. h., die besonders Bedürftigen sollten die meisten Ressourcen erhalten. Diese Regel wird v. a. dann angewandt, wenn die persönliche Entwicklung von Personen oder deren Wohlergehen im Mittelpunkt stehen oder der Wert der sozialen Verantwortlichkeit salient ist (Deutsch, 1975; Müller/Hassebrauck, 1993, Schwinger, 1980).

| **Verteilungsprinzip** | **Sozialer Kontext** | **Distales Ziel** | **Typische Ressourcen** (Foa/Foa, 1974) |
|---|---|---|---|
| **Equity** | ökonomisch | Produktivität | Geld, Güter |
| **Gleichheit** | kooperativ | soziale Harmonie | Wissen, Gefälligkeiten |
| **Bedürfnis** | gemeinschaftsbezogen | Förderung und Entwicklung | Liebe |

Tabelle 1: Einordnung der verschiedenen Verteilungsprinzipien innerhalb der distributiven Gerechtigkeit (Entnommen aus: Gollwitzer/Schmitt, 2009, Sozialpsychologie kompakt, Weinheim: Beltz, S. 50)

## 2.2 Prozedurale Gerechtigkeit

In den 70er Jahren erweiterte sich der Blick der Gerechtigkeitsforschung durch die Einbeziehung von Prozesskomponenten. Thibaut und Walker (1975) zeigten im Kontext von Konfliktlösungen, dass neben den Ergebnissen einer Konfliktlösung vor allem die Frage des Entscheidungs*prozesses,* der zu dem Ergebnis geführt hat, ausschlaggebend für die Bewertung von Gerechtigkeit ist. Prozedurale Gerechtigkeit beschreibt, wie ein Ergebnis zustande gekommen ist und ob der damit verbundene Prozess als fair erlebt wird (Lind/Tyler, 1988). Demnach ergeben sich bei der Beurteilung der Prozeduralen Gerechtigkeit weitere Fragen (Leventhal, 1980; Thibaut/Walker, 1975, 1978; Tyler, 2000): Sind die Kriterien bzw. Regeln bekannt, nach denen eine Entscheidung gefällt wird? Werden diese Kriterien gleichermaßen für alle Personen und zu allen Zeitpunkten angewandt? Sind die Entscheidungsträger neutral oder sind sie voreingenommen bzw. durch Eigeninteresse geleitet? Haben die beteiligten Personen die Möglichkeit, ihre Sichtweise darzustellen und gilt dies prinzipiell für alle Betroffenen? Werden unangemessene oder fehlerhafte Entscheidungen korrigiert? Tabelle 2 gibt einen Überblick über zentrale Kriterien für die Wahrnehmung von Prozessen als fair.

| | |
|---|---|
| **Stimme („voice")** | Die Betroffenen haben die Möglichkeit, ihren Standpunkt und ihre Argumente den Entscheidungsträgern zu präsentieren. |
| **Regel der Konsistenz** | Entscheidungsprozesse sind konsistent in Bezug auf verschiedene Personen und über den Zeitverlauf hinweg. |
| **Regel der Unvoreingenommenheit (Neutralität)** | Die Entscheidung wird nicht durch persönliches Selbstinteresse oder Voreingenommenheit der Entscheidungsträger beeinflusst. |
| **Regel der Akkuratheit** | Akkurate, d.h. korrekte und genaue Informationen werden gesammelt und bei der Entscheidungsfindung angemessen berücksichtigt. |
| **Regel der Korrigierbarkeit** | Es ist die Möglichkeit gegeben, Entscheidungen ändern zu können (etwa in Form von Beschwerdeverfahren). |
| **Regel der Repräsentativität** | Bedürfnisse und Meinungen aller betroffenen Parteien werden berücksichtigt. |
| **Regel der Ethik** | Der Entscheidungsprozess ist kompatibel mit persönlichen Wertvorstellungen der Betroffenen bzw. mit fundamentalen moralischen und ethischen Werten. |

Tabelle 2: Kriterien fairer Prozesse

Die Möglichkeit, die eigene Sichtweise darzustellen und die eigene Meinung zu äußern *(voice)* hat sich als wichtigste Bedingung für prozedurale Fairness erwiesen. *Voice* ist jedoch nicht gleichbedeutend mit Partizipation (d.h. tatsächliche

Einflussnahme), sondern bedeutet nur, die Möglichkeit zu haben, seinen eigenen Standpunkt vertreten zu dürfen. Menschen reagieren sogar dann positiv auf die Möglichkeit zur Meinungsäußerung, wenn ihnen bewusst ist, dass sie damit nur einen sehr geringen oder gar keinen Einfluss auf die Entscheidung haben (Lind et al., 1983; Lind et al., 1990; Tyler et al., 1985).

Erleben Personen den Entscheidungsprozess als fair, sind sie bereit auch für sie nachteilige Ergebnisse zu akzeptieren. Das Vorhandensein von Wahlmöglichkeiten zwischen verschiedenen Aufgaben führte beispielsweise auch bei negativen Ergebnissen zu einer faireren Einschätzung des Entscheidungsverfahrens (Grienberger/van Knippenberg, 1997).

### 2.3 Interpersonale und informationale Gerechtigkeit

In den 90er Jahren weitete sich der Blick der Gerechtigkeitsforschung ein weiteres Mal. Seither werden nun interaktionale Aspekte differenzierter betrachtet. Ob eine Situation als fair oder unfair beurteilt wird, hängt nämlich nicht nur von strukturellen Aspekten ab, sondern auch von der interpersonalen Behandlung durch die Entscheidungsträger. Der Begriff der interaktionalen Gerechtigkeit (Bies/Moag, 1986) bezieht sich auf die zwischenmenschliche Seite der Entscheidungsprozesse, d.h., wie sich Entscheidungsträger gegenüber den Betroffenen verhalten. Hierbei spielen v.a. Kommunikationsprozesse eine wichtige Rolle. Beurteilt wird beispielsweise, ob man mit Würde und Respekt behandelt wird, ob ehrlich, umfassend und rechtzeitig kommuniziert wird oder ob Probleme verschleiert werden, ob die dargebotenen Informationen ausreichend und die Erklärungen nachvollziehbar sind. Empirisch zeigt sich, dass solche Aspekte der interaktionalen Gerechtigkeit v.a. in Bezug auf den direkten Vorgesetzten relevant sind (Masterson et al., 2000).

Während einige Autoren diese sozialen Aspekten der Gerechtigkeit unter dem Begriff „interaktionale Gerechtigkeit" (z.B. Cohen-Charash/Spector, 2001) zusammenfassen, differenzieren andere explizit zwischen interpersonaler und informationaler Gerechtigkeit (z.B. Colquitt et al., 2001). Interpersonale Gerechtigkeit bezieht sich dabei auf die Art der Vermittlung einer Botschaft, z.B. ob Verständnis und Unterstützung vermittelt und empathisch kommuniziert wird, indem Sorgen und Befürchtungen aufgegriffen und der Standpunkt des Gegenübers berücksichtigt sowie die Privatsphäre des Gegenübers respektiert wird

(Greenberg, 1993; Roch/Shanock, 2006). Informationale Gerechtigkeit bezieht sich auf die Qualität und Quantität der Informationen, die den betroffenen Personen über den Entscheidungsprozess vermittelt werden. Hier geht es um umfassende, akkurate, zeitgerechte und angemessene Erklärungen (Greenberg, 1993; Shapiro et al., 1994). Die Relevanz von interpersonaler und informationaler Gerechtigkeit ließ sich bereits in mehreren Studien belegen. So fand z.B. Greenberg (1994), dass ein Rauchverbot bei den rauchenden Mitarbeitern einer Firma eher akzeptiert wurde, wenn das Verbot sowohl interpersonal als auch informational gerecht kommuniziert wurde (Greenberg, 1994). Ebenso war in einer Firma organisationsschädigendes Verhalten in Form von Diebstahl am geringsten ausgeprägt, wenn eine Entscheidung interpersonal und informational gerecht vermittelt worden war (Greenberg, 1993). Auch bei der Einführung eines fähigkeitsbezogenen Bezahlungssystems konnte in einem mittelständischen Unternehmen beobachtet werden, dass die Umsetzung von Prinzipien der informationalen Gerechtigkeit durch Mitarbeiterschulungen und Informationsveranstaltungen die Fairnesswahrnehmung erhöhte und die Beurteilung des neuen Systems durch die Mitarbeiter positiv beeinflusste (Lee et al., 1999).

## 3 Warum ist Fairness wichtig?

Die Umsetzung der verschiedenen Prinzipien von Gerechtigkeit beeinflusst menschliches Erleben und Verhalten in starkem Maße. Doch warum ist dies der Fall? Warum reagieren Personen in derart positiver Weise auf die Umsetzung von Gerechtigkeit und derart negativ auf die Verletzung von Prinzipien der Gerechtigkeit? Hierzu gibt es verschiedene Erklärungsansätze (vgl. Folger/Cropanzano, 2001; Lind/Tyler, 1988; Skitka, 2003; Van den Bos, 2005).

### 3.1 Instrumentelles Modell – Bedürfnis nach Kontrolle

Das instrumentelle Erklärungsmodell beruht auf der Überlegung, dass menschliche Interaktionen als Mittel zur Sicherung von Ressourcen bzw. materiellen Vorteilen dienen. Menschen engagieren sich z.B. in Teams oder Organisationen, weil sie ihre eigenen Interessen umsetzen möchten. Sie verhalten sich dann kooperativ, wenn sie dadurch attraktive Ressourcen erlangen (Blau, 1964). Bedingungen organisationaler Gerechtigkeit und damit verbundene faire Entscheidungsprozesse helfen dabei, dass Menschen langfristig ökonomisch vorteilhafte

Ergebnisse erreichen können (Thibaut/Walker, 1975). Sie können Entscheidungen nämlich dann am ehesten zum eigenen Vorteil beeinflussen, wenn sie z. B. die Möglichkeit zu „voice" haben und damit ihre eigenen Sichtweisen einbringen können oder rechtzeitig relevante Informationen erhalten und sich dadurch auf Veränderungen besser einstellen können. Durch eine faire Behandlung erlangen sie in Situationen, in denen sie zunächst wenig Kontrolle bzw. Macht besitzen, ein Gefühl von psychologischer Kontrolle (DeCharms, 1968), was als zentrales menschliches Bedürfnis gilt. Diese Kontrolle, die durch eine Beeinflussung der Ergebnisse (Ergebniskontrolle) und Prozesse (Prozesskontrolle) erreicht werden kann, wird vor allem durch die Umsetzung der Prinzipien der prozeduralen Gerechtigkeit gesteuert.

### 3.2 Relationales Modell – Bedürfnis nach einer positiven sozialen Identität

Nach dem relationalen Modell ist Fairness deshalb für Personen wichtig, da sie hierdurch identitätsrelevante Informationen, d. h. Informationen über ihre sozialen Beziehungen, erhalten. Diese Informationen, die zu einer Identifikation mit größeren sozialen Einheiten (Gruppen, Organisationen) führen, helfen Personen, laut der Theorie der sozialen Identität (Hogg/Abrams, 1988; Tajfel/Turner, 1986), bei der Definition ihres Selbst. Die Beziehungen zu ihrer Gruppe („group value"-Modell, Lind/Tyler, 1988) und zu den Entscheidungsautoritäten der Gruppe („relational model of authority", Tyler/Lind, 1992) vermitteln Menschen selbstrelevante Informationen. Da Menschen nach einem positiven Selbstwert streben, möchten sie sich demnach mit positiv bewerteten Gruppen identifizieren. Das Gefühl, in ihrer Gruppe fair behandelt zu werden, vermittelt dabei zwei Botschaften (Tyler et al., 1996): Durch die Einhaltung und Umsetzung der Gerechtigkeitsprinzipien in ihrer Gruppe erleben sich Menschen zum einen als respektierte, wertgeschätzte Mitglieder innerhalb dieser Gruppe. Zum anderen erhöht sich die Attraktivität dieser Gruppe und das Bewusstsein der Mitgliedschaft in dieser attraktiven Gruppe dient ebenfalls der eigenen positiven sozialen Identität. Darf hingegen ein Gruppenmitglied bei einer wichtigen Entscheidung seine Meinung nicht äußern, ist dies ein Hinweis auf seinen geringen sozialen Status in der Gruppe. Dadurch wird sein Selbstwert bedroht und die Attraktivität der Gruppe für diese Person reduziert.

### 3.3 Fairness als moralischer Wert – Bedürfnis nach einer positiven personalen Identität

Dieser Ansatz postuliert, dass Gerechtigkeit ein Ziel an sich ist und damit mehr als ein instrumentelles oder relationales Mittel zur Erreichung anderer Ziele. Menschen folgen allgemeinen moralischen Verhaltensregeln (z. B. orientiert an religiösen Überzeugungen oder humanistischen Prinzipien) und reagieren deshalb negativ auf Unfairness (Folger, 1998). Orientiert an Standards, die besagen, was richtig oder falsch ist, beinhaltet die Umsetzung von Gerechtigkeit auch die Frage, ob andere so behandelt werden, wie sie sollten oder wie sie es verdienen. Gerechtigkeit bezieht sich also auf Urteile über moralische bzw. ethisch angemessene Ergebnisse, Prozesse oder Interaktionen, unabhängig davon, was dem ökonomischen Eigeninteresse oder der gruppenbasierten Identität dient (Cropanzano et al., 2003). Entscheidend sind moralische Verpflichtungen im Sinne von A-priori-Standards, die aus einem wertebasierten Überzeugungssystem resultieren (deontisches Modell, Cropanzano et al., 2003) und die zur personalen Identität von Personen beitragen (Skitka/Mullen, 2002). Solche moralischen Überzeugungen beeinflussen Urteile darüber, was ein faires Ergebnis oder Verfahren ist (Skitka/Mullen, 2002). So zeigen Studien, dass objektiv faire Entscheidungsverfahren dann *nicht* zur Wahrnehmung von Ergebnis- und Verfahrensgerechtigkeit führen, wenn sie die moralischen Überzeugungen einer Person verletzen (Mullen/Skitka, 2006).

## 4 Kooperation und Widerstand in sozialen Interaktionen

Viele Erlebnisse von Gerechtigkeit oder Ungerechtigkeit sind Ergebnisse von einzelnen Begegnungen oder Vorkommnissen, die in weiterer Folge die Kognitionen und Verhaltensweisen der betroffenen Personen prägen (Cropanzano et al., 2001). Unabhängig davon, welche spezifische Gerechtigkeitsdimension (distributiv, prozedural, informational, interpersonal) betroffen ist, steht dabei für die betroffene Person häufig die Interaktion mit einem Gegenüber im Mittelpunkt ihrer Aufmerksamkeit und die Frage, ob der Interaktionspartner die Regeln der Gerechtigkeit einhält oder verletzt und welche Art von Reaktion darauf erfolgen sollte.

Personen, die in einer Organisation arbeiten, haben mehrere spezifische soziale Austauschbeziehungen zu verschiedenen Personen, wie z. B. zu ihren Vorgesetzten oder Kollegen (Lavelle et al., 2007, Rupp/Cropanzano, 2002a). Der Multifoci-

Ansatz der Gerechtigkeit unterscheidet die Austauschpartner nach verschiedenen Ebenen: Ebene der Organisation, des Teams, des/der Vorgesetzten und der KollegInnen (Cropanzano et al., 2001; Rupp/Cropanzano, 2002a). In ihrer Metaanalyse fanden Rupp et al. (2014), dass eine Unterscheidung des Gerechtigkeitserlebens entsprechend dieser Interaktionspartner höhere Zusammenhänge zu korrespondierenden Outcome-Variablen zeigte als eine Unterscheidung nach den verschiedenen Gerechtigkeitsdimensionen und dass diese Zusammenhänge über einen spezifischen sozialen Austausch vermittelt wurden (siehe jedoch auch Colquitt et al., 2013, für einschränkende Befunde). Um diese Austauschbeziehungen näher zu betrachten, soll nun eine dynamische personenzentrierte Sichtweise von Gerechtigkeitserlebnissen vorgenommen werden, die in Abbildung 3 in einem Loop-to-Loop-Modell zur Dynamik sozialer Interaktion skizziert ist.

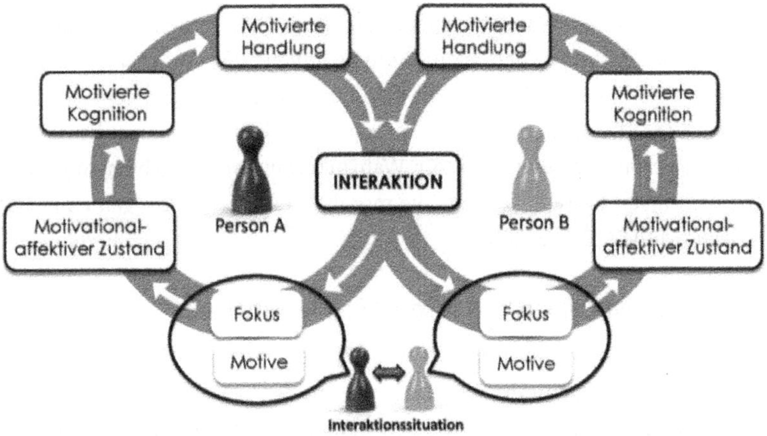


Abbildung 3: Loop-to-Loop-Modell zu Dynamik sozialer Interaktion

Wenn zwei Personen miteinander interagieren, kann dies in Anlehnung an die Theorie der sozialen Interdependenz (Kelley et al., 2003) zum einen durch Merkmale der Situation und zum anderen durch die Bedürfnisse, Motive, Gedanken und Verhaltensweisen der beteiligten Personen gekennzeichnet werden. Die objektive Interaktionssituation wird von den beteiligten Individuen entsprechend ihren individuellen Motiven transformiert und entsprechend ihrer subjektiven Überzeugungen, ihrem individuellen Wissen und den daraus resultierenden Annahmen sozial konstruiert, so dass in der Interaktion zwei völlig unterschiedliche Erfahrungswelten aufeinandertreffen können. Diese können positiv oder negativ ineinandergreifen. Im Folgenden sollen die Zusammenhänge zwischen den einzelnen Variablen in diesem Rahmenmodell am Beispiel des Themas Gerechtigkeit und im Kontext der Gerechtigkeitsforschung erklärt werden.

### Gerechtigkeit/Ungerechtigkeit in einer Interaktion bedient/bedroht Motive von Personen

Befinden sich Personen in Situationen, in denen in der Interaktion mit anderen Personen, Prinzipien der Gerechtigkeit realisiert (vs. verletzt) werden (siehe Abb. 3, Kästchen „Interaktion"), bedient (vs. bedroht) dies ihr Bedürfnis nach Kontrolle (instrumentelles Modell) und/oder ihr Bedürfnis nach personaler bzw. sozialer Identität (Fairness als moralischer Wert und relationales Modell) (siehe Abb. 3, Kästchen „Motive").

### Der kognitive Fokus moderiert diesen Zusammenhang

Das „Accessible Identity Model of Justice Reasoning" (AIM) von Skitka (2003) beschreibt, dass Menschen mit unterschiedlicher Perspektive auf das Thema Gerechtigkeit blicken können, je nachdem, welche Aspekte ihrer Identität für sie zugänglich sind, d. h. im kognitiven Fokus stehen (siehe Abb. 3, Kästchen „Fokus"). Der Fokus ergibt sich aus situativen und personalen Faktoren. Diese beeinflussen, ob Personen in einer spezifischen Situation ihre Identität eher durch materielle, soziale oder personale (moralische) Aspekte definieren, auf welche Aspekte von Gerechtigkeit sie dementsprechend stärker reagieren und nach welchen Gerechtigkeitsmaßstäben sie die Situation beurteilen.

### Fokus, Motive und Situation wirken zusammen

Ob Personen in einer bestimmten Situation durch die Umsetzung von Gerechtigkeit zu Kooperation oder Widerstand motiviert werden, hängt also von der kognitiven Zugänglichkeit bestimmter Aspekte des Selbst bzw. der eigenen Identität ab. Ist die Frage der Fairness in einer Situation *relevant* für die eigenen Ziele, Wünsche und Werte (identity-relevance, Skitka, 2003) oder sogar *bedrohlich* (identity-threat, Skitka, 2003)? In Abhängigkeit von der Zugänglichkeit der eigenen Ziele, Wünsche, Werte und Gedächtnisstrukturen reagieren Personen dementsprechend in positiver oder negativer Weise auf eine Situation.

#### Das Zusammenwirken aus Situation, Fokus und Motiven aktiviert einen positiven oder negativen motivational-affektiven Zustand

Gerechtigkeitsbezogene Ereignisse führen häufig unmittelbar zu automatischen, emotionalen Reaktionen, die kognitiv als individuelle Formen von initialen Fairnessurteilen verarbeitet werden (Rupp, 2011) und motivational als Annäherungs- oder Vermeidungsrelation verstanden werden können (siehe Abb. 3, Kästchen „motivational-affektiver Zustand"). Um die Reaktionen von Personen auf als gerecht oder ungerecht wahrgenommene Situationen zu verstehen, ist es daher wichtig, die Gerechtigkeitseinschätzung eher ganzheitlich im Sinne eines allgemeinen unspezifischen Gefühls von erlebter Fairness zu betrachten und weniger als differenziertes, kognitiv kalkuliertes Urteil zu verstehen (Ambrose/Schminke, 2009; im Überblick Rupp, 2011). Häufig dienen Informationen über ergebnis-, prozess- und interaktionsbezoge Aspekte der Situation dabei eher als heuristischer Hinweis für eine allgemeine Gerechtigkeitseinschätzung, die dann unsere weiteren kognitiven Reaktionen und Verhaltensweisen beeinflussen (z.B. Zufriedenheit, Commitment, kooperatives Verhalten, Ambrose/Schminke, 2009; Jones/Martens, 2009). Hierbei findet in der Regel ein starker Bezug auf den Interaktionspartner statt, indem ihm Verantwortung für den Akt der Gerechtigkeit oder Ungerechtigkeit zugeschrieben wird oder nicht, was zusätzlich die emotionalen, kognitiven und verhaltensbezogenen Reaktionsweisen beeinflusst (Cropanzano et al., 2004). Empirisch hat sich gezeigt, dass der Zusammenhang von Gerechtigkeit auf einstellungs- und verhaltensbezogene Reaktionen sowohl durch Kognition über die Qualität der spezifischen sozialen Austauschbeziehungen (Rupp et al., 2014; Rupp/Copranzano, 2002b) als auch über allgemeine Gerechtigkeitseinschätzungen (Ambrose/Schminke, 2009), als auch über allgemeine positive und negative Affekte (Colquitt et al., 2013) mediiert wird.

#### Der motivational-affektive Zustand führt zu motivierter Kognition und zu motiviertem Handeln

Wenn Unfairness wahrgenommen und eine verantwortliche Partei identifiziert wurde, wird das Ereignis zugehörig zu der entsprechenden Quelle im Gedächtnis abgespeichert und mit bereits abgespeicherten früheren Erlebnissen verbunden. Hieraus resultiert dann ein Urteil, ob man der anderen Partei trauen kann oder nicht (Lind/Van den Bos, 2002), welches dann zu entsprechendem Verhalten in Bezug auf Kooperation oder Widerstand, Engagement oder Rückzug, konstruktives oder destruktives Verhalten führt.

Die Kognition steht als vermittelnde Variable zwischen dem globalen motivational-affektiven Zustand der Annäherung oder Vermeidung und dem konkreten Handeln in einer spezifischen Situation. Den motivierten Informationsverarbeitungsprozessen kommt hier als kognitiven Vermittlern eine zentrale Funktion zu: Über die Aktivierung selektiver kognitiver Repräsentationen gelangen Personen häufig zu den von ihnen gewünschten Schlussfolgerungen - die spezifische Motivation hilft dabei, dass auf bestimmte Repräsentationen zurückgegriffen wird und dass kognitive Prozesse auf eine bestimmte Art und Weise verlaufen (Kunda, 1990). Ein Beispiel hierfür wäre der bereits angesprochene self-serving bias, bei dem Personen ihren eigenen Input über- und den Beitrag anderer unterschätzen und dies in der Regel durch entsprechende Evidenz unterstreichen können.

Im Kontext dieser motivierten Informationsverarbeitungsprozesse wird die Differenzierung in die verschiedenen Komponenten der Gerechtigkeit wiederum relevant, denn jetzt zeigen Personen je nach Motiv und Fokus ein spezifisches Interesse an bestimmten Aspekten von Gerechtigkeit. MitarbeiterInnen, die sich stark mit ihrer Organisation identifizieren, denken z.B. weniger über Verteilungsvariablen wie das erzielte Gehalt als vielmehr über die Behandlung durch ihren Vorgesetzten nach (Tyler/Blader, 2000). Das Motiv der MitarbeiterInnen, ihre positive soziale Identität zu erhalten, führt zu einem primären Nachdenken über Fragen der interaktionalen Gerechtigkeit, d.h. z.B. über eine respektvolle Behandlung durch den Vorgesetzten.

In diesem Kontext sind auch Beobachtungen von Crosby und Ropp (2002, bzw. Crosby, 1982) interessant. Hier beurteilten erwerbstätige Frauen die Gerechtigkeit ihres Lohnes je nach Salienz ihrer personalen Situation oder ihrer sozialen Identität sehr unterschiedlich. Obwohl die Frauen objektiv schlechter bezahlt wurden als ihre männlichen Kollegen (und zumeist noch werden), beurteilten sie die Situation nur dann als unfair, wenn ihre soziale Identität salient war. Ist die soziale Identität salient, verarbeiten Personen nämlich eher sozial relevante

Statusinformationen. Ist hingegen ihre personale Identität salient, wird die Informationsverarbeitung eher durch Schemata persönlicher Wertvorstellungen oder persönliche Zielsetzungen geprägt. Abhängig von den salienten Motiven kommt also unterschiedlicher zielrelevanter Information verstärkte Aufmerksamkeit zu bzw. wird diese mehr oder weniger intensiv verarbeitet und bestimmt in der Folge menschliches Handeln.

Die beschriebenen motivierten Informationsverarbeitungsprozesse werden aber nicht nur durch Motive und Zielsetzungen geprägt, sondern auch durch abgespeicherte Gedächtnisinhalte und daraus resultierende Überzeugungen über den Interaktionspartner. Diese prägen unseren kognitiven Fokus, mit dem die aktuelle Interaktion entsprechend wahrgenommen wird. In Abhängigkeit davon, welche Erfahrungen in der Vergangenheit mit der Person gemacht wurden oder welche kognitiven Schemata das Verhalten aktuell aktiviert, wird das Verhalten in der aktuellen Interaktion wahrgenommen und interpretiert. Dieses führt wiederum zu entsprechenden motivierten Kognitionen, die das bereits vorhandene Vertrauen oder Misstrauen unterstützen und in Folge zu weiterer Kooperation oder zu weiterem Widerstand in der Interaktion führen. Auf diese Weise entwickeln sich soziale Interaktionen dynamisch wie von einem Loop zum nächsten.

### Vertrauen als Schlüsselvariable in der Interaktion für das Auslösen einer positiven Interaktionsdynamik

Damit eine positive Interaktionsdynamik ausgelöst werden kann, ist Vertrauen in die Motive des Interaktionspartners (z.B. der Autoritätsperson) besonders wichtig. Diese sollten als sorgend und wohlmeinend (interpersonale Fairness), die Argumente des Gegenübers bedenkend (prozedurale Fairness) und transparent in der Entscheidungsfindung (informationale Fairness) wahrgenommen werden. Haben Personen die Erfahrung gemacht, von anderen Personen oder Institutionen fair behandelt worden zu sein, baut sich Vertrauen auf und das Gegenüber wird in weiterer Folge auch eher als vertrauenswürdig eingestuft (Van den Bos et al., 1997). Je höher das Vertrauen, desto eher sind Personen bereit, sich auf Risiken in der Interaktion einzulassen und Ungewissheiten in Kauf zu nehmen (Mayer et al., 1995). Vertrauen ist damit sowohl eine Antezedens als auch eine Konsequenz von Gerechtigkeit in sozialen Beziehungen (Lewicki et al., 2005). Auf diese Weise kann sich eine positive Dynamik des Vertrauens und der gegenseitigen Verstärkung positiver Verhaltensweisen in der Interaktion im Sinne eines Loop-to-Loop-Modells entwickeln (siehe Abb. 3).

Werden jedoch durch Verletzung der Prinzipien der Gerechtigkeit Bedürfnisse bedroht, entstehen aufgrund der beteiligten und vermittelnden Kognitionen auf beiden Seiten der Interaktion Misstrauensspiralen. Bedrohungen rufen motivationale Defensivhaltungen hervor. Entsprechende Kognitionen helfen, diese Abwehrhaltung zu rechtfertigen, was sich dann wiederum im Verhalten fortsetzt. Ist eine Interaktion erst einmal durch gegenseitiges Misstrauen geprägt, kann die Einhaltung von Prinzipien der Gerechtigkeit sogar als Manipulationsversuch wahrgenommen werden, wie nun abschließend illustriert werden soll.

## 5 Gerechtigkeit erhöht vs. reduziert die Akzeptanz politischer Reformen – Die entscheidende Rolle von Vertrauen

Die entscheidende Rolle von Vertrauen soll abschließend am Beispiel einer Studienreihe unserer Arbeitsgruppe zur Umsetzung von Prinzipien der Gerechtigkeit im Kontext von Reformprozessen illustriert werden. Dies gilt besonders für die Dimensionen von Gerechtigkeit, für die dem Interaktionspartner ein besonders großer Handlungsspielraum zugesprochen wird – prozedurale und interpersonale Gerechtigkeit (Johnson et al., 2014). Es zeigte sich, dass hier die Umsetzung von Prinzipien der Gerechtigkeit der Kooperation von Personen sogar abträglich sein kann, wenn die Interaktion durch Misstrauen statt Vertrauen gekennzeichnet ist.

Bei der Einführung politischer Reformen wird das Thema der sozialen Gerechtigkeit immer wieder breit diskutiert. Förg und Kollegen (Förg, 2008; Heinemann et al., 2008) haben untersucht, ob die gerechte Gestaltung von Reformprozessen und Reformergebnissen tatsächlich auch die Akzeptanz für wichtige politische Projekte fördern kann. Personen wurden in diesen Studien gebeten, in Eckpunkten skizzierte Reformvorhaben zu beurteilen, die in einem vorherigen Wahlkampf abgelehnt worden waren (Flat Tax für eine Einkommenssteuer-Reform bzw. Kopfpauschalenmodell für eine Reform des Gesundheitssystems).

Wurden bei der Beschreibung distributiv faire Aspekte (z. B. „Alle Bürger zahlen einen gleich hohen Steuersatz") vs. nicht faire Aspekte betont (z. B. „Unabhängig davon, wie hoch die tatsächlichen Werbungskosten sind, bekommen alle den gleichen Freibetrag“), zeigte sich deutlich, dass die Betonung von Aspekten distributiver Fairness die Akzeptanz für die Reform deutlich steigerte. Ähnliche positive Effekte zeigten sich im Kontext informationaler Gerechtigkeit. Hier wurden die oben skizzierten Reformmodelle (Flat Tax oder Kopfpauschale) entweder sehr übersichtlich und verständlich (informational fair) dargestellt oder, wie in der medialen Berichterstattung häufig nicht unüblich, mit Fachtermini und komplexen Formulierungen (informational nicht fair) gespickt. Wiederum zeigte sich ein positiver Effekt von informational fairer und transparenter Beschreibung auf die Akzeptanz.

Bei der Umsetzung prozeduraler Gerechtigkeit sahen die Ergebnisse jedoch anders aus. Zur Untersuchung des Einflusses von Mitbestimmungsmöglichkeiten auf die Akzeptanz von Reformen wurden VersuchsteilnehmerInnen gebeten, sich vorzustellen, sie seien Bürger eines fiktiven Staates, in dem eine Diskussion zur Umsetzung eines Reformvorhabens herrscht. In einer Versuchsbedingung hatten die BürgerInnen die Möglichkeit der Mitbestimmung (prozedural faire Voice-Bedingung). In der zweiten Versuchsbedingung durften die BürgerInnen nicht mitentscheiden. Hier entschied das Parlament allein über die Annahme (prozedural nicht faire Bedingung). Obwohl die Voice-Bedingung als fairer wahrgenommen wurde als die No-Voice-Bedingung, senkte die Mitbestimmung anders als erwartet, die Akzeptanz der Reform. Hier fand sich also ein negativer Effekt von prozeduraler Gerechtigkeit auf die Akzeptanz.

In einer weiteren Studie zu den Effekten interpersonaler Gerechtigkeit zeigte sich ein ebenso überraschend negatives Ergebnis. Hier wurde ein Informationsbrief zum aktuellen Stand der Einführung von Studiengebühren dargeboten. Dieser entsprach in einer Versuchsbedingung in etwa einem Standardschreiben der Universitätsverwaltung (sachlich gehalten und unpersönlich), in einer zweiten Versuchsbedingung war der Brief hingegen sehr höflich, respektvoll und persönlich gehalten. Es konnte wiederum bestätigt werden, dass die respektvolle und wertschätzende Behandlung als fairer wahrgenommen wurde als der unpersönliche Brief. Trotzdem zeigten die Ergebnisse, dass die interpersonal faire Behandlung auch hier zu einer geringeren Akzeptanz der Einführung von Studiengebühren führte. Mediationsanalysen spezifizierten in dieser Studie, dass der negative Effekt der Gerechtigkeits-Manipulation auf Reformakzeptanz über entsprechende ablehnende Kognitionen vermittelt wurde.

Förg und Kollegen haben argumentiert, dass es von zentraler Relevanz zum Verständnis dieser negativen Effekte prozeduraler und informationaler Gerechtigkeit auf die Reaktionen der Bürger auf die Reformen ist, dass in Deutschland eine negative Einstellung der BürgerInnen zu politischen Institutionen herrscht (vgl. Fassbender/Kluge, 2006) und PolitikerInnen und politischen Organisationen häufig nur wenig Vertrauen geschenkt wird (Heinemann et al., 2007). Ob Personen in sozialen Situationen kooperieren oder mit Widerstand reagieren, hängt eben häufig genau von diesen Vertrauenswürdigkeitsurteilen ab. Besteht Misstrauen, wird eine Person auch dann, wenn sich ein Gegenüber fair verhält, das Reformvorhaben skeptisch beurteilen.

Um diesen negativen Effekt von Gerechtigkeit auf die Akzeptanz von Reformen besser zu verstehen, wurde nun in einer weiteren Studie getestet, welchen Einfluss vorab bestehendes Vertrauen auf die Interpretation der fairen Behandlung und das kooperative Verhalten von BürgerInnen in Bezug auf die Reformakzeptanz hat. Hierzu wurde VersuchsteilnehmerInnen die Möglichkeit der Meinungsäußerung zur Einführung von Studiengebühren gegeben (prozedural fair) oder verwehrt (prozedural unfair). Die Ergebnisse zeigten, dass der Einfluss einer prozedural fairen Behandlung durch vorab bestehendes Vertrauen moderiert wurde. Herrschte Misstrauen, konnte der negative Effekt von Gerechtigkeit auf die Akzeptanz der Reform bestätigt werden. Der Effekt der Gerechtigkeit auf die Ablehnung von Studiengebühren konnte wiederum dadurch erklärt werden, dass Personen, die sehr misstrauisch waren, der Möglichkeit der Meinungsäußerung eher ablehnend gegenüberstanden (ablehnende Kognitionen).

Analysiert man die Wirkung von Gerechtigkeit in sozialen Interaktionen, so spielt Vertrauen bzw. Misstrauen also eine wichtige Rolle. Steigt die Unsicherheit einer Situation, wird die Vertrauenseinschätzung sehr wichtig (Lind, 2001; Lind/Van den Bos, 2002). Herrscht jedoch Misstrauen, wird die Glaubwürdigkeit einer fairen Behandlung angezweifelt. Prozedurale und interpersonale Fairness erzielen nun keine positive Wirkung mehr, sondern werden im Gegenteil sogar als Manipulationsversuch bewertet. Dies führt schließlich zu einer Ablehnung der Reform.

In Situationen ohne Unsicherheit, in denen Personen weniger das Gefühl haben, ein Risiko einzugehen, weil das Ergebnis feststeht (da distributive Gerechtigkeit gegeben) oder sie sich ausreichend über die Zusammenhänge informiert fühlen (informationale Gerechtigkeit gegeben), erhöht die Gerechtigkeit die Akzeptanz von Reformen. Vertrauen spielt hierbei eine untergeordnete Rolle.

## 6 Fazit

Die Annahme, dass sich das Gegenüber in einer Interaktion fair verhält, kann als Grundvoraussetzung dafür angesehen werden, dass Kooperation überhaupt möglich ist (Skitka/Crosby, 2003). Die Berücksichtigung von Fairness im sozialen Miteinander lohnt sich also. Dies kann mittlerweile auch anhand mehrerer psychologischer Metaanalysen (Cohen-Charash/Spector, 2001; Colquitt et al., 2013, 2001; Rupp et al., 2014) und anhand von Längsschnittstudien (z.B. Lehmann-Willenbrock, Grohmann/Kauffeld, 2013; Hausknecht et al., 2011) belegt werden. Zudem scheint die Forschung – zumindest auf den ersten Blick betrachtet – nahezulegen, dass die Umsetzung von Prinzipien der Gerechtigkeit ein sicheres Rezept sei, die Akzeptanz von Entscheidungen und die Kooperation von Personen zu erhöhen. Allerdings macht eine interaktionsbasierte Analyse auf die wichtige Rolle von Vertrauen aufmerksam und verdeutlicht, dass die Umsetzung von Gerechtigkeit keineswegs automatisch zu positiven Effekten führt. Vielmehr kommt Situations- und Personenvariablen hier eine wichtige moderierende Funktion zu, da sie die subjektive Wahrnehmung einer Situation und die Annahme, ob sich das Gegenüber auch tatsächlich fair verhält, in entscheidendem Maße beeinflussen. Eine vollständige psychologische Analyse des Einflusses von Gerechtigkeit in sozialen Interaktionen sollte also mehr leisten, als nur auf die Umsetzung der Prinzipien der Gerechtigkeit zu schauen.

## 7 Literatur

Adams, Stacy J. 1965. Inequity in social exchange. In: *Advances in experimental social psychology*, hg. von Leonard Berkowitz, 267–299. New York, NY: Academic Press.

Ambrose, Maureen und Schminke, Marshall. 2009. The role of overall justice judgments in organizational justice research: A test of mediation. *Journal of Applied Psychology* 94, Nr. 2: 491–500.

Bies, Robert J. und Moag, J.S. 1986. Interactional justice: Communication criteria of fairness. In: *Research on negotiation in organizations*, hg. von Roy J.

Lewicki, Blair H. Sheppard und Max H. Bazermann, 43–55. Greenwich, CT: JAI Press.

Blau, Peter. 1964. *Exchange and power in social life*. New York, NY: Wiley.

Cohen-Charash, Yochi und Spector, Paul E. 2001. The role of justice in organizations: A meta-analysis. *Organizational Behaviour and Human Decision Processes* 86: 278–321.

Colquitt, Jason A. 2001. On the dimensionality of organizational justice: A construct validation of a measure. *Journal of Applied Psychology* 86: 386–400.

Colquitt, Jason A., Conlon, Donald E., Wesson, Michael J., Porter, Christopher O. und Ng, K. Yee. 2001. Justice at the millennium: A meta-analytic review of 25 years of organizational justice research. *Journal of Applied Psychology* 86: 425–445.

Colquitt, Jason A., Scott, Brent A., Rodell, Jessica B., Long, David M., Zapata, Cindy P., Conlon, Donald E. und Wesson, Michael J. 2013. Justice at the millennium, a decade later: A meta-analytic test of social exchange and affect-based perspectives. *Journal of Applied Psychology* 98: 199–236.

Cropanzano, Russell, Byrne, Zinta, Bobocel, Ramona und Rupp, Deborah. 2001. Moral virtues, fairness heuristics, social entities, and other denizens of organizational justice. *Journal of Vocational Behavior* 58: 169–209.

Cropanzano, Russell, Goldman, Barry und Folger, Robert. 2003. Deontic justice: The role of moral principles in workplace fairness. *Journal of Organizational Behavior* 24: 1019–1024.

Cropanzano, Russell, Chrobot-Mason, Donna, Rupp, Deborah und Prehar, Cynthia. 2004. Accountability for corporate injustice. *Human Resource Management Review* 14, Nr. 1: 107–133.

Cropanzano, Russell und Greenberg, Jeff. 1997. Progress in organizational justice: Tunneling through the maze. In: *International Review of industrial and organizational psychology*, hg. von Cary L. Cooper und Ivan T. Robertson, 317–372. New York, NY: Wiley & Sons.

Crosby, Faye J. 1982. *Relative deprivation and working women*. New York: Oxford University Press.

Crosby, Faye J. und Ropp, S. Ann. 2002. A wakening to discrimination. In: *The justice motive in everyday life*, hg. von Michael Ross & Dale Miller, 382–396. New York, NY: Cambridge University Press.

DeCharms, Richard. 1968. *Personal causation*. New York, NY: Academic Press.

Deutsch, Morton. 1975. Equity, equality and need: What determines which value will be used as the basis of distributive justice? *Journal of Social Issue* 31: 137–149.

Fassbender, Heino und Kluge, Jürgen. 2006. *Perspektive Deutschland. Was die Deutschen wirklich wollen*. Berlin: Escon Verlag.

Festinger, Leon. 1957. *A Theory of Cognitive Dissonance*. Stanford, CA: Stanford University Press.

Förg, Michael. 2008. Personal benefits, fair treatment and thorough communication: What does really help to reduce fear and uncertainty in change processes? PhD diss., Ludwig-Maximilians-Universität München.

Folger, Robert. 1998. Fairness as moral virtue. In: *Managerial ethics: Moral management of people and processes*, hg. von Marshall Schminke, 13–34. Mahwah, NJ: Lawrence Erlbaum Associates Publishers.

Folger, Robert und Cropanzano, Russell. 2001. Fairness today: Justice as accountability. In: *Advances in organizational justice*, hg. von Jeff Greenberg und Russell Cropanzano, 1–55. Stanford, CA: Stanford University Press.

Folger, Robert und Konovsky, Mary A. 1989. Effects of Procedural and Distributive Justice on Reactions to Pay Raise Decisions. *Academy of Management Journal* 31, Nr. 1: 115–130.

Gollwitzer, Mario und Schmitt, Manfred. 2009. *Sozialpsychologie kompakt*, Weinheim: Beltz,

Greenberg, Jerald. 1988. Equity and workplace status: A field experiment. *Journal of Applied Psychology* 4: 606–613.

Greenberg, Jerald. 1990. Employee theft as a reaction to underpayment inequity: The hidden cost of pay cuts. *Journal of Applied Psychology* 75, Nr. 5: 561–568.

Greenberg, Jerald. 1993. Stealing in the name of justice: Interpersonal and informational moderators of theft reactions to underpayment inequity. *Organizational Behavior and Human Decision Processes* 54, Nr. 1: 81–103.

Greenberg, Jerald. 1994. Using socially fair treatment to promote acceptance of a work site smoking ban. *Journal of Applied Psychology* 79, Nr. 2: 288–297.

Greenberg, Jerald und Folger, Robert. 1983. Procedural justice, participation and the fair process effect in groups and organizations. In: *Basic group processes*, hg. von Paul B. Paulus, 235–256. New York, NY: Springer-Verlag.

Grienberger, Ilse, Rutte, Christel und van Knippenberg, Ad F. 1997. Influence of social comparisons of outcomes and procedures on fairness judgments. *Journal of Applied Psychology* 82, Nr. 6: 913–919.

Hausknecht, John, Sturman, Michael und Roberson, Quinetta. 2011. Justice as a dynamic construct: Effects of individual trajectoiries on distal work outcomes. *Journal of Applied Psychology* 96, Nr. 4: 872–880.

Heinemann, Friedrich, Förg, Michael, Frey, Dieter, Jonas, Eva, Rotfuß, Waldemar, Traut-Mattausch, Eva und Westerheide, Peter. 2008. *Psychologie, Wachstum und Reformfähigkeit*. Baden-Baden: Nomos Verlag.

Heinemann, Friedrich, Förg, Michael, Jonas, Eva und Traut-Mattausch, Eva. 2007. Vertrauen und die Durchsetzbarkeit von Reformen, *Wirtschaftspsychologie* 4: 122–133.

Hogg, Michael und Abrams, Dominic. 1988. Social identifications: A social psychology of intergroup relations and group processes. London: Routledge.

Johnson, Russel, Lanaj, Klodiana und Barnes, Christopher. 2014. The good and bad of being fair: Effects of procedural and interpersonal justice behaviors on regulatory resources. *Journal of Applied Psychology* 99, Nr. 4: 635–650.

Jones, David und Martens, Martin. 2009. The mediating role of overall fairness and the moderating role of trust certainty in justice-criteria relationships: the formation and use of fairness heuristics in the workplace. *Journal of Organizational Behavior* 30, Nr. 8: 1025–1051.

Kelley, Harold H., Holmes, John G., Reis, Harry, Rusbult, Caryl und Van Lange, Paul. 2003. *An Atlas of Interpersonal Situations*. New York, NY: Cambridge University Press.

Kunda, Ziva. 1990. The Case for Motivated Reasoning. *Psychological Bulletin* 108, Nr. 3: 480–498.

Lavelle, James, Rupp, Deborah und Brockner, Joel. 2007. Taking a multifoci approach to the study of justice, social exchange, and citizenship behavior: The target similarity model. *Journal of Management* 33: 841–866.

Lee, Cynthia, Law, Kenneth und Bobko, Philip. 1999. The Importance of Justice Perceptions on Pay effectiveness: A Two-Year Study of a Skill-Based Pay Plan. *Journal of Management* 25, Nr. 6: 851–873.

Lehmann-Willenbrock, Nale, Grohmann, Anna und Kauffeld, Simone. 2013. Promoting multifoci citizenship behavior: Time-lagged effects of procedural justice, trust and commitment. *Applied Psychology* 62, Nr. 3: 454–485.

Leventhal, Gerald S. 1976. The distribution of rewards and resources in groups and organizations. In: *Advances in experimental social psychology*, hg. von Leonard Berkowitz, 91–131. New York, NY: Academic Press.

Leventhal, Gerald S. 1980. What should be done with equity theory? New approaches to the study of fairness in social relationships. In: *Social exchange: Advances in theory and research*, hg. von Kenneth J. Gergen, Martin S. Greenberg und Richard H. Wills, 27–55. New York, NY: Plenum Press.

Lewicki, Roy J., Wiethoff, Carolyn und Tomlinson, Edward C. 2005. What is the role of trust in organizational justice? In: *Handbook of Organizational Justice*, hg. von Jerald Greenberg und Jason A. Colquitt, 249–270. Mahwah, NJ: Erlbaum.

Lind, Allen, E. 2001. Fairness heuristic theory: justice judgments as pivotal cognitions in organizational relations. In: *Advances in organizational justice*, hg. von Jerald Greenberg, 58–88. Stanford, CA: Stanford University Press.

Lind, Allen, E., Kanfer, Ruth und Early, Christopher, P. 1990. Voice, Control, and Procedural Justice: Instrumental and Noninstrumental Concerns in Fairness Judgments. *Journal of Personality and Social Psychology* 59, Nr. 5: 952–959.

Lind, Allen, E., Lissak, Robin I. und Conlon, Donald E. 1983. Decission Control and Process Control Effects on Procedural Fairness Judgments. *Journal of Applied Social Psychology* 13, Nr. 4: 338–350.

Lind, Allen E. und Tyler, Tom R. 1988. *The social psychology of procedural justice*. New York, NY: Plenum Press.

Lind, E. Allen und Van den Bos, Kees. 2002. When fairness works: Toward a general theory of uncertain management. In: *Research in organizational behavior*, hg. von Berry. M. Staw und Roderick M. Kramer. Boston, MA: Elsevier.

Maier, Günther, Streicher, Bernhard, Jonas, Eva und Woschée, Ralph. 2007. Gerechtigkeitseinschätzungen in Organisationen. *Diagnostica* 53: 97–108.

Markovsky, Barry. 1988. Injustice and Arousal. *Social Justice Research* 2, Nr. 3: 223–233.

Masterson, Suzanne S., Lewis, Kyle, Goldman, Barry und Taylor M. Susan. 2000. Integrating Justice and Social Exchange: The Differing Effects of Fair produces and Treatment on Work Relationship. *Academy of Management Journal* 43, Nr. 4: 738–748.

Mayer, Roger, Davis, James und Schoorman, David. 1995. An integrative model of organizational trust. *Academy of Management Review* 20, Nr. 3: 709–734.

Müller, Günter und Hassebrauck, Manfred. 1993. Gerechtigkeitstheorien. In: *Theorien der Sozialpsychologie*, hg. von Dieter Frey und Martin Irle, 217-242. Band I. Bern: Hans Huber.

Mullen, Elizabeth und Skitka, Linda. 2006. Exploring the psychological underpinnings of the moral mandate effect: Motivated reasoning, group differentiation or anger? *Journal of Personality and Social Psychology* 90, Nr. 4: 629-643.

Roch, Sylvia und Shanock, Linda. 2006. Organizational Justice in an Exchange Framework: Clarifying Organizational Justice Distinctions. *Journal of Management* 32, Nr. 2: 299–322.

Robbins, Jordan M., Ford, Michael T. und Tetrick, Lois. 2012. Perceived unfairness and employee health: A meta-analytic integration. *Journal of Applied Psychology* 97, Nr. 2: 235–272.

Rupp, Deborah. 2011. An employee-centered model of organizational justice and social responsibility. *Organizational Psychology Review* 1, Nr. 1: 72–94.

Rupp, Deborah und Cropanzano, Russell. 2002a. Multifoci justice and social exchange relationships. *Organizational Behavior and Human Decision Processes* 89: 925–946.

Rupp, Deborah und Cropanzano, Russell. 2002b. *The mediating effects of social exchange relationships in predicting workplace outcomes from multifoci organizational justice. Organizational Behavior and Human Decision Processes* 89: 925–946.

Rupp, Deborah, Shao, Roudan, Jones, Kisha und Liao, Hui. 2014. The utility of a multifoci approach to the study of organizational justice: A meta-analytic investigation into the consideration of normative rules, moral accountability, bandwidth-fidelity, and social exchange. *Organizational Behavior and Human Decision Processes* 123: 159–185.

Schwinger, Thomas. 1980. Gerechte Güter-Verteilung: Entscheidungen zwischen drei Prinzipien. In: *Gerechtigkeit und soziale Interaktion*, hg. von Gerold Mikula, 107–140. Bern: Huber.

Shapiro, Debra L., Buttner, Holly, E. und Barry, Bruce. 1994. Explanations: What factors enhance their perceived adequacy? *Organizational Behavior and Human Decision Processes* 58: 346–368.

Shapiro, Debra L. und Kirkman, Bradley L. 2001. Anticipatory injustice: The consequences of expecting injustice in the workplace. In: *Advances in organizational justice*, hg. von Jeff Greenberg und Russell Cropanzano, 152–178. Stanford, CA: Stanford University Press.

Skarlicki, Daniel P. und Folger, Robert. 1997. Relationship in the workplace: The roles of distributive, procedural, and interactional justice. *Journal of Applied Psychology* 82, Nr. 3: 434–443.

Skarlicki, Daniel P., Folger, Robert und Tesluk, Paul. 1999. Personality as a Moderator in the Relationship between Fairness and Relation. *Academy of Management Journal* 42, Nr. 1: 100–108.

Skitka, Linda. 2003. Of different minds: An accessible identity model of justice reasoning. *Personality and Social Psychology Review* 7, Nr. 4: 286–297.

Skitka, Linda und Crosby, Faye. 2003. Trends in the social psychological study of justice. *Personality and Social Psychology Review* 7: 282–285.

Skitka, Linda und Mullen, Elizabeth. 2002. Understanding judgements of fairness in a real-world political context: A test of the value protection model of justice reasoning. *Personality and Social Psychology Bulletin* 28: 1419–1429.

Streicher, Bernhard, Jonas, Eva, Maier, Günther, Frey, Dieter, Woschée, Ralph und Waßmer, Bettina. 2008. Test of the construct validity and criteria validity of a German measure of organizational justice. *European Journal of Psychological Assessment* 24: 131–139.

Tajfel, Henry und Turner, John. 1986. The social identity theory of intergroup behavior. In: *Psychology of intergroup relations*, hg. von Stephen Worchel und William Austin, 7–24. Chicago, IL: Nelson-Hall.

Thibaut, John und Walker, Laurens. 1975. *Procedural Justice: A psychological analysis*. Hillsdale, NJ: Erlbaum.

Thibaut, John und Walker, Laurens. 1978. A Theory of Procedure. *California Law Review* 66, Nr. 3: 5–31.

Tyler, Tom R. 2000. Social justice: Outcome and procedure. *International Journal of Psychology* 35: 117–125.

Tyler, Tom R. und Blader, Steven. 2000. *Cooperation in Groups: Procedural Justice, Social Identity and Behavioral Engagement.* New York, NY: Psychological Press.

Tyler, Tom R., Boeckman, Robert, Smith, Heather J. und Huo, Yuen J. 1997. *Social Justice in a diverse society*. Boulder, CO: Westview Press.

Tyler, Tom R., Degoey, Peter und Smith, Heather. 1996. Understanding why the justice of group procedures matters: A test of the psychological dynamics of the group-value model. *Journal of Personality and Social Psychology* 70, Nr. 5: 913–930.

Tyler, Tom R. und Lind E. Allen. 1992. A relational model of authority in groups. *Advances in Experimental Social Psychology* 25: 115–191.

Tyler, Tom R., Rasinski, Kenneth und Spodick, Nancy. 1985. Influence on voice on satisfaction with leaders: Exploring the meaning of process control. *Journal of Personality and Social Psychology* 48: 72–81.

Tyler, Tom R. (2000). Social justice: Outcome and procedure. *International Journal of Psychology* 35: 117–125.

Van den Bos, Kees. 2005. What is responsible for the fair process effect? In: *Handbook of Organizational Justice*, hg. von Jerald Greenberg und Jason A. Colquitt, 273–300. Mahwah, NJ: Erlbaum.

Van den Bos, Kees, Lind Allen E., Vermunt, Riel und Wilke, Henk A. M. 1997. How do I judge my outcome when I do not know the outcome of others? *Journal of Personality and Social Psychology* 72: 1034–1046.

# Kommentar: Fairness lohnt sich!

Psychologische Facetten von Gerechtigkeit und ihr Beitrag zu Kooperation und Widerstand in sozialen Interaktionen

Harald Oberhofer

## 1 Einleitung

Spätestens seit dem Jahr 2013 hat das Thema „Fairness und Gerechtigkeit" einen größeren Stellenwert in der gesellschaftspolitischen Debatte eingenommen. In Deutschland wurde die Diskussion maßgeblich durch die nicht rechtskonform zustande gekommene Selbstanzeige von Ulli Hoeneß wegen Steuerhinterziehung befeuert. In Österreich wurden die Regierungsverhandlungen nach der Nationalratswahl vom 23.9.2013 zum Anlass genommen, um über mögliche Steuerreformen zu diskutieren. Die Sozialdemokratische Partei Österreichs (SPÖ) drängt hierbei, unter Zuhilfenahme des Fairnessarguments, auf eine stärkere Besteuerung des Produktionsfaktors Kapital, um die Steuerbelastung von unselbständigen Arbeitseinkommen reduzieren zu können.

Die akademische Debatte wurde maßgeblich durch ein im Frühjahr 2014 erschienenes Buch des französischen Ökonomen Thomas Piketty mit dem Titel „Capital in the Twenty-First Century" beeinflusst. Anhand von historischen Daten versucht Piketty in diesem Buch darzustellen, wie Einkommensungleichheit entstehen kann, und schlägt Politikmaßnahmen vor, um die bestehende Ungleichheit zu reduzieren.

Dieser Kommentar beschäftigt sich dem Beitrag von Eva Jonas mit dem Titel „Fairness lohnt sich – Psychologische Facetten von Gerechtigkeit und ihr Beitrag zu Kooperation und Widerstand in sozialen Interaktionen", welcher auf einem Vortrag beruht, der im Rahmen der Ringvorlesung Fairness/Fairplay im Sommersemester 2014 an der Universität Salzburg gehalten wurde. Dieser Kommentar gliedert sich in 3 weitere Abschnitte. Kapitel 2 umreißt kompakt zusammengefasst die wesentlichen ökonomischen Überlegungen zu Fairness. Kapitel 3 fasst die wesentlichen Aussagen von Frau Jonas zusammen und versucht hierzu einige

Kommentare zu formulieren. Das abschließende Kapitel zieht ein paar Schlussfolgerungen.

## 2 Allgemeine Überlegungen zu Fairness aus volkswirtschaftlicher Perspektive

In der klassischen ökonomischen Betrachtung sind Fairnessüberlegungen stark mit dem sogenannten *Pareto-Kriterium*, welches auf den italienischen Ökonomen Vilfredo Pareto zurückgeht, verbunden. Dieses Konzept, welches den Kern der wohlfahrtsökonomischen Betrachtung darstellt, besagt sinngemäß, dass ein effizienter Zustand dann gegeben ist, wenn keine Person bessergestellt werden kann, ohne eine andere Person schlechterzustellen. Solange diese Situation nicht eingetreten ist, sind *Pareto-Verbesserungen* möglich. Es kann somit mindestens ein Individuum besser gestellt werden, ohne andere schlechter zu stellen. Umgelegt auf Fairnessüberlegungen bedeutet dies, dass solange Pareto-Verbesserungen möglich sind, es wohl auch nur fair sein kann, diese Verbesserungen zu realisieren. Im Sinne von Pareto werden diese Verbesserungen durch weitere Reallokationen von Ressourcen (z. B. durch Tausch) erreicht. Dieses Konzept beruht allerdings auf der Annahme von funktionierenden („vollkommenen") Märkten. Darüber hinaus abstrahiert dieses Konzept typischerweise von der ursprünglichen Ressourcenausstattung der einzelnen Individuen. In Situationen, in denen der Markt nicht vollkommen ist und/oder die Ressourcenverteilung ungerecht zustande gekommen ist, kann und soll aus finanzwissenschaftlicher Sicht der Staat in den Markt eingreifen, um diese Probleme zu beheben und „faire" Verteilungen durchsetzen. Paetzold/Winner (2015) gehen in ihrem Beitrag in diesem Buch detailliert auf solche Probleme ein und diskutieren darüber hinaus die Schwierigkeiten, die bei der Ableitung von fairen Verteilungsregeln entstehen können. So gibt es gute und plausible Begründungen für die Verwendung unterschiedlichster sozialer Wohlfahrtsfunktionen, die dann allerdings zu abweichenden Umverteilungsregeln führen. Der interessierte Leser ist hierzu auf den Beitrag von Paetzold/Winner (2015) zu verweisen.

Aktuellere ökonomische Forschungsarbeiten betrachten Fairness nicht ausschließlich aus Effizienzgesichtspunkten, sondern können (mit Hilfe von experimentellen Forschungsdesigns) nachweisen, dass ökonomisch handelnde Individuen eine Ungleichheitsaversion aufweisen und somit in ihrem Verhalten Fairnessaspekte *per se* berücksichtigen (z. B. Fehr/Schmidt, 1991). Diese Ergebnisse stehen im Widerspruch zum Bild des *Homo oeconomicus*, welches oft plakativ gezeichnet wird. Demzufolge würde ein Homo oeconomicus alleinig auf seinen individuellen ökonomischen Vorteil bedacht sein und sein gesamtes Handeln diesem Ziel unterordnen. Besonders bei verhaltensökonomischen Modellen innerhalb der Wirtschaftswissenschaften werden Fairnesspräferenzen zunehmend berücksichtigt, um eine bessere Abbildung des menschlichen Verhaltens in ökonomischen Entscheidungssituationen zu gewährleisten.

## 3 Zusammenfassung

Der Beitrag von Eva Jonas gliedert sich in 6 Abschnitte. Nach einer Einführung zu Alltagsfragen von Gerechtigkeit widmet sich Jonas im zweiten Abschnitt der psychologischen Forschung zum Thema Gerechtigkeit. Hierbei unterscheidet sie drei Arten von Gerechtigkeit: Verteilungsgerechtigkeit, prozedurale Gerechtigkeit und interaktionale Gerechtigkeit. Letztere kann weiter in interpersonale und informationale Gerechtigkeit unterschieden werden. In der psychologischen Forschung geht das Konzept der Verteilungsgerechtigkeit auf die Equity-Theorie von Adams (1965) zurück und bezieht sich auf die Input-Output-Relation. Dementsprechend werden Verteilungsergebnisse als gerecht empfunden, wenn der erhaltene Output in einem adäquaten Verhältnis zum geleisteten Input steht. In unterschiedlichen persönlichen Situationen wird hierzu einerseits auf das Leistungs- bzw. das Gleichheitsprinzip zurückgegriffen. Andererseits greifen Eltern in familiären Alltagssituationen häufig auf die „Regel der Bedürftigkeit" zurück und bevorzugen bei der Verteilung von Ressourcen die schwächsten Familienmitglieder.

Die prozedurale Gerechtigkeitsdimension stellt auf die Wahrnehmung von Entscheidungsprozessen ab. Entscheidungen werden als gerecht wahrgenommen, wenn zentrale Eigenschaften wie „voice", Konsistenz, Unvoreingenommenheit, Akkuratheit, Korrigierbarkeit, Repräsentativität und Ethik gegeben sind (z.B. Thibaut/Walker, 1975). Darüber hinaus beschäftigt sich das Konzept der interpersonalen Gerechtigkeit mit der Art der Vermittlung einer Botschaft, wohingegen die informationale Gerechtigkeit auf die Qualität und Quantität von Informationen abstellt.

Das dritte Kapitel widmet sich der Frage, warum Fairness wichtig ist. Hierzu präsentiert Eva Jonas die wesentlichen (organisations)psychologischen Modelle, die sich mit dieser Fragestellung beschäftigen. Das instrumentelle Modell argumentiert, dass menschliche Interaktionen zur Sicherung von Ressourcen dienen. Dementsprechend verhalten sich Menschen dann kooperativ, wenn sie sich fair behandelt fühlen, z. B. wenn sie in einem Entscheidungsprozess über voice verfügen. Das relationale Modell stellt auf die identitätsstiftende Funktion von Fairness ab. Jemand, der fair behandelt wird, fühlt sich positiv wertgeschätzt. In einem letzten theoretischen Argument wird Fairness als moralischer Wert definiert. Menschen reagieren negativ auf Ungerechtigkeit, da sie dazu tendieren, allgemeinen moralischen Verhaltensregeln zu folgen.

Im vierten und fünften Kapitel zeigt Eva Jonas anhand eigener Forschungsarbeiten, dass Fairness auch negativ auf die Akzeptanz von politischen Reformen wirken kann. Als theoretische Grundlage für dieses experimentell und im Feld festgestellte Verhalten dient hierbei das sogenannte „Access Identity Model of Justice Reasoning“. Demnach ist der Zusammenhang zwischen Gerechtigkeit und Akzeptanz situations- und personenspezifisch. Im vierten Kapitel wird dieser Zusammenhang theoretisch erläutert und im Detail auf die Kognition als vermittelnde Variable zwischen Motivation und Handeln eingegangen. Im fünften Kapitel wird die entsprechende empirische Evidenz vorgestellt. Dementsprechend kann ein Vorliegen von Misstrauen (gegenüber der gesamten „politischen Klasse“) bewirken, dass faires/gerechtes Verhalten unglaubwürdig wird und Fairness sogar negativ beurteilt wird. Im letzten Kapitel resümiert Eva Jonas die wesentlichen Erkenntnisse aus ihrem Beitrag.

## 4 Kommentare

Der Beitrag von Eva Jonas zeigt, dass die (Organisations-)Psychologie mehrere (komplementäre) theoretische Erklärungsmuster verwendet, um ein und dasselbe Verhalten zu erklären. Das Zustandekommen von kooperativen Verhalten kann beispielsweise sowohl durch das instrumentelle und das relationale Modell als auch durch Fairness als moralischen Wert erklärt werden. Hierdurch unterscheidet sich die (Organisations-)Psychologie von der Volkswirtschaftslehre. Letztere erhebt den Anspruch, das ökonomische Verhalten von Individuen mit der geeignetsten zur Verfügung stehenden Theorie zu erklären. Um ein Beispiel zu nennen: Die klassische Theorie zum Verhalten von Haushalten (Konsumenten) konnte nicht erklären, warum sich Individuen in gewissen ökonomischen

Situationen sozial verhalten. Die zusätzliche Berücksichtigung von Ungleichheitsaversion in der Nutzenfunktion der Haushalte (siehe z. B. Fehr/Schmidt, 1999, weiter oben) erlaubt dieses Phänomen zu erklären. Soziale Präferenzen sind somit in einer allgemeineren Theorie zum ökonomischen Verhalten von Individuen berücksichtigt, welche gegenüber der Standardtheorie zu bevorzugen ist. Mit diesem Hintergrund aus der eigenen Disziplin stellt sich für mich die Frage, ob die (Organisations-)Psychologie ebenfalls versucht, zwischen unterschiedlichen theoretischen Ansätzen zu diskriminieren, und mit welchen methodischen Werkzeugen eine solche Modellauswahl erfolgen kann.

Eine hiermit eng verbundene Problemstellung bezieht sich auf die Aggregation von individuellen Gerechtigkeitsüberlegungen. Eva Jonas schreibt in ihrem Beitrag: „Wenn Psychologen von Gerechtigkeit sprechen, beziehen sie sich auf subjektiv erlebte Gerechtigkeit" (Jonas, 2014, 16). Um soziale Verteilungsregeln wie z. B. die Art und Höhe der Besteuerung von Kapital festlegen zu können, müssen in einer Gesellschaft individuelle Vorstellungen über Gerechtigkeit zu einer „allgemein anerkannten" Vorstellung aggregiert werden. In der Volkswirtschaftslehre bezeichnet man dieses Aggregat als die soziale Wohlfahrtsfunktion. Diese sozialen Wohlfahrtsfunktionen basieren im Wesentlichen auf den unterschiedlichsten Konzeptionen aus der Moralphilosophie, wie sie beispielsweise im populärwissenschaftlichen Buch von Michael J. Sandel mit dem Titel „Gerechtigkeit" aus dem Jahr 2013 diskutiert werden. Interessant wäre nun, ob in der (organisations)psychologischen Forschung solche Überlegungen ebenfalls eine Rolle spielen und ob die Psychologie zu dieser gesellschaftlichen Grundsatzfrage einen Beitrag leisten möchte.

In Bezug auf die methodische Herangehensweise zur Identifizierung des Einflusses von Fairness auf das Verhalten von Individuen möchte ich im Folgenden zwei Aspekte kurz diskutieren. Die theoretischen Überlegungen zur Fairness und Gerechtigkeit, wie sie in der (Organisations-)Psychologie und im Beitrag von Eva Jonas angestellt werden, beruhen auf (aus meiner Sicht) relativ abstrakten Konzepten und sozialen Konstruktionen. Beispielhaft kann hier das „Rahmenmodell sozialer Interaktion", welches in Abbildung 2 dargestellt und in den Kapiteln 4 und 5 diskutiert wird, angeführt werden. Für eine empirische Überprüfung dieses theoretischen Modells müssen die einzelnen Komponenten operationalisiert werden. Dies erscheint mir als nicht gerade einfach. Denkt man beispielsweise an die einzelnen Komponenten der interaktionalen Gerechtigkeit, so erscheint eine nachvollziehbare Operationalisierung und die damit einhergehende präzise Messung dieser Dimensionen als äußerst trickreich.

Die zweite methodische Anmerkung bezieht sich auf die in der (Organisations-)Psychologie verwendeten Methoden zur Datengewinnung. Die von Eva Jonas vorgestellten Forschungsarbeiten basieren auf Daten, die entweder im Labor erhoben worden sind oder aus kontrollierten Feldstudien gewonnen wurden. Beide Methoden haben ihre Stärken und Schwächen. Im Labor kann besser auf andere Störgrößen kontrolliert werden, im Feldexperiment sind die Entscheidungs- und Verhaltenssituationen naturgemäß besser der Lebensrealität angepasst. In den letzten Jahren erfreuen sich diese Methoden zur Datengenerierung auch zunehmender Beliebtheit in den Wirtschaftswissenschaften. In der wissenschaftlichen Debatte über beide Zugänge beherrscht die Frage nach der externen Validität der hieraus gewonnen Einsichten den Diskurs. Es geht also um die Frage, inwieweit das Verhalten in solchen (teilweise relativ artifiziellen) Entscheidungssituationen aussagekräftige Schlussfolgerungen über das „Alltagsverhalten" erlaubt. In diesem Zusammenhang bin ich als Ökonom sehr an der Sichtweise der Psychologie zu diesem Punkt interessiert. Die psychologische Forschung verfügt über eine deutlich längere Tradition in der Verwendung dieser methodischen Herangehensweisen.

Abschließend möchte ich noch gerne auf die normative Dimension der Forschungsergebnisse zum Zusammenspiel von Fairness und Akzeptanz kurz eingehen. Eva Jonas dokumentiert mit ihren Arbeiten, dass Fairness auch zu weniger Akzeptanz führen kann. Zurückgeführt wird diese Erkenntnis auf die entscheidende Rolle von Vertrauen. Wenn nun also Vertrauen für Akzeptanz entscheidend ist und Fairness im Wesentlichen nur bei Vorliegen von Vertrauen positiv wahrgenommen wird, stellt sich die Frage, ob Fairness dann überhaupt das richtige Untersuchungskonzept darstellt. Sollte in normativen Fragen auf Basis dieser Erkenntnisse nicht eher darauf geachtet werden, welche Faktoren Vertrauen schaffen?

## 5 Schlussfolgerungen

Psychologen und Ökonomen versuchen das menschliche Verhalten zu verstehen. Volkswirte beschränken sich hierbei auf die Betrachtung von Individuen als ökonomisch handelnde Akteure, wohingegen die Psychologie versucht, menschliches Verhalten in all ihren Fassetten zu beschreiben und zu erfassen. Mit der zunehmenden Bedeutung verhaltensökonomischer Ansätze in der Volkswirtschaftslehre versucht dieses Fach, gesicherte Erkenntnisse aus der (Wirtschafts-)Psychologie in der eigenen theoretischen Modellbildung zu berücksichtigen. In diesem Sinn profitiert die Volkswirtschaftslehre von den profunden Arbeiten, die in der Psychologie bereits geleistet wurden. Aus diesem Grund erscheint mir ein interdisziplinärer Diskurs über Themen wie etwa Gerechtigkeit und Fairness, wie er im Rahmen der Ringvorlesung Fairness/Fairplay möglich gemacht wurde, als äußerst befruchtend. Durch den Vortrag und den Beitrag von Eva Jonas zu diesem Projekt verstehe ich nun die Sichtweisen und methodischen Herangehensweisen in der Psychologie besser und konnte einige Parallelen, aber auch Unterschiede zwischen den Disziplinen ausmachen. Im Sinne einer ganzheitlichen Betrachtung von sozialen Phänomenen wie Fairness finde ich diese Unterschiede nicht als hinderlich, sondern im Gegenteil als äußerst hilfreich, um unser Verständnis für solche Frage- und Problemstellungen zu verbessern.

## 6 Literaturverzeichnis

Adams, J. Stacy. 1965. Inequity in social exchange. In: Advances in experimental social psychology, hg. von Leonard Berkowitz, 267–299. New York: Academic Press.

Fehr, Ernst und Klaus M. Schmidt. 1999. A Theory of Fairness, Competition, and Cooperation. *The Quarterly Journal of Economics* 114, Nr. 3 (1. August): 817–868. doi: 10.1162/003355399556151, http://dx.doi.org/10.1162/003355399556151. (Zugegriffen: 13.6.2014)

Jonas, Eva. 2015. Fairness lohnt sich! Psychologische Facetten von Gerechtigkeit und ihr Beitrag zu Kooperation und Widerstand in sozialen Interaktionen. In: Fairness und Fairplay. Interdisziplinäre Perspektiven, hg. Minas Dimitriou und Gottfried Schweiger, 23–49, Wiesbaden: Springer VS.

Paetzold, Jörg und Hannes Winner. 2015. Ungerechtigkeit mit System. Die Einkommens- und Bildungsabhängigkeit der Steuerhinterziehung. In: Fairness und Fairplay. Interdisziplinäre Perspektiven, hg. Minas Dimitriou und Gottfried Schweiger, 117–129, Wiesbaden: Springer VS.

Sandel, Michael J. 2013. *Gerechtigkeit: Wie wir das Richtige tun.* Berlin: Ullstein.

Piketty, Thomas. 2014. *Capital in the Twenty-First Century.* Cambridge, MA: Harvard University Press.

Thibaut, John und Walker, Laurens. 1975. *Procedural Justice: A psychological analysis*. Hillsdale, NJ: Erlbaum.

# Zur gesellschaftlichen Relevanz von Sportevents

Sportmedienrechte zwischen sozialer Fairness und Kommerz

Minas Dimitriou

## 1 Prolog

Das facettenreiche Phänomen Sport ist aus der modernen Gesellschaft nicht mehr wegzudenken. Während Eco unter der Prämisse „Sport ist der Mensch, Sport ist die Gesellschaft“ (Eco, 1969/1985, 187) eine sogenannte hintergründige, sportive Struktur des Sozialen feststellt, konstatieren Elias/Dunning in diesem Zusammenhang, dass „die Kenntnis vom Sport einer Gesellschaft der Schlüssel zur Kenntnis der Gesellschaft ist“ (Elias/Dunning, 2003, 3). Darüber hinaus wird der Sport im Rahmen der zunehmenden Relevanz medial vermittelter Kommunikation als performative Instanz wahrgenommen, zumal „Sportereignisse als Domäne der Theatralisierung der Gesellschaft“ (Gebauer, 1997, 316) bezeichnet werden.

Vor dem Hintergrund des Strukturwandels des Mediensystems und im Zuge der Etablierung privater Rundfunkanstalten ist in den letzten Dekaden der strategische und monetäre Wert von Spitzensportveranstaltungen enorm gestiegen. Insbesondere im Rahmen einer unaufhaltsamen Kommerzialisierung im Sport stellt inzwischen die Vergabe der TV-Rechte eine sehr wichtige (oft konstitutive) Einnahmequelle für den Veranstalter und für die Vereine dar. Sowohl private als auch öffentlich-rechtliche Rundfunkanstalten konkurrieren miteinander, um die exklusiven TV-Rechte für Sportevents, wobei diese bereit sind, hohe Kosten auf sich zu nehmen. Während die rechtlichen, wirtschaftlichen und medienspezifischen Dimensionen dieses Prozesses relativ oft Gegenstand wissenschaftlicher Untersuchungen sind, sieht die Situation aus medienethischer Sicht anders aus. Konkreter handelt es sich um die Analyse der Rolle von Medienunternehmen im Spannungsfeld ökonomischer Rationalität und ethischer Verantwortung am Beispiel des Sportrechtehandels. Defizitär ist auch die kritische Auseinandersetzung mit der Thematik „Sportveranstaltung als Medienware“ aus ethischer Perspektive.

Der vorliegende Beitrag greift die interdependente Beziehung zwischen Medien und Sport aus ethischer Sicht auf. Anlässlich aktueller Sachverhalte soll diese Arbeit den ethischen Rahmen des Sportrechtehandels in Österreich unter besonderer Berücksichtigung der gesellschaftlichen Relevanz des Sports untersuchen.

Im Rahmen dieses Beitrages wird der Sport als mediale Querschnittsmaterie verstanden. Dies bedeutet, dass der Sport zwar als Infotainment multiperspektivisch behandelt werden kann, der journalistische Output setzt jedoch große sportspezifische Affinität voraus. Aufgrund des leichten Zugangs, der entstehenden Spannung und der emotionellen identitätsstiftenden Stimuli erreicht der Sport in den Medien ein großes Publikum.

## 2 Aktueller Kontext und Fragestellung

Aus der Fülle der am 9. Dezember 2013 veröffentlichten Pressemeldungen stach eine heraus, die die Konturen der österreichischen Medienlandschaft exemplarisch nachzeichnen lassen.

So titelte die Zeitung „Kurier“ den entsprechenden Beitrag: „Champions League ab 2015 wieder im ORF. Der ORF sicherte sich wieder die Fernsehrechte für die Königsklasse – nächstes Jahr noch bei Puls 4.“[1] Erst auf den zweiten Blick begreift man die Reichweite dieser Meldung. Denn der im ‚Sparmodus‘ fungierende ORF holte die im Jahre 2012 an Puls 4 vergebenen Übertragungsrechte für die UEFA Champions League zurück und besitzt damit die Medienrechte für alle wichtigen Ereignisse.

Die heimischen Privatsender und Mitbieter kritisierten die ORF-Vorgehensweise. So betonte Martin Gastinger, ATV-Geschäftsführer: „Der ORF hat ja dafür genug bei seinen österreichischen Eigenproduktionen eingespart.“ Auf dieser Linie kommentierte auch Oliver Svec, Puls-4-Programmchef: „Es sieht allerdings so aus, als ob der ORF finanziell viel mehr geboten hätte als die Konkurrenz.“[2] Noch härter ging Markus Breitenecker, Puls-4-Geschäftsführer, mit dem ORF ins Gericht: „Auf Basis unserer Markterfahrung haben wir die Kosten und die zu erwartenden Erlöse des ORF durch den Erwerb der UEFA-Champions-League-

1 http://kurier.at/kultur/medien/fussball-champions-league-ab-2015-wieder-im-orf-zu-sehen/39.880.349.

2 www.krone.at/Fussball/Champions_League_ab_2015_wieder_im_ORF_zu_sehen-Rechte_gesichert-Story-385777.

Rechte hochgerechnet und dabei zeigt sich eine deutlich negative Investitionsrendite für den ORF. Daher kann nicht von ‚ökonomisch gut vertretbaren Rechtekosten' die Rede sein."[3]

Somit beschuldigten die Verantwortlichen von Puls 4 den ORF der Wettbewerbsverzerrung und legten Mitte Januar 2014 eine Beschwerde an die österreichische Regulierungsbehörde für elektronische Audiomedien und elektronische audiovisuelle Medien (KommAustria) ein. Der ORF behauptete diesbezüglich: „Der Lizenzpreis liegt im üblichen Bereich von anderen Fußballübertragungen."[4]

Unabhängig vom Ausgang des Verfahrens und der rechtlichen Implikation dieser Angelegenheit rückt im Rahmen dieses Beitrages die Frage nach der *Vereinbarkeit der oben geschilderten ORF-Strategie mit seiner sozialen Verantwortung* bezüglich einer Verfahrensgerechtigkeit (Rawls, 1979) innerhalb der österreichischen Medienlandschaft in den Vordergrund des Interesses. Darüber hinaus soll die Vorbildfunktion der öffentlich-rechtlichen Medien im Hinblick auf die Organisationskommunikation und Verantwortung nach außen (vgl. Weder/Karmasin, 2011, 418) analysiert werden.

Betrachtet man die Entwicklung des Sportrechtemarktes in der letzten Dekade, stellt man einen deutlichen Anstieg der Marktpreise für Übertragungen von Sportevents fest. Während das IOC in der Zeit von 2009 bis 2012 Einnahmen auf einen Rekordwert von 3,85 Mrd. US-Dollar (2,83 Mrd. Euro) durch den Verkauf der Medienrechte generierte, ist für 2014 sogar von einer Summe von 19,3 Mrd. Euro, die „mit den Übertragungen der wichtigsten Sportereignissen – von Olympia über die Fußball-WM in Brasilien bis zu den wichtigsten europäischen Fußball-Ligen – lukriert werden", die Rede. Im Vergleich zum Vorjahr ist hier ein Anstieg von 14 Prozent festzustellen.[5]

Diese kostspielige Spirale bleibt nicht ohne Konsequenzen für den österreichischen Markt. So budgetierte der ORF für das Jahr 2014 die Summe von 115 Mill. Euro (2013: 96 Mill. Euro) für den Sport, wobei 26 Mill. für die Olympischen

---

3 http://derstandard.at/1389857959384/Champions-League-im-ORF-Puls4-legt-Beschwerde-bei-KommAustria-ein.

4 http://derstandard.at/1389857959384/Champions-League-im-ORF-Puls4-legt-Beschwerde-bei-KommAustria-ein.

5 http://derstandard.at/1389857385858/Olympia-zum-Hoechstpreis-Kosten-fuer-TV-Uebertragung-massiv-gestiegen.

Winterspiele in Sotchi sowie die Fußball-WM in Brasilien vorgesehen sind.[6] Aufgrund der Tatsache, dass mit der Einführung und Etablierung des kommerziellen Rundfunks diverse massenattraktive Sportveranstaltungen zur umkämpften Programmware geworden sind, haben die EU-Mitgliedstaaten sogenannte Schutzlisten mit (Sport-)Veranstaltungen von einer besonderen gesellschaftlichen Relevanz erstellt, um die Free-TV-Präsenz dieser Ereignisse zu garantieren (Kruse, 2008, 160–161).

In Anknüpfung an den aktuellen Diskurs bezüglich der (schwierigen) finanziellen Lage der öffentlichen-rechtlichen Medien steht auch die Frage im Mittelpunkt, *wie man Investitionen für den Erwerb von Sportrechten aus der Sicht der gesellschaftlichen Relevanz von Sportevents legitimieren kann.* Im Rückgriff auf den Topos der Corporate Social Responsibility (CSR) soll in diesem Zusammenhang die Motivation des ORF zur Erfüllung sozialverantwortlichen Handelns untersucht werden.

In den letzten Dekaden richten Medienunternehmen den Blick auf die Optimierung des medialen (Sport-)Angebotes, um einerseits ein möglichst breites Publikum anzusprechen und andererseits Werbemöglichkeiten zu maximieren. Allerdings agieren die öffentlichen-rechtlichen Anstalten auf der Grundlage eines gesellschaftlichen Auftrages, der aufgrund deren Gebührenfinanzierung einen konstitutiven Charakter aufweist.

Diese Arbeit orientiert sich an *der zeitgemäßen Interpretation des öffentlich-rechtlichen Auftrages bezüglich der Sportberichterstattung/-übertragung im Hinblick auf die systemethische Dimension.*

## 3 Sportrechtemarkt als ethischer Raum?

Als im Dezember 2013 ORF die Übertragungsrechte für die UEFA Champions League sicherte, äußerte sich Alexander Wrabetz, ORF-Generaldirektor folgendermaßen dazu: „Die Champions League ist mit weltweit 4,2 Milliarden TV-Zusehern eines der wichtigsten Fernsehereignisse. Die Spiele der Champions League, insbesondere das Finale, verbinden die Fußballfans rund um den Globus. Ich freue mich daher, dass wir ab 2015 die Champions League wieder in der

6 www.wienerzeitung.at/nachrichten/kultur/medien/588048_ORF-Fuehrung-arbeitet-an-ihrem-Finanzdelta.html.

gewohnten ORF-Qualität in HD und mit bester Rundumberichterstattung unserem Publikum bieten können. Die vereinbarten Rechtekosten sind ökonomisch gut vertretbar […].“[7] Konkreter argumentierte ORF-Finanzdirektor Richard Grasl aus betriebswirtschaftlicher Sicht: „Ausgabenseitig bleibt das neue hochkarätige Angebot unter vergleichbaren Sendeplatzbudgets.“[8]

Dabei wird deutlich, dass sich die Verantwortlichen des ORF um eine Relativierung der vereinbarten Kosten aufgrund der vorherrschenden marktüblichen Konditionen bemüht haben.

Die in diesem Kontext angesprochene Anpassung an bestehende Rahmenbedingungen des Sportrechthandels korrespondiert nicht mit dem oben erwähnten Aspekt der integrativen Unternehmensethik. In diesem Zusammenhang wäre eine transparente Informationspolitik bezüglich der Ausgaben für TV-Rechte und eine kritische journalistische Auseinandersetzung mit den Strukturen des Sportrechthandels notwendig.

Auf der Basis einer Kalkulation der Kosten und der zu erwartenden Erlöse des ORF durch den Erwerb der UEFA-Champions-League-Rechte konnten die Mitbewerber dem Argument Rechnung tragen, dass die Investitionsrendite für den ORF deutlich negativ sei. Ferner betonte Markus Breitenecker (Puls 4): „Der ORF hat die Uefa Champions League zu deutlich überhöhten Kosten erworben. Er hat sich gerade nicht an kaufmännischen Gesichtspunkten orientiert, da eine deutliche Unterdeckung durch Werbeeinnahmen vorliegt. Damit hat der ORF den Wettbewerb verzerrt. Das Vergabeverfahren muss rückgängig gemacht werden.“[9]

Die Kritik der privaten österreichischen Sender gegenüber dem ORF basiert auf einer entsprechenden Klausel des ORF-Gesetzes. Darin wird unter dem Titel marktkonformes Verhalten folgender Absatz angeführt: „Dem Österreichischen Rundfunk aus Programmentgelt zufließende Mittel dürfen nicht in einer zur Erfüllung des öffentlich-rechtlichen Auftrags nicht erforderlichen wettbewerbs-

7 http://wirtschaftsblatt.at/home/life/timeout/1502102/Champions-League-ab-2015-wieder-im-ORF.

8 http://derstandard.at/1389857959384/Champions-League-im-ORF-Puls4-legt-Beschwerde-bei-KommAustria-ein.

9 http://derstandard.at/1389857959384/Champions-League-im-ORF-Puls4-legt-Beschwerde-bei-KommAustria-ein.

verzerrenden Weise verwendet werden. Insbesondere darf der Österreichische Rundfunk diese Mittel nicht dazu verwenden: Rechte zu überhöhten, nach kaufmännischen Grundsätzen nicht gerechtfertigten Preisen zu erwerben" (ORF-Gesetz, 31c.).

Angesichts der Tatsache, dass „sich mit hochklassigen Sportbewerben ‚bedauerlicherweise' kein Geld mehr verdienen lässt" – „Die Rechte wie auch die technische Umsetzung sind sehr teuer"[10] –, könnte man die Vermutung aufstellen, dass die weltweite Popularität dieser Sportveranstaltung (4,2 Milliarden TV-Zusehern) der Grund für den Erwerb der Rechte zu sein scheint. Dazu kommt auch die Verpflichtung dem Publikum gegenüber „beste Rundumberichterstattung" zu bieten. Abgesehen davon spielten für den ORF die „redaktionelle Aufbereitung und Umsetzung" eine entscheidende Rolle für die Vergabe der Übertragungsrechte durch die UEFA.[11] Mit der letzten Aussage greift der ORF indirekt das seit 2012 bestehende Konzept zur Übertragung der Champions League von Puls 4 an. Dabei wird der Versuch des ORF sichtbar, die Qualität der Berichterstattung beim privaten Sender in Frage zu stellen, und er zeigt sich unfair gegenüber den Mitbietern.

Aus rezeptionsspezifischer Sicht (Karmasin, 2010, 222) honorierte das Publikum das Angebot von Puls 4 in der Saison 2013/14: Bei der Übertragung der Partien der Wiener Austria erzielte der Sender hervorragende Quoten, später gab es bei den Reichweiten einen leichten Rückgang, allerdings lagen sie klar über den Normalwerten des privaten Senders.

Schließlich behauptete der ORF hinsichtlich der Übernahme der Rechte, dass das vom ORF gekaufte Medienrechtepaket den Mitbewerbern erlaube, „die übrigen Pakete wie etwa weitere Live-Spiele oder Highlights zu erwerben"[12].

Aus dieser Argumentationsweise lässt sich erkennen, dass der ORF sich als verantwortungsvolles Medienunternehmen präsentiert, zumal er die fairen Rahmenbedingungen des Wettbewerbs respektiert. Allerdings ist hier auch frag-

10 Michael Nanseck, ATV, (http://derstandard.at/1389857385858/Olympia-zum-Hoechstpreis-Kosten-fuer-TV-Uebertragung-massiv-gestiegen).

11 http://derstandard.at/1389857959384/Champions-League-im-ORF-Puls4-legt-Beschwerde-bei-KommAustria-ein.

12 http://derstandard.at/1389857959384/Champions-League-im-ORF-Puls4-legt-Beschwerde-bei-KommAustria-ein.

lich, inwiefern ein werbefinanziertes Medienunternehmen (ATV, Puls 4) Zweitrechte refinanzieren kann.

Außerdem könnte eine mögliche Zusammenarbeit zwischen den privaten und öffentlich-rechtlichen Medien für eine Verfahrensgerechtigkeit (Rawls, 1979) sorgen und die Verantwortung für das gemeinsam Geleistete aufgeteilt werden.

Zweifelsohne leistete jedoch die öffentlich-rechtliche Anstalt mit dem Erwerb der Rechte für die UEFA Champions League einen weiteren Beitrag zur Marktkonzentration und zur Stärkung eines beispiellosen TV-Staatsmonopols. Parallel dazu nutzte der ORF seine traditionelle Vormachtstellung, nicht nur um einen Wettbewerbsvorteil zu generieren, sondern auch den eigenen Stellenwert zu steigern.

## 4 Sport und seine gesellschaftliche Relevanz aus medienpolitischer Perspektive

Im Rahmen von komplexen Interaktionen beim Sportrechtehandel kann der ORF auch als ein ethischer Akteur verstanden werden, der Verantwortung sowohl für seine Handlungsfolgen als auch für Einhaltung der festgelegten Werte und Plichten (Göbel, 2006, 103) übernehmen soll. Daher stellt sich im Zuge der Vergabe von TV-Übertragungsrechte die Frage nach der Priorisierung von ausgewählten Sportevents, trotz steigender Preise und wirtschaftlicher Engpässe. Warum sind in den letzten Jahren Sportveranstaltungen zur Fernsehware geworden?

Ausgehend vom theoretischen Ansatz der Corporate Social Responsibility (CSR) (vgl. Hiß, 2007, 7) gilt hier zu klären, welches Motiv für unternehmerisches Handeln im Sinne einer verantwortungsvollen Argumentationslinie in den Vordergrund rückt.

Im Zeitalter der Globalisierung und Postmoderne kommt dem „relativ autonomen Feld“ Sport (Bourdieu, 1986, 94) eine bipolare Logik zu. Einerseits ist der Sport Ko-Modifikationsobjekt privater Akteure, relevanter Inhaltsschwerpunkt der Unterhaltungs- und Medienindustrie sowie Vermittler kultureller Globalisierung (vgl. Maguire, 2005, 4–5). Andererseits leistet er einen wesentlichen Beitrag nicht nur zur emotionalen Aktivierung eines Zusammengehörigkeitsgefühls, sondern auch zur Darstellung und Konstruktion nationaler Identitäten (vgl. Giulianotti/Robertson, 2007, 108).

Parallel zu der oben geschilderten Entwicklung wird in den letzten Dekaden die „konstitutive Bedeutung von Medien, Medieninhalten und Medienapparaten zur Konstruktion sozialer und individueller Wirklichkeit“ (Kleiner, 2006, 20) immer deutlicher: Im Rahmen einer voranschreitenden *Mediatisierung* – als „Metaprozess sozialen Wandels“ (Krotz, 2007, 38) – rücken die massenmedialen Vermittlungsinstanzen in den Mittelpunkt. Außerdem transportieren Medien Werte und Anschauungen und üben somit bis zu einem bestimmten Grad Einfluss auf das Verständnis von Richtig oder Falsch aus (Funiok, 2011, 13). So ist es nicht verwunderlich, dass was Sport ist, wie er verstanden wird und/oder werden soll, oft an medialen Darstellungs- und Inszenierungsformen festgemacht wird, die ökonomisch und kulturell eine zentrale Stellung in der gegenwärtigen Gesellschaft und ihrem Mediensystem einnehmen. Der Sportberichterstattung messen Blain/Boyle sogar eine relevante Rolle in der sozialkulturellen Meinungsbildung bei: „The way in which sport is written about or televised thereby becomes a source – and possibly a unique source – of information about our beliefs, opinions and attitudes as cultures.“ (Blain/Boyle, 2002, 420) Darüber hinaus avancieren die Medien zum Selektionskriterium in der Sportwelt und tragen in entscheidendem Maße zur „Erzeugung, Reproduktion und Verstärkung von Sportvorstellungen“ (Schwier, 2004, 28) bei.

Mit der Dualisierung des Rundfunks Mitte der 1980er in Deutschland und Anfang der 2000er Jahre in Österreich kam es zu einer sichtbaren Zunahme der Konkurrenzsituation auf dem Medienmarkt. Im Zuge dieser Entwicklung richteten die Medien den Blick auf die Optimierung des medialen Sportangebotes, um einerseits ein möglichst breites Publikum anzusprechen und andererseits Werbemöglichkeiten zu maximieren. Dieser Prozess ist ersichtlich, wenn man die verschiedenen Anpassungen der einzelnen Sportarten und Disziplinen, ihrer Regelwerke, ihrer Terminierung, ihrer Organisationsstrukturen oder ihres gesamten Erscheinungsbildes an die Medienlogiken (Selektion und Inszenierung) in Betracht zieht. Vor dem Hintergrund der steigenden Ökonomisierung des Mediensports und mit der Markteiführung des sogenannten Pay-TV kam es Ende der 1990er Jahre zu einer Bedeutungszunahme des Premium Contents. Unter diesem Topos versteht man „Fernsehinhalte, die nicht nur von der objektiven

Qualität bestimmt werden, sondern vor allem von ihrem Rang in der Attraktivitäts-Hierarchie“ (Kruse, 2008, 152). Der Premium Content avancierte zum Garanten des wirtschaftlichen Erfolges für alle TV-Sender, ganz besonders für die Pay-Programme. Zu dieser Content-Kategorie gehören zweifelsohne große Sportveranstaltungen, die seit Jahren zu den meistgesehenen Sendungen mit hohen Markanteilen zählen. So z.B. findet man auf einer entsprechenden Hitliste von ORF für das Jahr 2012 unter den ersten zehn Sendungen sechs mit sportlichem Inhalt (Ski alpin, Fußball). Abgesehen davon erzielten Sportevents wie die Abfahrt in Kitzbühel (74 Prozent) oder das Slalomrennen der Herren in Adelboden (63 Prozent) die höchsten Markanteile des Jahres.[13] In Deutschland kommen sogar alle zehn meistgesehenen Sendungen von 2012 aus dem Fußballsport, wobei sich die überwiegende Mehrheit der übertragenen Partien auf die Fußballeuropameisterschaft in Polen und der Ukraine beziehen. Auch in Deutschland verzeichneten einige Fußballübertragungen ausgezeichnete Markanteile von fast 80 Prozent.[14]

Aufgrund dieser Entwicklung wurde der Erwerb exklusiver Verwertungsrechte bei einigen medienaffinen Sportarten zwischen den öffentlich-rechtlichen und den kommerziellen Medien zu einer oft heiklen Angelegenheit (Holtz-Bacha, 2006, 118).

In Österreich regelte das Bundesgesetz über die Ausübung exklusiver Fernsehübertragungsrechte (Fernseh-Exklusivrechtegesetz, FERG) vom 31. Juli 2001 den Rahmen für Ereignisse „denen in Österreich erhebliche gesellschaftliche Bedeutung zukommt“ (BGBl. I Nr. 85/2001, 1236):

„In die Verordnung sind nur solche Ereignisse aufzunehmen, *auf die mindestens zwei der folgenden Voraussetzungen zutreffen* [Hervorhebung i.O. fett]:

1. das Ereignis findet bereits bisher, insbesondere auf Grund der Medienberichterstattung, in der österreichischen Bevölkerung breite Beachtung;
2. das Ereignis ist Ausdruck der kulturellen, künstlerischen oder sozialen Identität Österreichs;
3. das Ereignis ist, insbesondere durch die Teilnahme österreichischer Spitzensportler, eine Sportveranstaltung von besonderer nationaler Bedeutung

13 http://medienforschung.orf.at/fernsehen.htm.

14 www.media-perspektiven.de/uploads/tx_mppublications/03-2013_Zubayr_Gerhard.pdf.

oder findet auf Grund seiner internationalen Bedeutung bei den Fernsehzusehern in Österreich breite Beachtung;
4. das Ereignis wurde bereits in der Vergangenheit im frei zugänglichen Fernsehen ausgestrahlt.“

Konkreter stellte eine spätere Verordnung (305, Teil II 24. August 2001) fest, welche „Ereignisse von erheblicher gesellschaftlicher Bedeutung sind, § 1 “:

1. Olympische Sommer- oder Winterspiele
2. Fußballspiele der FIFA-Weltmeisterschaft (Herren), sofern an diesen Spielen die österreichische Nationalmannschaft teilnimmt, sowie das Eröffnungsspiel, die Halbfinalspiele und das Endspiel
3. Fußballspiele der Europameisterschaft (Herren), sofern an diesen Spielen die österreichische Nationalmannschaft teilnimmt, sowie das Eröffnungsspiel, die Halbfinalspiele und das Endspiel
4. Finalspiel des österreichischen Fußballpokals (Fußballcups)
5. alpine FIS-Skiweltmeisterschaften
6. nordische FIS-Skiweltmeisterschaften
7. Neujahrskonzert der Wiener Philharmoniker
8. Wiener Opernball

Ferner bestimmte die erwähnte Verordnung (§ 2): „Fernsehveranstalter, die ausschließliche Übertragungsrechte an in § 1 genannten Ereignissen erworben haben, haben zu ermöglichen, dass diese Ereignisse im frei zugänglichen Fernsehen zeitgleich und in gesamtem Umfang verfolgt werden können.“

Betrachtet man diese Liste als eine Art Programmatik für nationale Gratifikationen, stellt man fest, dass die Anzahl von Sportveranstaltungen überproportional vertreten ist. Dies zeigt die Bestimmung einiger Sportarten als identifikationsstiftende Instanzen deutlich.

Der oben geschilderte rechtliche Rahmen garantiert zweifelsohne die Grundversorgung der Bevölkerung mit (Sport-)Informationen im dualen Rundfunksystem. Auf der anderen Seite stellt der Staat die Free-TV-Präsenz der erwähnten (Sport-)Veranstaltungen gegen mögliche monetäre Interessen der Veranstalter, die dafür Medienrechte vergeben.

Richtet man den Blick auf die angeführten Sportarten, erkennt man die quantitative Überrepräsentation des Fußballsports. Trotz der Vielfältigkeit des Sportgeschehens wird der Mediensport, zumindest in Europa, vom Fußball dominiert (vgl. Burk, 2006, 29–46). Die Tatsache, dass Fußball zu den sogenannten „Premiumsportarten" gehört, hängt mit der Erfüllung diverser Selektionskriterien (Tradition, Verbreitung, Struktur, Publikumspräferenzen, Vermarktung) zusammen (vgl. Gerhard, 2006, 44). Darüber hinaus stellen Events wie Fußball-EM oder -WM nicht nur auf sportlicher, sondern auch auf medialer, wirtschaftlicher und sozialer Ebene einen Höhepunkt in fast jedem Veranstaltungskalender dar (vgl. Dimitriou et al., 2007, 139–152; Sattlecker/Dimitriou, 2009, 35–49; Cho, 2009). Der ORF besitzt die Übertragungsrechte von allen auf der oben angeführten Liste stehenden Veranstaltungen, mit Ausnahme der Auswärtsspiele der österreichischen Fußballnationalmannschaft (ATV).

Parallel dazu bieten die Aufnahme von Wintersportveranstaltungen (siehe 5 und 6) in die Schutzliste, aber auch der Erwerb der TV-Rechte für alle in Österreich stattfindenden Wettbewerbe in den Disziplinen Ski alpin, Skispringen, nordische Kombination und Langlauf (bis 2017, ORF) günstige Rahmenbedingungen zur Erfüllung der erwähnten Forderung nach der TV-Ausstrahlung von Ereignisse „denen in Österreich erhebliche gesellschaftliche Bedeutung zukommt" (BGBl. I Nr. 85/2001).

Auf dieser Basis erhebt der ORF den Anspruch zu einem der „weltweit führenden Wintersport-Broadcastern"[15] zu gehören.

Jedoch handelt es sich bei der Paradeskidisziplin des ORF um Ski alpin, eine international eher unbedeutende Sportart, die allein im Alpenraum große Popularität genießt. Auf der anderen Seite aber „sind österreichische Erfolge auf der Tagesordnung und stehen kommerzielle Interessen der heimischen Ski- und Tourismusindustrie auf dem Spiel" (Horak/Penz, 2004, 162).

Hervorzuheben ist in diesem Zusammenhang, dass sich der ORF vorwiegend an einem inneren Verantwortungsbereich der CSR orientiert, in dem monetäre und gesetzliche Aspekte die Legitimationsbasis für die Erfüllung eines sozialverantwortlichen Handelns bilden (vgl. Altmeppen, 2011, 252).

15 Alexander Wrabetz ORF, (http://www.digitalfernsehen.de/ORF-sichert-sich-bis-2017-TV-Rechte-an-Wintersport-Stationen.74317.0.html).

## 5 Sport und der öffentlich-rechtliche Auftrag des ORF

Die Art und Weise, wie der öffentlich-rechtliche Auftrag des ORF erfüllt werden soll, lässt sich über die Definition von fünf Qualitätsdimensionen (individueller Wert, Gesellschaftswert, Österreichwert, internationaler Wert und Unternehmenswert) und 18 Leistungskategorien erkennen.[16] Daran orientiert sich das ORF-Angebot auf Basis des ORF-Gesetzes und der Programmrichtlinien.

Im Zuge des sogenannten *individuellen Wertes* sollen u. a. zuverlässige, aktuelle Informationen für alle Bevölkerungsschichten und anspruchsvolle, gesellschaftlich relevante Unterhaltung angeboten werden. In diesem Zusammenhang kann der Mediensport „sowohl auf Seiten der Kommunikatoren als auch der Rezipienten als Hybride aus Information und Unterhaltung" definiert werden (Loosen, 2004, 18). Unter *Infotainment* wird „die Vermengung von informations- und unterhaltungsorientierten Inhalten, Stil- und Gestaltungselementen" (Früh/Wirth, 1997, 367) verstanden.

Durch eine Anreicherung des eigentlichen Beitrags mit nicht genuin sportlichen Zusatzelementen (Vor- und Nachberichten, Gewinnspielen, Comedyeinlagen, Interviews, Homestorys von Sportlern, Features über Austragungsorte und nicht zuletzt mit prominenten Kommentaren) lässt sich einerseits das Unterhaltungsrisiko senken und auf der anderen Seite der emotionale Unterhaltungswert und die Publikumsbindung noch einmal steigern (vgl. z. B. Scherer, 2004), wodurch es zur einer mediengerechteren Vermarktung des Sports kommen kann. Diese Tendenzen sind die Folge einer fortschreitenden *Entertainisierung* der Sportberichterstattung (vgl. Bertling, 2009), die sich in den letzten Jahren auf den genuinen Bereich des Sports (noch) quantitativ auswirkt. Denn die künstliche, zeitliche Streckung von Sportereignissen (siehe z. B. Ski alpin im ORF) erschwert die Konzentration des Publikums auf das konstitutive sportliche Geschehen und führt zu einer binären Fragmentierung der Rezeption (fiktive/nicht fiktive Unterhaltung). Aus dieser Entwicklung lässt sich erkennen, dass die Medienunternehmen vor großen Herausforderungen in der Zukunft stehen: kritischen und investigativen Sportjournalismus zu betreiben, ohne den Sport als Nebenprodukt des Geflechtes Werbung, Medien und Politik zu betrachten (vgl. dazu Digel, 2011, 215).

---

16 Siehe ORF-Public-Value-Bericht 2011 in: http://zukunft.orf.at/show_content2.php?s2id=178.

Die Qualitätsdimension *Gesellschaftswert* bezieht sich u.a. auf die Behandlung der gesellschaftlichen und kulturellen Vielfalt sowie die Übernahme einer Orientierungs- und Integrationsfunktion. Dabei geht es um die Versorgung der Allgemeinheit mit Information „über alle wichtigen politischen, sozialen, wirtschaftlichen, kulturellen und sportlichen Fragen“ (vgl. ORF-G §4 (1), §10 (4)).

Obwohl der Mediensport einen hervorragenden Beitrag zur Wahrnehmung der gesellschaftlichen, kulturellen und ethischen Vielfalt leisten kann, erweisen sich Zugriffe im Bereich der Selektion und der Priorisierung von Themen als Hindernisse zur Realisierung der oben erwähnten Richtlinie. So. z.B. thematisieren die Sportsendungen des ORF sehr beschränkt oder gar nicht Sportereignisse, bei denen der ORF keine TV-Rechte besitzt. Die nicht Berücksichtigung oder die nachrangige Positionierung der Wiener Austria (UEFA Champions League 2013/14) in der ORF-Berichterstattung enttäuschte viele Fußballfans und verletzte sowohl die festgelegte Forderung nach vielfältigen, österreichbezogenen Berichterstattung als auch das ethisch bezogene journalistische Qualitätskriterium der Vollständigkeit (vgl. Purer, 2008, 14).

Bezüglich der Qualitätsdimension des *Österreichwertes* stehen u.a. identitätsstiftende und regionalspezifische Aspekte im Mittelpunkt. Dabei spielt der Sportmedientext als Produkt eines von Rowe et al. (1998, 133) als „sport-nationalism-media troika“ bezeichneten Prozesses eine entscheidende Rolle bei der mehrdimensionalen nationalen und regionalen Identitätsstiftung:

*Medientexte liefern Zugänge.* In Anlehnung an den Agenda-Setting-Ansatz (vgl. z.B. Rössler, 1997; Hagenah, 2004) können Medien durch Selektion, Positionierung und Wiederholung von Inhalten einen Steuerungsmechanismus aktivieren, der die Aufmerksamkeit und Prioritätensetzung der Rezipienten wesentlich beeinflusst. Medientexte liefern damit Bestimmungen von Öffentlichkeit und Privatheit, leisten Zuschreibungen im Blick auf Inklusion und Exklusion (vgl. z.B. Klein, 2008).

*Medientexte liefern einen narrativen und symbolischen Rahmen.* Dabei konzentriert sich die mediale Präsentation sowohl auf die Darstellung entsprechender nationaler Symbolik (z.B. Flaggen, Hymnen oder nationale Helden) (vgl. Lee/Maguire, 2009) als auch auf die Anwendung ethnozentristischer sprachlicher Konstrukte (z.B. Stereotypen) (vgl. z.B. Cho, 2009, Vincent et al., 2010). Diese verdichtete Übermittlung führt nicht nur zur Komplexitätsreduktion, sondern auch zur Festigung eines gesellschaftlichen Orientierungssystems und zur Legitimation „zentraler Strukturen des Sozialverhaltens" (Hülst, 1999, 350).

*Medientexte liefern schließlich Identifikationsangebote.* Im Rahmen einer in der Medienberichterstattung voranschreitenden *Personalisierung* (vgl. z.B. Van Zoonen, 2000) kann davon ausgegangen werden, dass sich der Journalismus nicht nur auf die politischen und wirtschaftlichen Rahmenbedingungen des Ereignisses konzentriert, sondern auch versucht, Themen durch die Einbeziehung bestimmter Personen (z.B. Sportprominenz) für die Rezipienten besser nachvollziehbar zu machen (vgl. Schwab-Trapp, 2006; Dimitriou et al., 2006). In diesem Zusammenhang betonte Loosen (1998, 122), dass „internationale Wettkämpfe im Sport auf den Vergleich der Leistungen Angehöriger verschiedener Nationen angelegt sind, sodass die Zugehörigkeit eines Sportlers zur eigenen Nationalität (kulturelle Nähe) eine Identifikationsmöglichkeit bietet".

Auf der anderen Seite zeigen zahlreiche inhalts- und diskursanalytische Studien, dass die Sportberichterstattung – insbesondere über große Events – durch die Anwendung national orientierter Interpretationsmuster (z.B. Dimitriou et al., 2008), die Stabilisierung herrschender Ideologien (z.B. Lee/Bairner, 2009), die Reproduktion tradierter Stereotype (z.B. Boyle and Monteiro, 2005), die Bekräftigung nationaler Images (z.B. Dimitriou et al., 2009) und die Orientierung an nationalen Publika (z.B. Horky, 2009) gekennzeichnet ist. Dies mag auch der Grund sein, warum der ORF seinen gesellschaftlichen Auftrag oft als „die Produktion erfolgreicher Österreich-Images" (Spitaler, 2014, 8) interpretiert. Abgesehen davon führen die erwähnten Tendenzen in der Sportberichterstattung nicht nur zum Abbau einer kritischen Distanz zum Gegenstand der Berichterstattung, sondern auch zur emotionalen und patriotischen Annährung der Geschehnisse. Beispielhaft sind in diesem Kontext Moderationen und Kommentare bei Ski-alpin-Übertragungen, die von einseitigen und chauvinistischen Tönen überfrachtet sind und das Prinzip der Objektivität verletzen, eines der wichtigsten Kriterien eines verantwortungsvollen (Sport-)Journalismus (vgl. Pürer, 2008, 14; Horky and Stelzner, 2013, 123).

Unter *Internationaler Wert* wird u.a. der Beitrag des ORF zur europäischen Integration und zur Globalisierung verstanden. So z.B. erfüllen Sportevents – die mit einer regelmäßigen Austragung in unterschiedlichen europäischen Ländern stattfinden – etwaige soziale Funktionen. Schaffrath (2000, 184) bezeichnete sogar die Fußball-EM 2000 (Belgien/Niederlande) als „temporärer, aber dennoch wichtiger europäischer Kommunikationsraum, in dem verschiedene Spielteilöffentlichkeiten – verstanden als räumlich und zeitlich begrenzte Netzwerke kommunikativer und sozialer Handlungen – identifizierbar waren". Zweifelsohne ist der Beitrag des medial-vermittelten Fußballs zur Konstruktion einer europäischen Identität – der sich nicht nur auf eine latente, rhetorische Ebene bezieht – in den symbolischen Wirkungszusammenhängen und Handlungsstrukturen erkennbar (vgl. Dimitriou/Sattlecker, 2010). Auch der ORF erkennt die Verdienste des Fußballs zur „Förderung des Verständnisses für die europäische Integration" an (ORF-G §4 (1) §3), wenn unter der Rubrik „internationaler Wert/Daten" Folgendes zu lesen ist: „Die Fußball-Europameisterschaft 2012 in Polen und in der Ukraine wird als eine der erfolgreichsten in die Geschichte des ORF eingehen: Das EURO-Finale war – abgesehen vom STRATOS-Sprung – die reichweitenstärkste ORF-Sendung seit 2008" (ORF-Public-Value-Report 2012/13, 55).[17]

Hinsichtlich der Qualitätsdimension des *Unternehmenswertes* rücken u.a. innovative Leistungen in Bezug auf die Medienentwicklung und die Einführung neuer Technologien in den Vordergrund. So z.B. bietet der Sport günstige Rahmenbedingungen für den Einsatz von neuen Übertragungstechnologien. Bereits im Jahre 1958 kam es zur erfolgreichen Übertragung der Skiweltmeisterschaften in Bad Gastein durch den ORF, wobei die Anzahl der eingesetzten Kameras (fünf) eine für die damalige Zeit sensationelle Produktionsleistung offenbarte (vgl. Dimitriou, 2010, 26). Aus heutiger Sicht überträgt der ORF die österreichischen Bewerbe der Vierschanzentournee (2013/2014) in Innsbruck und Bischofshofen mit 22 Kameras. Mit der sogenannten Antelope-Kamera am Schanzentisch kommt auch ein Super-Slow-Motion-Kamerasystem – das 1000 Bilder pro Sekunde liefert – zum Einsatz.[18]

Trotz des standardisierten Produktionsprozesses im Mediensport (vgl. Bertling, 2008, 176) scheint der Einsatz von neuen Übertragungstechnologien notwendig zu sein, um dem Publikum spektakuläre Unterhaltung zu bieten. Dies ist nicht nur mit immensen Kosten verbunden, sondern führt auch zur einen (Re-)Produktion des Sports als mediale Unterhaltungsware.

---

17 Siehe in: http://zukunft.orf.at/show_content.php?hid=35&pvi_id=1447.

18 Vgl. dazu http://programm.orf.at/?story=22832

Ausgehend von der Prämisse, dass *Sport* und *öffentliche Kommunikation* das Resultat von Kopplungen unterschiedlicher sozialer/kultureller Gebiete sind (vgl. Axster et al., 2009, 13), manifestiert sich die Bedeutung der öffentlich-rechtlichen Medien für den Sport in einer Schnittstelle zwischen sozialem Sonderbereich (Selektion, Inszenierung) und Vergesellschaftung (Rezeption). Dabei wäre begrüßenswert, wenn die öffentlich-rechtlichen Medien in Österreich der „weiter wachsenden gesellschaftlichen Bedeutung des Sports" (Schierl, 2006, 25) Rechnung tragen und zunehmend Themen aufgreifen würden, die nicht unmittelbar mit Ergebnissen und Ereignissen in Zusammenhang stehen (vgl. Beck, 2006; Dimitriou et al., 2008b).

## 6 Fazit

Der Erwerb der Rechte für die UEFA Champions League vom ORF kann anhand des oben beschriebenen Prozesses als ein Zeichen zur Machtstabilisierung des Unternehmens innerhalb der österreichischen Medienlandschaft verstanden werden. Mit dieser machtpolitischen Strategie wird der Anspruch auf mediale Vielfalt und Marktliberalisierung in Österreich schwer realisierbar sein. Ferner konnte auch im Rahmen des Beitrages gezeigt werden, dass dabei auch das Prinzip der Verfahrensgerechtigkeit (Rawls, 1979) verletzt wurde.

Bezüglich der Organisationskommunikation und Verantwortung nach außen (vgl. Weder/Karmasin, 2011, 418) lässt sich erkennen, dass eine gewisse Widersprüchlichkeit (hohe Investitionen trotz wirtschaftlicher Engpässe) ersichtlich ist. Abgesehen davon wurde der ORF hinsichtlich der getätigten Investitionen für den Erwerb von Sportrechten vorwiegend von monetären und gesetzlichen Aspekten geleitet. Dabei hätte man im Sinne der CSR eine andere Interpretation und partielle Umsetzung zur Erfüllung eines sozialverantwortlichen Handelns erwartet.

Vor dem Hintergrund einer zunehmenden Ausdifferenzierung der Mediengesellschaft soll der öffentlich-rechtliche Auftrag bezüglich der Sportberichterstattung/-übertragung als diskursiver Topos interpretiert werden. In diesem Rahmen soll schließlich die Auseinandersetzung mit einer Reihe von Fragen erfolgen – wie z. B. nach der Rolle des Mediensports bei der Reproduktion symbolischer Deutungs- und Ordnungssysteme, nach der Narrativität im Sportjournalismus oder nach dem Wirkungszusammenhang zwischen Mediensport und dem sogenannten „performativen Nationalismus“ (vgl. Dimitriou, 2014, 32).

Auch die kritische Auseinandersetzung mit Themen der demokratischen und wirtschaftlichen Nachhaltigkeit (vgl. Spitaler, 2014, 8) soll - unabhängig von der Tatsache, ob der ORF Host Broadcaster ist oder nicht - intensiviert werden.

Gerade diese Prozesse markieren eine entscheidende Differenz zwischen öffentlich-rechtlichen und kommerziellen Medien und eröffnen einen neuen, perspektivvollen Horizont, indem der Mediensport als Produkt einer Wechselbeziehung verstanden wird und durchaus in der Lage ist, die ursprünglichen Systeme Medien und Sport positiv zu beeinflussen.

## 7 Literatur

Altmeppen Klaus-Dieter. 2011. Journalistische Berichterstattung und Media Social Responsibility: Über die doppelte Verantwortung von Medienunternehmen. In: *Handbuch CSR. Kommunikationswissenschaftliche Grundlagen, disziplinäre Zugänge und methodische Herausforderungen*, hg. von Juliana Raupp, Stefan Jarolimek und Friederike Schultz, 247–266. Wiesbaden: VS Verlag für Sozialwissenschaften.

Axster, Felix, Jäger, Jens, Sicks, Kai Marcel und Stauff, Markus. 2009. Einleitung: Mediensport als Grenzziehungspraxis. In: *Mediensport. Strategien der Grenzziehung*, hg. von Felix Axster et al., 7–20. München: Wilhelm Fink Verlag.

Beck, Daniel. 2006. *Der Sportteil im Wandel. Die Entwicklung der Sportberichterstattung in Schweizer Zeitungen seit* 1945. Bern/Stuttgart/Wien: Haupt Verlag.

Bertling, Christoph. 2008. Sport in der TV-Unterhaltungsindustrie. Theoretische Überlegungen und empirische Befunde zur (Re-)Produktion des Sports in den Massenmedien. *montage/av: Zeitschrift für Theorie und Geschichte audiovisueller Kommunikation* 17, Nr. 1: 173–189.

Bertling, Christoph. 2009. *Sporttainment. Konzeption, Produktion und Verwertung von Sport als Unterhaltungsangebot in den Medien.* Köln: Herbert von Harlem Verlag.

Bourdieu, Pierre. 1986. Historische und soziale Voraussetzungen modernen Sports. In: *Sport - Eros - Tod,* hg. von Gerd Hortleder und Gunter Gebauer, 91–112. Frankfurt a.M.: Suhrkamp.

Blain, Niel and Boyle, Raymond. 2002. Sport. Sport as Real Life: Media Sport and Culture. In: *The Media: An Introduction,* hg. von Adam Briggs und Paul Cobley , 415–426. 2nd Edition. London: Pearson Education Limited.

Boyle, Raymond und Monteiro, Claudia. 2005. „A Small Country with a Big Ambition“: Representations of Portugal and England in Euro 2004 British and Portuguese Newspaper Coverage. *European Journal of Communication* 20, Nr. 2: 223–244.

Burk, Verena. 2006. Fußball auf europäischen Bildschirmen. In: *Medienfußball im europäischen Vergleich,* hg. von Eggo Müller und Jürgen Schwier, 29–46. Köln: Herbert von Halem Verlag.

Cho, Younghan. 2009. Unfoldingsportingnationalism in South Korean media representations of the 1968, 1984 and 2000 Olympics. *Media Culture Society* 31, Nr. 3: 347–364.

Digel, Helmut. 2011. Zur Verantwortung des Sports und der Berichterstattung in der massenmedialen Kommunikation. In: *Ethik im Sport,* hg. von Elk Franke, 192–217. Schorndorf: Hofmann.

Dimitriou, Minas, Renger, Rudi und Sattlecker, Gerold. 2006. Quo vadis Sportkommunikator? Entwicklungstendenzen im deutschsprachigen Raum. *Medienjournal. Zeitschrift für Kommunikationskultur.* Special Issue: *Sport, Journalismus & Medien* 30 Nr. 1: 5–13.

Dimitriou, Minas, Sattlecker, Gerold, Hahn, Harry und Müller, Erich. 2008a. Medienrituale und nationale Identität. Visuelle Interpretationsansätze am Beispiel ausgewählter Tageszeitungen des deutschsprachigen Raums im Rahmen der Fußball-WM 2006 in Deutschland. *Medien Journal, Zeitschrift für Kommunikationskultur* 32, Nr. 4, 22–41.

Dimitriou, Minas, Gonaus, Thomas, Sattlecker, Gerold und Müller, Erich. 2008b. „Celebratethe Magic of Winter Sports“. Die Bewerbung von Salzburg um die Olympischen Winterspiele 2014. *Stadion. International Journal of the History of Sport,* XXXIII, 2: 265–290.

Dimitriou, Minas, Neumann, Sandra und Sattlecker, Gerold. 2009. Nationale Imageprojektionen Österreichs in europäischen deutschsprachigen Printmedien am Beispiel der Euro 2008. *Fachjournalist* 9, Nr. 3: 19–25.

Dimitriou, Minas und Sattlecker, Gerold. 2010. Fußballsport als europäische Identitätsressource zwischen medialer Inszenierung und Inklusion. In: *Identität und Inklusion im europäischen Sozialraum,* hg. von Elisabeth, Klaus et al., 283–299. Wiesbaden: Verlag für Sozialwissenschaften.

Dimitriou, Minas. 2010. Historische Entwicklungstendenzen des Mediensports. In: *„Sind's froh, dass Sie zu Hause geblieben sind." Mediatisierung des Sports in Österreich,* hg. von Matthias Martschik und Rudi Müllner, 25–37. Göttingen: Werkstatt-Verlag.

Dimitriou, Minas. 2014. Sport in öffentlich-rechtlichen Medien. Zwischen Auftrag und Kommerzialisierung. In: *ORF-Texte. Öffentlich-Rechtliche Qualität im Diskus* 11: *Sport in öffentlich-rechtlichen Medien,* hg. von ORF, 27–33. Wien.

Eco, Umberto. 1969/1985. Sportgerede. In: *Über Gott und die Welt,* hg. von Umberto Eco, 186–193. München/Wien: C. Hanser Verlag.

Elias, Norbert und Dunning, Eric. 2003. *Sport und Spannung im Prozess der Zivilisation.* Gesammelte Schriften Bd. 7. Frankfurt a. M.: Suhrkamp Verlag.

Früh, Werner und Wirth, Werner. 1997. Positives und negatives Infotainment. Zur Rezeption unterhaltsam aufbereiteter TV-Information. In: *Aktuelle Entstehung der Öffentlichkeit. Akteure – Strukturen – Veränderungen,* hg. von Michael Haller und Günter Bentele, 367–382. Konstanz: UVK Medien.

Funiok, Rüdiger. 2011. *Medienethik.* 2. Aufl., Stuttgart: Kohlhammer.

Gebauer, Gunter. 1997. Die Mythen-Maschine. In: *Sportphilosophie,* hg. von Volker Caysa, 290–317. Leipzig: Reclam.

Gerhard, Heinz. 2006. Fußball im Fernsehen. Wie die Tiefe des Raumes die Höhe der Einschaltquoten bestimmt. In: *Fußball – Fernsehen – Politik,* hg. von Christina Holtz-Bacha, 44–70. Wiesbaden: Verlag für Sozialwissenschaften.

Giulianotti, Richard and Robertson, Roland. 2007. Recovering the social: Globalisation, football and transnationalism. *Global Networks* 7, Nr. 2: 166–186.

Göbel, Elisabeth. 2006. *Unternehmensethik. Grundlagen und praktische Umsetzung.* Stuttgart: Kohlhammer.

Hagenah, Jörg. 2004. *Sportrezeption und Medienwirkung. Eine dynamisch-transaktionale Analyse der Beziehungen zwischen Sportkommunikatoren und -rezipienten im Feld des Mediensports*. München: Verlag Reinhard Fischer.

Hiß, Stefanie. 2007. Corporate Social Responsibility. Über die Durchsetzung von Stakeholder-Interessen im Shareholder-Kapitalismus. *Berliner Debatte Initial* 18, Nr. 4/5, 6–15.

Holtz-Bacha, Christine. 2006. Wer soll das bezahlen? Fußballrechte, Vermarktung und Vermarkter. In: *Fußball - Fernsehen - Politik*, hg. von Christina Holtz-Bacha, 113–142. Wiesbaden: Verlag für Sozialwissenschaften.

Horak, Roman und Penz, Otto. 2004. Sportsystem und Ausbildungskarrieren von SpitzensportlerInnen. *SWS-Rundschau* 44, Nr. Heft 2: 161–182.

Horky, Thomas. 2009. Strukturen großer Fußballturniere im Fernsehen. Eine Längs- und Querschnittsanalyse zur Qualität der TV-Berichterstattung von Großfußballabenden. *Spectrum der Sportwissenschaften* 21, Nr. 1: 5–20.

Horky, Thomas and Stelzner, Barbara. 2013. Sport reporting and journalistic principles. In: *Routledge Handbook of Sport Communication*, hg. von Paul M. Pedersen, 118–127. London and New York: Routledge. Taylor & Francis Group.

Hülst, Dirk. 1999. *Symbol und soziologische Symboltheorie. Untersuchungen zum Symbolbegriff in Geschichte, Sprachphilosophie, Psychologie und Soziologie*. Opladen: Leske & Budrich.

Karamasin, Matthias. 2010. Medienunternehmung. In: Handbuch Medienethik, hg. von Christian Schicha und Carsten Brosda, 217–231. Wiesbaden: VS Verlag für Sozialwissenschaften.

Klein, Gabriele. 2008. Globalisierung, Lokalisierung, (Re-)Nationalisierung. Fußball als lokales Ereignis, globalisierte Ware und Bilderwelt. In: *Ernste Spiele. Zur politischen Soziologie des Fußballs*, hg. von Gabriele Klein und Michael Meuser, 31–42. Bielefeld: transcript.

Kleiner, S. Markus. 2006. Medien - Heterotopien. Diskursräume einer gesellschaftskritischen Medientheorie. Bielefeld: transcript.

Krotz, Friedrich. 2007. *Mediatisierung: Fallstudien zum Wandel von Kommunikation*. Wiesbaden: VS Verlag für Sozialwissenschaften.

Kruse, Jörn 2008. *Exklusive Sportfernsehrechte und Schutzlisten. In: Quo vadis Wirtschaftspolitik? Ausgewählte Aspekte der aktuellen Diskussion*, hg. von

Marina Gruševaja et al., Festschrift für Norbert Eikhof, 151–175. Frankfurt a. M.: Peter Lang Verlag.

Lee, Jung Woo and Maguire, Joseph. 2009. Global Festivals Through a National Prism: The Global-National Nexus in South Korean Media Coverage of the 2004 Athens Olympic Games. *International Review for the Sociology of Sport* 44, Nr. 1: 5–24.

Lee, Jung Woo und Bairner, Alan. 2009. The Difficult Dialogue: Communism, Nationalism, and Political Propaganda in North Korean Sport. *Journal of Sport & Social Issues* 33, Nr. 4: 390–410.

Loosen, Wiebke. 1998. Die Medienrealität des Sports. Evaluation und Analyse der Printberichterstattung. Wiesbaden: DUT, Dt. Univ.-Verl.

Loosen, Wiebke. 2004. Sport als Berichterstattungsgegenstand der Medien. In: *Die Rezeption des Sports in den Medien*, hg. von Holger Schramm, 10–27. Köln: Herbert von Harlem Verlag.

Maguire, Joseph. 2005. Introduction: power and global sport. In: *Powerand Global Sport. Zones of prestige, emulation and resistance*, hg. von Joseph Maguire, 1–20. London/New York: Routledge.

Pürer, Heinz. 2008. Medien und Journalismus zwischen Macht und Verantwortung. *Medienimpulse*, 64 (Juni): 10–16.

Rawls, John. 1979. *Eine Theorie der Gerechtigkeit*. Frankfurt a. M.: Suhrkamp.

Rössler, Patrick. 1997. *Agenda-Setting. Theoretische Annahmen und empirische Evidenzen einer Medienwirkungshypothese*. Opladen: Westdeutscher Verlag.

Rowe, David, McKay, Jim and Miller, Toby. 1998. Cometogether: Sport, nationalism, andthemediaimage. In: *MediaSport*, hg. von Lawrence A. Wenner, 119–133. London: Routledge.

Schaffrath, Michael. 2000. Quantitative und qualitative Aspekte von Sportöffentlichkeiten am Beispiel der Fußballeuropameisterschaft 2000. In: *Öffentlichkeit im Wandel: Neue Beiträge zur Begriffserklärung*, hg. von Werner Faulstich und Knut Hickethier, 178–192). Bardowick: Wissenschaftler-Verlag.

Sattlecker, Gerold und Dimitriou, Minas. 2009. Neue Vielfalt bei Sportevents. Der Wandel der Themenstruktur in der Sportberichterstattung anhand der Fußballeuropameisterschaft 2004 in Portugal. In: *Sport & Medien. Aktuelle Befunde mit Blick auf die Schweiz*, hg. von Daniel Beck und Steffen Kolb, 35–49. Zürich und Chur: Rüegger Verlag.

Scherer, Helmut. 2004. Die Darstellung von Emotionen in der Sportberichterstattung. In: *Die Visualisierung des Sports in den Medien,* hg. von Thomas Schierl, 214–240. Köln: Herbert von Halem.

Schierl, Thomas. 2006. Ist Sportberichterstattung wirklich so wenig vielfältig? „1:0 Berichterstattung" revisited. *Medienjournal. Zeitschrift für Kommunikationskultur.* Special Issue: *Sport, Journalismus & Medien* 30 (1): 25–35.

Schwab-Trapp, Michael. 2006. Diskurs als soziologisches Konzept. Bausteine für eine soziologisch orientierte Diskursanalyse. In: *Handbuch Sozialwissenschaftliche Diskursanalyse.* Bd. 2., hg. von Reiner Keller et al., 263–285, 3. aktualisierte und erweiterte Aufl., Wiesbaden: VS Verlag für Sozialwissenschaften.

Schwier, Jürgen. 2004. Trendsportarten – Entwicklung, Inszenierung und mediale Verwertung. In *Die Ökonomie des Sports in den Medien,* hg. von Thorsten Schauerte und Jürgen Schwier, 11–38. Köln: Herbert von Halem Verlag.

Spitaler, Georg. 2014. Österreichwert oder mehr Wert. In: *ORF-Texte. Öffentlich-Rechtliche Qualität im Diskus 11: Sport in öffentlich-rechtlichen Medien,* hg. von ORF, 4–9. Wien.

Van Zoonen, Liesbet. 2000. Popular Culture as Political Communication: An Introduction. *Javnost – The Public. Journal of the European Institute for Communicationand Culture* 7, Nr. 2: 5–18.

Weder, Franzisca und Karmasin, Matthias. 2011. Corporate Communicative Responsibility. Kommunikation als Ziel und Mittel unternehmerischer Verantwortungswahrnehmung – Studienergebnisse aus Österreich. *Zeitschrift für Wirtschaft- & Unternehmensethik (zfwu)* 12/3: 410–428.

# Kommentar: Zur gesellschaftlichen Relevanz von Sportevents

## Sportmedienrechte zwischen sozialer Fairness und Kommerz

Rudolf Renger

## 1 Schnittfläche „Sport im Fernsehen"

Gleich zu Beginn stellte Minas Dimitriou in seinem Beitrag die Frage nach dem „ethischen Rahmen des Sportrechtehandels in Österreich" und nach dessen Legitimität „aus der Sicht der gesellschaftlichen Relevanz von Sportevents". Konkret widmet er sich der „Analyse der Rolle von Medienunternehmen im Spannungsfeld ökonomischer Rationalität und ethischer Verantwortung am Beispiel des Sportrechtehandels" (Dimitriou, 2014) – mit dem Fallbeispiel ORF. Die öffentliche Diskussion rund um den Erwerb der Übertragungsrechte für die UEFA Champions League im Dezember letzten Jahres zeigt für Dimitriou bereits eines ganz klar: dass nämlich diese ORF-Strategie nicht nur nicht mit dem Konzept einer „integrativen Unternehmensethik" korrespondiere, sondern der Erwerb der Fußball-TV-Rechte „einen weiteren Beitrag zur Marktkonzentration und zur Stärkung eines beispiellosen TV-Staatsmonopols" darstelle (vgl. Dimitriou, 2014) – wobei das Monopol seit 2001 kein faktisches mehr ist, sondern symbolisch zu denken ist.

Damit sind wir bereits mitten im Thema – und zwar m. E. eines relativ schwierigen Themas. Denn der Sportrechtehandel ist eine äußerst komplexe Materie, die von vielfältigen Interaktionen geprägt ist. Sport als Lieferant für Themeninhalte, für Unterhaltung, Spannung, Dramatik, Sensationen und Erotik folgt in diesem Zusammenhang nicht nur seiner (vermeintlichen) Kernlogik von bestimmten „Bewegungs-, Spiel- und Wettkampfformen [im Kontext von] körperlichen Aktivitäten des Menschen"[1], sondern ist mittlerweile zu einem *treuen Diener einiger anderer Herren* geworden – allen voran nämlich bereits vor Jahr-

1 Wikipedia, Stichwort Sport: http://de.wikipedia.org/wiki/Sport (08.04.2014).

zehnten zu einer erfolgreichen und zunehmend finanzstarken Fernsehware (vgl. Dimitriou, 2014).
Ich würde daher dem französischen Soziologen Pierre Bourdieu aus heutiger Sicht und Erfahrung widersprechen, der Sport 1986 noch als „relativ autonomes Feld" bezeichnen konnte. (vgl. Bourdieu, 1986, 94; zit. n. Dimitriou, 2014) Es lässt sich m. E. auch keine „bipolare Logik" verorten, die sich auf die Medien einerseits und den Beitrag des Sports für die Kultur andererseits beschränkt (vgl. Dimitriou, 2014). Wie Dimitriou auf einer Folie richtig dargestellt hat, ist das, was wir heute tagtäglich als *Sport im Fernsehen* erleben, mindestens (!) eine Schnittmenge aus den drei Kreisflächen Medien, Sport und Wirtschaft – die ich allerdings noch um zwei weitere, nämlich Technik/Technologie und Kultur ergänzen möchte. Vielleicht wäre das ja auch eine aktuellere Deutung der fünf Olympischen Ringe, die nach Pierre de Coubertin symbolisch die fünf Kontinente und die insgesamt sechs verwendeten Farben (inkl. des weißen Hintergrunds) jene sämtlicher Staatsflaggen der Welt darstellen.[2]

## 2 Sport als Milliardengeschäft

Sport und seine massenmediale Repräsentation im Fernsehen – und hier sollten wir auf keinen Fall das Internet vergessen – ist in erster Linie eines geworden: ein Milliardengeschäft, wobei sich etwa in Deutschland die Unterhaltungs- und Medienbranche 2013 generell sogar besser als die Gesamtwirtschaft entwickeln konnte. Die Erlöse erreichten bei einer Steigerung um 1,8 Prozent gegenüber 2012 ein Volumen von insgesamt 64,5 Milliarden Euro. Bis 2017 errechnen die Analysten ein eher „robustes Wachstum" mit einem Durchschnittsplus von jährlich 2,3 Prozent auf 72,4 Milliarden Euro (vgl. PricewaterhouseCoopers (PwC) 2013). Damit steht die Unterhaltungs- und Medienbranche im Ranking der wichtigsten Industriezweige in Deutschland etwa auf dem 9. Platz – den 1. Rang nimmt übrigens unangefochten die Automobilindustrie mit einem Jahresumsatz von rund 360 Milliarden Euro (2012) ein.

Nun erscheint die Frage, wie Sportfernsehrechte vor diesem eben gezeichneten Hintergrund einer (Internet und Onlinewerbung sei Dank) vergleichsweise stark

2 Wikipedia, 2014, Stichwort Olympische Ringe: http://de.wikipedia.org/wiki/Olympische_Ringe (08.04.2014).

prosperierenden multinationalen Megaindustrie fair gehandelt werden und ob und wie Mediengeschäfte als eine Art von „Social Business" funktionieren könnten, zunächst eher müßig – wenn nicht unpassend oder sogar verzichtbar. Wäre es tatsächlich möglich, Fußballlizenzen wie Kaffee- oder Kakaobohnen den Mechanismen eines „fair trade" (z. B. Zotter: „bean-to-bar") zu unterwerfen?

Auch auf die Gefahr hin, redundant zu sein, sollten wir uns erinnern: Etymologisch betrachtet beschreibt der Begriff Fairness (als Lehnwort aus dem Englischen) anständiges Verhalten in privaten wie beruflichen Beziehungen, Rücksicht, Team-Orientierung, Chancengleichheit und Regelkonformität.[3] Es geht also um nichts weniger, als dass man vermeidet, „unangemessene Nachteile des Gegners auszunutzen und den Gegner nicht als Feind zu sehen, sondern als Person und Partner zu achten". (Gabler, 1998, 152) Mit anderen Worten: Wertschätzung, Achtung vor dem bzw. den anderen, Respekt, würdevoller Umgang etc.

So verstandene „Fairness" setzt demnach immer eine besondere „Haltung" der Akteure voraus, und diese spezifische Haltung ist es, die schlussendlich ein „faires" Miteinander, ein „Fairplay" ermöglicht (wobei wir hier v. a. von einer spezifischen, „inneren Haltung" sprechen, die nicht von geschriebenen Regeln ersetzt werden kann).[4]

## 3 Unternehmensethik im Zeitalter der konvergenten Mediensysteme

Zurück zum Vortrag von Minas Dimitriou: Er konzentriert sich bei seiner Analyse der Sportmedienrechte zwischen sozialer Fairness und Kommerz auf den Bereich der Unternehmensethik und verfolgt die zutreffende These, dass der „Erwerb exklusiver Verwertungsrechte bei einigen medienaffinen Sportarten zwischen den öffentlich-rechtlichen und den kommerziellen Medien zu einer oft heiklen Angelegenheit" (Holtz-Bacha, 2006, 118; zit. n. Dimitriou, 2014) werden kann.

Allgemein gilt Unternehmensethik als Teilbereich einer breit anzulegenden Wirtschaftsethik, deren Gegenstand (logischerweise) die „Anwendung ethischer Prinzipien auf den Bereich wirtschaftlichen Handelns" ist.[5] Das, was Dimitriou

3 Vgl. Wiktionary: Fairness, http://de.wiktionary.org/wiki/Fairness (08.04.2014).
4 Vgl. Wikipedia: Fair Play, http://de.wikipedia.org/wiki/Fair_Play (08.04.2014).
5 Wikipedia: Wirtschaftsethik, http://de.wikipedia.org/wiki/Wirtschaftsethik (08.04.2014).

im Kontext seiner Fragestellung an der Unternehmensethik interessiert, ist die externe Schale, nämlich das „Verhältnis zur Umwelt des Unternehmens [...], also zum Markt, zu Kunden und Gesellschaft"[6]. Und nun kommt natürlich auch der Gedanke der gesellschaftlichen Verantwortung, der „Corporate Social Responsibility" ins Spiel, denn eine Berücksichtigung von moralischen Normen im wirtschaftlichen Handeln fordert die zentralen Werte der Humanität, Solidarität und Verantwortung.[7]

Mit dem Begriff der Unternehmensethik ist schließlich auch das traditionsreiche „Leitbild des ehrbaren Kaufmanns" verbunden, das in Europa seit mehr als 800 Jahren gelehrt wird. Dimitriou versucht nun am konkreten Beispiel der Ende 2013 vom ORF gekauften Übertragungsrechte für die Champions League den österreichischen „Sportrechtemarkt als ethischen Raum" (Dimitriou, 2014) einzugrenzen – und muss logischerweise dabei scheitern. Obwohl Ethik und Ökonomie beides Theorien vom menschlichen Handeln sind, birgt eine Gegenüberstellung von Moralität und Wirtschaftlichkeit bei der „Schlacht" um TV-Übertragungsrechte mehr oder weniger naturgemäß sog. „Zielkonflikte"[8] in sich, denn auch die österreichischen TV-Unternehmen – ob sie nun öffentlich-rechtliche Broadcaster mit einem gesetzlichen Bildungsauftrag wie der ORF oder kommerzielle Fernsehsender wie Puls 4, ATV etc. sind – folgen in ihrem Handeln einer reinen „ökonomischen Rationalität", verstanden als „Zweck-Mittel-Rationalität", „wonach man mit vorhandenen Mitteln einen maximalen Nutzen erzielen oder eine bestimmtes Ziel mit minimalem Aufwand verwirklichen möchte. Die Konzentration auf eine rein instrumentelle Rationalität führt zu einem ethischen Egoismus, der andere Wertebenen (Gemeinschaft, Solidarität, Freiheit und Gerechtigkeit) und Zielsysteme (Sinn des Lebens, Frieden, Religion) ausblendet."[9]

Dass der ORF als vorläufiger Gewinner im Kampf um die nationalen Sport-Übertragungsrechte der Champions League kein „Fairplay" erkennen ließ und Konkurrent Puls 4 vermutlich zu Recht moniert, dass das Geschäft zu „deutlich überhöhten Kosten" abgeschlossen wurde und sich der ORF „gerade nicht an

---

6 Wikipedia: Wirtschaftsethik, http://de.wikipedia.org/wiki/Wirtschaftsethik (08.04.2014).
7 Vgl. ebd.
8 Ebd.
9 Ebd.

kaufmännischen Gesichtspunkten orientiert" habe (Markus Breitenecker, Puls 4; zit. n. Dimitriou, 2014), ist nichts anderes als eine (logische) Konsequenz einer allenthalben beobachtbaren Konvergenz.

Mit diesem Begriff wurde zum einen im Bereich der Medienentwicklung ursprünglich eine (vermutete) Annäherung der privaten Fernsehanbieter an die Normen der öffentlich-rechtlichen Programmsender beschrieben. Im Verlauf der 1990er Jahre wurde aber klar, dass sich der Vorgang umgekehrt abspielt: nicht das Privatfernsehen orientierte sich an den Öffentlich-Rechtlichen, sondern Letztere versuchten die „besseren Privatsender" zu sein – Stichwort: „RTLisierung" des ORF unter dem damaligen Generalintendanten Gerhard Zeiler. Letztlich handelt auch der derzeitige Generaldirektor (und bezeichnenderweise vormalige Finanzchef) des ORF, Alexander Wrabetz, ganz im Sinne eines privaten Kommerz-TV-Anbieters.

Allgemein bedeutet heute Konvergenz das Zusammenwachsen von bisher getrennten Einzelmedien. Darüber hinaus spricht man aber auch von einer zunehmend sichtbaren und immer wichtiger werdenden „Konvergenz von Telekommunikations- und Unterhaltungsindustrie"[10]. Und hier befinden wir uns nun im Zentrum der im Vortrag von Minas Dimitriou dargestellten, aber leider nur ansatzweise ausgeführten Thematik und Konfliktsituation, nämlich dem aggressiven Eindringen der Telekombranchen in die Welt des Fernsehens.

Im Kontext dieser „neuen Schlachtordnung" (NZZ, 2013, 26) dürfte sich auch ein weitgehend *ethikfreier Raum* auftun, denn der Deal vom November 2013, der den Konzern der British Telecom für drei Jahre umgerechnet mehr als eine Milliarde Euro kosten wird, wurde von der Presse gegenüber dem bisherigen Rechtepartner, dem britischen Pay-TV-Pionier British Sky Broadcasting (BSkyB), unverhohlen als „Nackenschlag" bzw. „Grätsche" (n-tv, 2013) apostrophiert.

„Der Telekommunikationskonzern [BT] hat sein im Sommer [2013] gestartetes Sportprogramm in jüngster Zeit deutlich ausgeweitet und fährt damit dem Marktführer Sky in die Parade. So hat sich BT [bereits] im vergangenen Jahr [2012] für 738 Millionen Pfund die Exklusivrechte für die Übertragung von 38 Fußballspielen der englischen Premier League für drei Spielzeiten gesichert. [...] Für die nun erworbenen Fernsehrechte wird BT nach eigenen Angaben eine

10 Wikipedia: Medienkonvergenz: http://de.wikipedia.org/wiki/Medienkonvergenz (08.04.2014).

jährliche Sonderbelastung von 299 Millionen Pfund verbuchen. Den Ausblick behielt das Unternehmen unverändert bei.

BT will mit seinem Sportsender, der unter anderem auch Frauen-Tennis überträgt, neue Kunden anlocken. Vor allem sollen Sky und Virgin Media Breitbandkunden abspenstig gemacht werden. [...] Für Breitbandkunden von BT sind die Sportangebote [nämlich] kostenfrei." (n-tv, 2013) Die Aktionäre des Konkurrenten BSkyB reagierten schockiert, der Kurs des Unternehmens stürzte um 11 Prozent ab, was einem Wertverlust von fast 1,4 Mill. Pfund entsprach. (vgl. NZZ, 2013) Und interessanterweise hat ein Sky-Sprecher die Niederlage seines Konzerns gegenüber BT fast wortgleich wie der oben zitierte Puls-4-Proponent den ORF-Zuschlag kommentiert: „BT hat sich offensichtlich entschieden, deutlich mehr zu zahlen, als uns die Rechte wert waren." (n-tv, 2013)

Das Zauberwort in diesem Machtkampf ist simpel und heißt *Breitbandkunden*, was aber u.a. verhindert, dass hier *fair* gehandelt oder – wie im Sport – „vom anderen her" gedacht[11] werden würde. Für British Telecom gehe es demnach nicht nur um die derzeit 2 Millionen TV-Kunden in diesem Sektor, „sondern auch um das Ziel, mit den neuen Sportangeboten Internet- und Telefonkunden zu gewinnen, welche die landesweit führende Infrastruktur des Konzerns auslasten" (NZZ, 2013). Die ersten Erfahrungen von BT mit den im Sommer 2013 gestarteten beiden Sportkanälen waren mehr als positiv, gelang es doch nicht weniger als 90 Prozent der neuen Internet-Kunden in Großbritannien anzuwerben. (vgl. NZZ, 2013)

In Deutschland gingen Ende 2013 die Uhren noch anders: Dort hatte zuletzt Sky Deutschland auch die Internetrechte für Bundesliga-Livespiele erworben und die Deutsche Telekom ausgestochen (vgl. n-tv, 2013; mittlerweile kooperieren die beiden aber miteinander). Gut möglich, dass bei der nächsten Versteigerung der Sportfernsehrechte auch hierzulande die Telekom-Branche die Oberhand bekommt – und damit eine neue Medienordnung entsteht. Denn schließlich hat die Breitbandpenetration mittlerweile auch im deutschsprachigen Raum nahezu ihre Sättigungsgrenze erreicht (PWC, 2013). Allerdings ist – nicht zuletzt auch auf Grund zahlreicher *Schräglagen* in der jüngeren Unternehmensperfor-

11 „Fair verhält sich derjenige Sportler, der vom anderen her denkt." (Fair Play für alle, Deklaration des Internationalen Fair Play-Komitees. In: www.sportunterricht.de/fairplay/fairdekla.html (08.04.2014))

mance – kaum zu hoffen, dass die österreichische Telekom nach den ethisch-moralischen Prinzipien eines ehrbaren Kaufmannes agieren wird – und wenn, dann wahrscheinlich mit einem gewissen Maß an Doppelbödigkeit.

## 4 Fazit

Tatsache ist: Ohne Fairplay gibt es keinen Sport.[12] Wie es scheint, ist Sport aber nur mehr als Begriffskompositum gemeinsam mit „Event" denkbar. Und wer schon einmal sportliche Großveranstaltungen wie z. B. Saison-Openings etc. miterlebt hat, weiß, wie viel mehr „Event" es zum Teil dort als Sport selbst gibt. Deshalb scheint auch eine Reduktion des Gewinnmotivs und der Maxime „Sieg um jeden Preis" im Business rund um die Sportfernsehrechte unter den derzeit geltenden Rahmenbedingungen kaum möglich. Das bedeutet aber auch, dass wirtschaftliche Handlungen als eine eigene Klasse von Handlungen nur unter ganz bestimmten Voraussetzungen den Prinzipien von Ethik und Moralität verpflichtet sind bzw. werden können. Im übertragenen Sinn könnte man für das Geschäft rund um die Übertragungslizenzen viel eher die bekannte Metapher des britischen Schriftstellers George Orwell bemühen, der in seinem bekannten Essay „The Sporting Spirit" vom Dezember 1945 schrieb: „Ernsthaft betriebener Sport hat nichts mit Fairplay zu tun. Er zielt auf Gewalt und ist verbunden mit Hass, Eifersucht, Prahlerei, Missachtung aller Regeln und sadistischer Freude. Mit anderen Worten, es ist Krieg abzüglich des Schießens." (Orwell, 1945)[13] Und Letzteres dürfte in besonderem Maß für den Rechtehandel rund um Sportübertragungen gelten.

## 5 Literatur

Champions-League-Übertragungsrechte – BT grätscht Sky ab. N-tv, 11.11.2013. www.n-tv.de/wirtschaft/BT-graetscht-Sky-ab-article11702931.html (8.4.2014).

Dimitriou, Minas. 2014. Zur gesellschaftlichen Relevanz von Sportevents: Sportfernsehrechte zwischen sozialer Fairness und Kommerz, unveröffentl. Vor-

12 Ebd.

13 Original: „Serious sport has nothing to do with fair play. It is bound up with hatred, jealousy, boastfulness, disregard of all rules and sadistic pleasure in witnessing violence: in other words it is war minus the shooting."

tragsmanuskript im Rahmen der Ringvorlesung „Fairness/Fairplay“, Sommersemester 2014, Universität Salzburg.

Gabler, Hartmut. 1998. Fairness/Fair play. In: Lexikon der Ethik im Sport, hg. von Ommo Gruppe & Dietmar Mieth, 149–158. Schorndorf: Hofmann.

Neue Ära im britischen TV-Markt. Telekomkonzern BT erwirbt Rechte für die Champions League. In: Neue Zürcher Zeitung, 12.11.2013, 26.

Orwell, George. 1945: The Sporting Spirit. In: Tribune, December 1945, London. Reprinted: Orwell, George. 1950: Shooting an Elephant and Other Essays, 1968: The Collected Essays, Journalism and Letters of George Orwell http://www.orwell.ru/library/articles/spirit/english/e_spirit (8.4.2014).

PricewaterhouseCoopers (PwC). 2013: German Entertainment and Media Outlook: 2013–2017, www.pwc.de/de/technologie-medien-und-telekommunikation/unterhaltungs-und-medien-branche-in-deutschland-die-digitalen-medien-bestimmen-das-wachstum.jhtml?linktransform=no (8.4.2014).

# Fairness, Steuerethik und Armutsbekämpfung

Helmut P. Gaisbauer und Clemens Sedmak

## 1 Einführung

Dieser Beitrag verteidigt die Überzeugung, dass ein substantieller Begriff von Steuerethik das Gesamtphänomen der Verteilung von wirtschaftlichen und sozialen Vorteilen in einer Gesellschaft im Auge haben muss. Solche Auffassungen und Konzepte von Steuergerechtigkeit, die sich auf einen eingeschränkteren Begriff von Steuern beziehen, bleiben notwendigerweise auf eine (z.B. steuerwissenschaftliche) Binnenperspektive beschränkt, die weder – so die hier vertretene Auffassung – dem Begriff der sozialen Gerechtigkeit gerecht werden noch der starken Versuchung eine systematische Grenze setzen, Steuerfragen aus einer, der eigenen sozioökonomischen und/oder ideologischen Position verhafteten Perspektive zu beurteilen. Im Gegensatz dazu erlaubt eine Ausweitung des Gegenstandsbereichs einer Steuerethik auf eine gesamtgesellschaftlich-strukturelle Perspektive – hier in der Nachfolge Rawls' – Reflexionen auf soziale und ökonomische Verhältnisse, die üblicherweise nur schwer aus einer kompakten steuerethischen Perspektive diskutierbar sind. Beispiele von Gegenständen einer solchen erweiterten Reflexion sind die Grenzen zulässiger Vermögenskonzentrationen in einer Gesellschaft oder die steuerethische Begründung der Notwendigkeit von staatlicher Armutsbekämpfung. Dieser erweiterte steuerethische Blick hat Implikationen für den angesetzten Begriff einer Steuerfairness. Fairness kann das Verhalten des Einzelnen innerhalb eines bestimmten ›Spiels‹ betreffen. Dies würde etwa Fragen der Fairness von Steuervermeidung oder der gerechtfertigten Sanktionierung von Steuerhinterziehung betreffen. Fairness kann aber auch als Attribut einer Struktur verstanden werden, die qualitativ Verschiedene in ein faires ›Spiel‹ miteinander bringt. Ein Bild für eine solche Regelfairness wäre die Vorgabe von drei Toren bei einem Fußballspiel zwischen zwei Mannschaften unterschiedlicher Altersklassen oder etwa die Regel, dass die Spieler der älteren Mannschaft nach jeweils drei Schritten den Ball abgeben müssen. Durch das Vereinbaren einer solchen Regel wandert Fairness vom individuellen Verhalten in die Struktur, auf die Regelebene des Spiels. In Bezug auf Steuerethik könnte eine solche strukturelle Fairness bedeuten, dass das, die Grundstrukturen einer Gesellschaft tragende oder mitprägende Steuersystem insgesamt und in seiner gesamtgesellschaftlichen Wirkung einen solchen fairen Ausgleich dort zwischen unterschiedlichen Steuerbürgerinnen und -bürgern herzustellen hätte, wo die Realisierung von grundlegender Gerechtigkeit auf dem Spiel steht. Dies hat Implikationen, auch steuerethische, für staatliche Armutsbekämpfung. Der vorliegende Beitrag stützt sich für eine Begründung steuerethischer Positionen aus einer Fairnessperspektive auf John Rawls' Theorie der Gerechtigkeit (Rawls, 1979). Er greift dort konturierte steuerethische Versatzstücke auf und stellt unter einem ausgearbeiteten Verständnis allgemeine steuerethische Überlegungen an und bringt sie in einen Argumentationszusammenhang mit staatlicher Armutsbekämpfung. Die beste Form von Armutsbekämpfung ist die tatsächliche Leistung zugemessener Steuern. Fair zu spielen bedeutet, so zu spielen, dass weitergespielt werden kann. Eine stabile und gerechte, ›wohlgeordnete‹ Gesellschaft lebt von fairer Steuerleistung unter einer gewissen Grundbereitschaft, im Sinne der Steuerbehörden (und der von ihrer vertretenen Steuergemeinschaft) zu agieren; sie bekämpft Armut so weit, dass grundlegende Gleichheitsbedingungen und faire Chancengleichheit erfüllt sind.

## 2 Über Fairness

Einer der wichtigsten ›Orte‹, an denen der Begriff der Fairness zum Einsatz kommt, ist der Kontext eines regelgeleiteten Spiels, das mehrere Mitspieler hat und die Eigenschaft hat, gewonnen werden zu können. ›Fairplay‹ ist eine Quelle für Verständnisformen von Fairness überhaupt. Ein fairnessrelevantes Spiel ist regelgeleitet; diese Regeln unterstützen das, was nach einer wichtigen Unterscheidung Ludwig Wittgensteins (1967, 564), „the point of the game" genannt werden kann, der „Witz des Spiels". Das Fußballspielen verliert seinen Witz, wenn sich ein Spielzug – Tormann spielt zu Verteidiger, der zum Tormann zurückspielt – im Sinne eines monotonen ›Mühle auf, Mühle zu‹-Mechanismus mehr als einmal wiederholt. In diesem Sinne kann auch regelkonformes Verhalten ›unfair‹ im Sinne von ›witzlos‹ sein. Natürlich haben wir es hier auch mit Grenzbereichen zu tun, in denen sich die Frage „Ist es unfair, bestehende Regeln zum eigenen Vorteil auszunutzen?" stellt. Wenn in einem Fußballspiel regelkonforme Tricks zur Spielverzögerung angewendet werden, befinden wir uns in einem solchen Grenzbereich. Damit ist bereits angedeutet, dass sich eine Analyse des Begriff der Fairness nicht allein mit Blick auf festgelegte Regeln erschöpft – es geht auch um eine ›Metaeinstellung‹ zu diesen Regeln im Sinne des „point of the game". Es geht also auch um eine Grundeinstellung der Fairness, die so etwas wie eine Selbstverpflichtung auf Fairness einschließt; faire Regeln reichen nicht aus. Ein Drittes: Fair kann ein Spiel dann genannt werden, wenn *grosso modo* gleiche Bedingungen für alle herrschen; bei einer Fußballweltmeisterschaft geht es hier etwa um die Frage nach dem Spielplan – Zahl der Ruhetage zwischen zwei Spielen, Anreisekilometer, Spielzeiten. ›Fairness‹ im Spiel bedeutet damit nicht nur faire Regeln und eine Grundeinstellung der Fairness, sondern auch faire Bedingungen für das Spiel. So stoßen wir neben der Fairness der Regeln, die so zu gestalten sind, dass sie keine beteiligte Partei bevorzugen oder benachteiligen, zu zwei Metaaspekten von Fairness in Bezug auf ein Spiel: Fairness als Haltung im Spiel und faire Bedingungen für ein Spiel.

Spätestens seit den ersten Arbeiten von John Rawls (1958) zu Gerechtigkeit als Fairness findet der Fairnessbegriff über den Spielbegriff hinaus große Verbreitung. Dabei geht Rawls aber von spielähnlichen Kontexten aus, geht es ihm doch um die Gerechtigkeit von „practices", definiert als „any form of activity specified by a system of rules which defines offices, roles, moves, penalties, defenses, and so on, and which gives the activity its structure" (Rawls, 1958, 164, FN 2). Rawls führt Spiele, Rituale, Gerichtsprozesse oder Eigentumsregelungen an und bewegt sich damit nahe am ›Ursprungskontext‹ des Spiels. Der Fairnessbegriff wird nach diesem Verständnis dort am plausibelsten sein, wo wichtige Elemente einer bestimmten Form von Spiel – Gestaltbarkeit, Regelgeleitetheit, Kompetitivität – gegeben sind. Dabei identifiziert Rawls bereits in zitierter Frühschrift die Frage nach zulässiger Ungleichheit als Schlüssel zum Fairnessbegriff, den er im Übrigen nicht systematisch erörtert. Sehen wir uns den Begriff der Fairness näher an:

Das Attribut ›fair‹ wird zur Charakterisierung von Kontexten oder zur Beschreibung der Behandlung von Menschen verwendet und kann als ›frei von Verzerrungen‹ oder auch als ›klar‹, ›unbehindert‹ oder ›moderat‹ verstanden werden. ›Fairness‹ wird linguistisch mit ›evenhandedness‹ verbunden und spannt ein semantisches Feld auf, das vor allem mit ›Unparteilichkeit‹ und ›Regelkonformität auch unter erschwerten Bedingungen‹ zu tun hat. Der Begriff der

›Fairness‹ kommt im Sinne des spielerischen Ursprungskontexts in erster Linie dort zum Zug, wo wir es (i) mit kompetitiven Kontexten zu tun haben, (ii) für die Regeln vorliegen, die nicht von vornherein eine der konkurrierenden Parteien benachteiligen, (iii) wobei diese Regeln so umgesetzt werden, dass sie auch bei der Versuchung der Regelbeugung zum eigenen Vorteil respektiert und in einer Situation so ausgelegt werden, dass sie zum Vorteil des jeweils Schwächsten gereichen.

Damit sind drei Bedingungen ausgedrückt: Der Begriff der Fairness stößt dort an Grenzen, wo das Moment des Kompetitiven nicht mehr lokalisiert werden kann; im berühmten Gleichnis der Arbeiter im Weinberg (Mt. 20,1–16) erhalten Arbeiter (›unfairerweise‹) denselben Lohn, obwohl sie unterschiedlich lang gearbeitet haben; wenn man dieses Gleichnis so versteht, dass das Gut das ewige Leben ist, das nicht in abgestufter Form eines Mehr oder Weniger gegeben werden kann, läuft der Vorwurf, der Herr habe die Arbeiter unfair entlohnt, ins Leere. Am plausibelsten ist der Begriff der Fairness also dort, wo wir uns in Kontexten bewegen, die auf komparativer Basis Konkurrenz ermöglichen, in Kontexten, in denen Konkurrenzverhalten durch ›überparteiliche‹ oder ›unparteiische‹ Weise geregelt wird, also durch Regelwerke, denen alle beteiligten Parteien zustimmen können. Wenn das Regelwerk nicht oder nur rudimentär vorhanden oder umstritten ist, stößt der Begriff der Fairness an Grenzen. Die Erzeugung fairer Regeln verlangt eine primäre Verpflichtung der Tätigkeit gegenüber, die geregelt werden soll, weniger den Beteiligten. Das kann einerseits zum Paradox führen, dass Fairness durch starkes Interesse an ›disinterestedness‹ zustande kommt, andererseits zu einer Einstellung, die Menschen als Mittel zum Zweck ansieht, zum Zweck einer bestimmten ›Praxis‹. Hier kann es zu Situationen kommen, in denen der Blick auf eine bestimmte Form von Praxis den Primat vor dem Blick auf die Beteiligten hat.

Dazu ein Beispiel: Der Inklusionsdiskurs wird mitunter so dargestellt, dass es darum gehe, den Raum in dem Sinne barrierefrei zu gestalten, dass alle Räume allen zur Verfügung stehen; ›Inklusion‹ könnte dann so verstanden werden, dass alle Zugang zu allen Formen von Praxis haben. Dabei wird manchmal der Begriff der ›Fairness‹ derart ins Spiel gebracht, dass natürliche Ungleichheiten auszugleichen wären. Hier scheinen zwei Einschränkungen sinnvoll. Wir schlagen vor, Barriere folgendermaßen zu definieren: *X ist eine Barriere für A im Kontext*

*K genau dann wenn A aufgrund von X begründete Ziele, etwas zu tun und etwas zu sein, nicht erreichen kann.* Das Vorliegen von X ist nach dieser Definition unfair, denn hier werden Barrieren als kontextabhängige ›Zielerreichungserschwernisse‹ charakterisiert, die mit ›begründeten Zielen‹ (›beings‹: die Freiheit, jemand zu sein; ›doings‹: die Freiheiten, etwas zu tun) zu tun haben, nicht mit Launen oder nicht rechtfertigbaren Maximalansprüchen. Es ist nicht jedwedes Zielerreichungshindernis ›unfair‹. Es würde den Begriff der Fairness bei weitem sprengen, wenn es darum ginge, sämtliche Räume für alle zu öffnen. Wenn es beispielsweise im Linzer Dom die Möglichkeit gibt, „Eremit/in im Dom“ zu sein und in einer für Menschen, die auf einen Rollstuhl angewiesen sind, unzugänglichen Räumlichkeit eine Woche zu verbringen, dann scheint es begründbar, diesen Raum nicht für Menschen mit eingeschränkter Mobilität zu öffnen, weil es sich um einen sehr speziellen Kontext handelt. Hier von ›unfairen Bedingungen‹ zu reden, scheint angesichts der natürlichen Ungleichheit von Menschen, die nicht auf null reduziert werden kann (und nicht einmal soll), überzogen. ›Barrierefreiheit‹ impliziert damit die Fairnessforderung, alle Hindernisse, die begründbaren Zielen im Wege stehen, abzubauen – nicht aber auf die Forderung, dass alle Räume allen geöffnet werden müssten. Die zweite Einschränkung: Entscheidend bei der Beurteilung von Fairness ist die Frage nach der Praxis, die gemäß Fairnessstandards zu regeln ist. Alisdair MacIntyre hatte seinerzeit ›Praxis‹ definiert als komplexe, kohärente, kooperative soziale Tätigkeit, die darauf ausgerichtet ist, nach Exzellenzstandards Güter hervorzubringen, die dieser Tätigkeit inhärent sind (MacIntyre, 2007, 187). Bei der Frage nach Integration und Inklusion geht es gerade um den Zugang zu Formen von Praxis, zu Formen von sozialem Geschehen, das komplex und kohärent und kooperativ ist, das also mehrere Beteiligte kennt. Eine Praxis bringt also bestimmte Güter hervor – die Praxis des Studienbetriebs am King's College London soll wohl etwa die Güter von ›Wissenstransfer‹, ›Denkanregung‹, ›Gemeinschaftsleben‹, ›Studienabschluss‹, ›Qualifikation‹ erzeugen. Die Rede von Exzellenzstandards weist darauf hin, dass es eine Idee gibt, ob die Güter in ›guter Qualität‹ vorliegen oder nicht, hier kann man also eine Unterscheidung verwalten. Mit Blick auf die Beurteilung der Fairness einer Praxis geht es um zwei Fragen: *Welche Praxis? Welche Güter?* Anders gesagt: Welche Praxis ist für uns so wichtig, dass wir die Güter, die sie erzeugt, schützen wollen, und sei es durch Zugangsbeschränkungen? Können akzeptierte

Standards von Fairness nicht auch vereinbar sein mit der Gestaltung von Kontexten, deren Funktionieren so wichtig ist, dass wir Zugangsbeschränkungen erlassen müssen? Wenn man etwa eine englischsprachige Sommer School organisiert, kann man keine Menschen zulassen, die der englischen Sprache nicht mächtig sind. Es wäre auch für nicht sprachkundige Teilnehmende frustrierend. Ein Grenzfall: Wir hatten vor einigen Jahren am King's College London einen mehrfach behinderten Studenten, der eine ganze Reihe von Privilegien und Sonderregelungen und Extraaufwand beanspruchte; vor allem der juristisch versierte Vater klagte ›faire Studienbedingungen‹ ein, die natürliche Ungleichheit auszugleichen hatten bzw. natürliche Benachteiligung durch gezielte Vorteilszuweisungen zu kompensieren hatten. An einem gewissen Punkt setzte sich der gesamte Fachbereich zur Wehr mit der Botschaft: Wir sind bereit, ein bestimmtes Maß an Mehraufwand auf uns zu nehmen; aber wir können nicht den Studienbetrieb für alle anderen Studierenden in die Geiselhaft einer Kette von Privilegienansprüchen nehmen lassen. Der Kontext ist zu schützen, weil sonst seine Funktionalität – die Praxis, um die es eigentlich geht – auf dem Spiel steht. Hier bieten sich drei Optionen an: a) das Gut zu ändern, das die Praxis hervorbringt und damit die Praxis zu transformieren (Wissenstransfer wird zugunsten der Gemeinschaftsbildung rückgestellt), b) eine Person gezielt auszuschließen; c) für die benachteiligte Person angemessene und damit sehr aufwändige Unterstützungsleistungen zu organisieren, die die Praxis unter Partizipation der Person erhalten. Sind alle drei Optionen fair?

Das angesprochene Paradox ›Blick auf die Praxis vor Blick auf die Beteiligten‹ kommt in der ersten Option zum Zuge, scheint aber nicht in jedem Falle verwerflich. Fairness kann zumindest als Relation zwischen ›Praxisgut‹ und ›Regeln‹ (die Regeln sind mit Blick auf das in der Praxis zu erreichende Gut fair), als Relation zwischen ›Lebenskontext‹ und ›Praxisgut‹ (die zur Diskussion stehende Praxis ist mit Blick auf moralische Standards gerechtfertigt), als Relation zwischen ›Praxis‹ und ›Spieler‹ (Zugang zur Praxis insgesamt ist [un]fair) oder als Relation zwischen ›Regeln‹ und ›Spieler‹ (die Regeln der Praxis sind [un]fair) angesehen werden. Während im Falle des King's College London Beispiels der betroffene Student mit Bezug auf die dritte angeführte Relation die zweite Option als ›unfair‹ zurückweisen kann, könnte die Institution die Fairness dieser Variante mit Blick auf die erste Relation zu verteidigen suchen. Hier stoßen verschiedene Fairnessmaßstäbe und Fairnessaspekte aufeinander. Diskussionen um ›affirmative action‹ haben immer auch mit der Abwägung verschiedener Fairnessaspekte zu tun.

An diesem Beispiel wird auch offenkundig, dass die Beurteilung einer Praxis als ›fair‹ die Berücksichtigung eines größeren Rahmens (›Lebenskontext‹) verlangt und dass es möglicherweise höhere Werte als ›Fairness‹ gibt. Das scheint vor allem dann der Fall zu sein, wenn wir den ›Ursprungskontext‹ verlassen. Fairness ist ein Begriff, der am unproblematischsten im Kontext eines Spiels oder einer bestimmten kompetitiven Praxis funktioniert – wenn es um Fragen zum Zugang zu dieser Tätigkeit geht, wird die Diskussion um ›Fairness‹ anspruchsvoller. Der Standard der Fairness setzt, um gediegen zu funktionieren, a) ein bestimmtes Maß an Gleichheit, b) ein bestimmtes Niveau an Sicherheit voraus. Im Falle eines Spiels ist hinreichende Gleichheit der Beteiligten in relevanten Aspekten ebenso zu erwarten wie ein hinreichendes Maß an fundamentaler, aber auch kontextueller Sicherheit. Wenn eine Lebenssituation prekär ist, geht der Begriff der Fairness ins Leere. Ein Beispiel: Issa Grace O'Brien wurde am 7. Juni 2013 mit Trisomie 18 als viertes Kind ihrer Eltern Sean und Felicia geboren und starb am 24. März 2014. Sie konnte nicht liegen, weil sie aufgrund der nichtausgebildeten Verdauungsorgane sonst erstickt wäre und musste 24 Stunden am Tag gehalten werden. Mehr als 90 Menschen wechselten sich ab, um den Eltern die Möglichkeit, zu schlafen, zu geben, Mahlzeiten wurden gekocht, das Haus wurde geputzt, die anderen Kinder wurden betreut. Familien-, Nachbarschafts- und öffentliche Systeme griffen ineinander, um das Wunder zu bewirken, dass Issa, deren Lebenserwartung auf wenige Tage oder gar Stunden angesetzt worden war, fast neun Monate leben konnte. Wurde Issa ›fair‹ behandelt?

Felicia, Issas Mutter, legte einen Blog an, in dem sie über das Familienleben berichtete. Hier ist die Rede vom ›Mysterium der Liebe‹, vom ›Wunder des Lebens‹, von der demütigenden Erfahrung der Abhängigkeit – aber sie lässt sich nicht auf das Sprachspiel der Fairness ein. Wenn es um Einstellungen zum Leben insgesamt geht, stoßen wir an Grenzen des Fairnessbegriffs. Gleichzeitig erinnert uns dieses Beispiel daran, wie viel auch verloren gehen mag, wenn ›Fairness‹ zum höchsten moralischen Standard erklärt wird. Wenn ein Spiel verloren wird, ist das bedauerlich, aber nicht bedrohlich; wenn Rückbauten des Wohlfahrtsstaates mit dem Hinweis auf faire Chancengleichheit gerechtfertigt werden („Du hast deine Chance gehabt wie alle anderen und eben nicht genutzt"), kann dies in einzelnen Fällen zu existentiellen Bedrohungen führen. Das Leben ist nun einmal nicht ein Spiel wie ein Fußballmatch.

Was bedeuten diese Überlegungen in Bezug auf die Idee der Steuerfairness? Es lassen sich einige Punkte nennen:

Erstens ist der Begriff der Fairness ein ideologisch nicht von vornherein verdächtiger Begriff, selbst wenn er in einer liberalen philosophischen Tradition groß geworden ist, weil die Metapher des Sports für ethische Zusammenhänge vielerorts plausibel ist, sogar in der Heiligen Schrift vorkommt (1 Kor. 9, 24). Der Begriff der Fairness wird im öffentlichen Diskurs positiv konnotiert und bietet Andockstellen für unterschiedliche Gesprächstraditionen an. Niemand will den Vorwurf, ›unfair‹ zu sein, so ohne weiteres auf sich sitzen lassen. Hier haben wir es also mit einem Kandidaten für einen weitgehend allgemein akzeptablen moralischen Standard zu tun.

Zweitens ist der Begriff der Fairness am besten dann für die Steuerpraxis anzuwenden, wenn die Praxis insgesamt moralisch gerechtfertigt scheint, was im Falle der Steuerpflicht mit Blick auf den Wohlfahrtsstaat gewährleistet sein sollte. Hier ist aber auch die Frage nach dem ›Gut‹ der Steuerpraxis zu stellen. Dies wiederum bedeutet auch, die ›Telos‹-Frage („Warum Steuern zahlen?" „Warum Gemeinwesen?" „Wohin soll sich das Gemeinwesen entwickeln?") als Teil des Fairnessdiskurses anzusehen.

Drittens reichen ›faire Regeln‹ der Steuerpraxis nicht aus – es bedarf auch der Fairness als Metaeinstellung in Bezug auf die Bedingungen des Spiels und in Bezug auf die Anwendung der Regeln. Das bedeutet, dass Steuerfairness nicht von Aspekten der Fairness im Zugang zu Positionen, die Steuerpflichten mit sich bringen, getrennt werden kann – mit anderen Worten: Nicht nur die Steuergebarung selbst (etwa: Leistungsfähigkeitsprinzip), sondern auch der Zugang zu ökonomischen Gelegenheiten, die zu Steuerleistungsfähigkeit führen, sind als Teil des Steuerfairnessdiskurses anzusehen. Ebenso ist der Umgang mit ›Steuersündern‹ mit Sorge zu betrachten – etwa was die Dynamik angeht ›je höher die Einkommen, desto leichter käuflich eine Expertise, die Schlupflöcher ausnutzen lässt, und desto realistischer Steueramnestien‹.

Viertens verlangt Steuerfairness eine Metaeinstellung zum ›Spiel‹ der Steuern – den ›Witz‹ des Spiels zu erkennen, wird es mit sich bringen, Steuerschlupflöcher gerade *nicht* auszunutzen; im Sinne des Fairnessverständnisses hat auf Seiten der Steuerzahlenden eine gewisse Grundbereitschaft, im Sinne des Fiskus zu agieren, zu bestehen.

Fünftens funktioniert Fairness als moralischer Standard nur dann, wenn sich alle Beteiligten auch als Teil eines Ganzen wissen; hier liegt eine gewisse Spannung zum individualistischen Denken Rawls' vor. Eine Steuergemeinschaft ist auch eine Schicksalsgemeinschaft, wie der Rest Österreichs, der für die Kärntner Hypo Alpe Adria aufzukommen hat, spürt. Hier liegt auch eine Grenze des Fairnessbegriffs, der in Kontexten, in denen die Kompetitivität zurückgefahren muss, an Schärfe einbüßt.

In einem Satz: Fair zu spielen bedeutet, so zu spielen, dass weitergespielt werden kann. Das ist im Grunde eine Charakterisierung von vernünftigem Handeln – und rechtfertigt eine nachhaltige Steuerverwaltungs- und Steuerzahlungspraxis.

## 3 Gerechtigkeit als Fairness: erzwungene ›Haltung‹ in der Regelsetzung

John Rawls leitet sein Hauptwerk „A Theory of Justice" mit dem bemerkenswerten Satz ein: „Die Gerechtigkeit ist die erste Tugend sozialer Institutionen, so wie die Wahrheit bei Gedankensystemen" (Rawls, 1979, 19). Nicht die Regelung des individuellen Verhaltens ist Gegenstand seiner Gerechtigkeitstheorie, sondern die Tugend sozialer Institutionen. In dieser institutionalistischen Herangehensweise deutet Rawls Fairness/Gerechtigkeit vor allem als auf die Grundinstitutionen der Gesellschaft bezogen. Die Gesellschaft ist fair – bei Rawls: „wohlgeordnet" – eingerichtet, wenn und insofern „(1) jeder die gleichen Gerechtigkeitsgrundsätze anerkennt und weiß, daß das auch die anderen tun, und (2) die grundlegenden gesellschaftlichen Institutionen bekanntermaßen diesen Umständen genügen" (Rawls, 1979, 21). Die Fairness der Regeln, die Metaeinstellungen, die fairen Bedingungen und der Witz des Spiels sind hier angesprochen. Und – die wohlgeordnete Gesellschaft ist nach Rawls fair, d.h. *mit Blick auf den Anderen eingerichtet*, weil und insofern in der Bestimmung der beiden grundlegenden Gerechtigkeitsgrundsätze eine Methode („Schleier des Nichtwissens"; für beides: siehe unten) für diesen fairen Blick auf die Einrichtung der Gesellschaft sorgt. Wir wiederholen: Fairness bedeutet, so zu spielen, dass weitergespielt werden kann. Rawls überlegte sich, welches System von Zielen eine Gruppe von

Menschen durch vernünftige Überlegungen wählen würde, um ihre Ansprüche gegeneinander fair und gerecht zu regeln – und damit ein ›fortgesetztes Weiterspielen unter fairen Bedingungen‹, d.h. gesellschaftliche Stabilität, zu ermöglichen. So stellte er bekanntlich die Frage: Welche Gesellschaft würden Menschen wählen, die unter einem Schleier des Nichtwissens zusammenkommen würden, das heißt ohne Kenntnis über den eigenen sozialen Stand, die eigene Position in der Geschichte oder Kultur, die eigenen intellektuellen oder physischen Eigenschaften etc.? Unter einem solchen „Schleier des Nichtwissens" würden die Menschen jene Gesellschaft wählen, die möglichst allen unbeschadet ihrer Ausstattung Vorteile bringt. Eine solche Gesellschaft könnte man eine wohlgeordnete Gesellschaft nennen (Rawls, 1979, 28ff.). Rawls bestimmt zwei Grundprinzipien, auf die sich solche ›Fairnesskommissionen‹ einigen würden: „1. Jedermann soll gleiches Recht auf das umfangreichste System gleicher Grundfreiheiten haben, das mit dem gleichen System für alle anderen verträglich ist." (Rawls, 1979, 81). 2. „Soziale und wirtschaftliche Ungleichheiten sind so zu regeln, daß sie sowohl (a) den am wenigsten Begünstigten die bestmöglichen Aussichten bringen als auch (b) mit Ämtern und Positionen verbunden sind, die allen gemäß der fairen Chancengleichheit offen stehen" (Rawls, 1979, 104). Die beiden Prinzipien stehen bekanntlich in lexikalischer Ordnung, d.h., dass keine Zugewinne beim zweiten Prinzip eine Relativierung der im ersten Prinzip garantierten Freiheiten rechtfertigen können. Das erste Prinzip hat absoluten („lexikalischen") Vorrang.

## 4 Faire Bedingungen: „A Minimal Welfare State"

Rawls widmet einen Abschnitt seiner Theorie der Gerechtigkeit den bei ihm sogenannten „Rahmen-Institutionen für die Verteilungsgerechtigkeit" (Rawls, 1979, §43, 308ff.), die wesentlich der Herstellung und Aufrechterhaltung fairer Bedingungen diesen sollen. Die oben dargestellten Gerechtigkeitsgrundsätze beziehen sich auf die Grundstruktur, d.h. auf das System ihrer wichtigsten Institutionen. Dieser Struktur gehört auch die Art und Weise zu, wie eine Gesellschaft Steuern erhebt und verteilt (Rawls, 1974, 142). Rawls hält fest, dass der Gedanke der Gerechtigkeit als Fairness nun bedeute, die Besonderheit der einzelnen Situationen mit dem Begriff der Verfahrensgerechtigkeit zu behandeln (Rawls, 1979, 308). Diese prozedurale Anlage hat wichtige Implikationen für die Interpretation seiner Vorschläge auch im Hinblick auf die Gestaltung des Steuersystems; die

Rahmeninstitutionen und mit ihnen das Steuersystem sind so zu gestalten, dass die sich ergebende Verteilung unter allen Umständen (nach Rawls' Kriterien) gerecht ist. Vor einem überzogenen Essentialismus in der Auslegung ist zu warnen (Head, 1996, 6) – dies wäre in gewisser Weise eine heuristische Unsportlichkeit. Dennoch – die zentralen Konzepte der Gerechtigkeitstheorie von Rawls, wie die „primären Güter", die Hervorhebung des „gleichen Systems an grundlegenden Freiheiten" oder die besondere Berücksichtigung der „am schlechtesten gestellten Gruppen" sind von besonderer Relevanz und können durch den Hinweis auf den Begriff der Verfahrensgerechtigkeit nicht einfach relativiert werden (Head, 1996, ebd.). In Hinblick auf die Gestaltung des Steuersystems weist aber Rawls selbst mehrmals explizit darauf hin, dass manche Entscheidung bezüglich Grenzen der zulässigen Ungleichverteilung, von Steuertarifen (proportional oder progressiv und damit zusätzlich umverteilend) u.ä.m. Sache des politischen Urteils seien und nicht aus prinzipiellen Gründen vertreten werden können (Rawls, 1979, 312f.). Ein wiederholtes Dennoch: Manche zentrale Vorschläge Rawls' zur Gestaltung des Steuersystems entfalten dagegen substantielles Gewicht im Hinblick auf Gerechtigkeit als Fairness und können als allgemein gültig gelten.

Rawls fasst folgende notwendigen politischen und juristischen Institutionen einer wohlgeordneten Gesellschaft ins Auge, die hier – in Anlehnung an Robert Nozicks *minimal state* – als Strukturen eines *minimal welfarestate* bezeichnet werden sollen. Die Grenzen seines Umfanges und seiner Ausgestaltung bedingen die Höhe der fair zu verteilenden Steuerlast[1] und umschreiben gleichzeitig die notwendigen Staatsleistungen einer fairen Gesellschaft: Der *minimal welfarestate* ist politisch von einer gerechten Verfassung bestimmt, die die gleichen bürgerrechtlichen Freiheiten schützt. Gewissens- und Gedankenfreiheit sind selbstverständlich, und der faire Wert der politischen Freiheit ist gesichert. Das politische Geschehen ist, soweit möglich, ein faires Verfahren zur Entscheidung über eine Regierung und zur gerechten Gesetzgebung. Rawls setzt für seinen Staat auch faire (im Unterschied zur formalen) Chancengleichheit voraus. Das bedeutet, dass die Regierung, d.h. die Steuergemeinschaft, nicht nur die üblichen Arten von Gemeinschaftseinrichtungen aufrechterhält, sondern auch gleich Begabten

1 Die hier vertretene Auffassung widerspricht bewusst einer Interpretation von James Buchanan, der aus dem ersten Prinzip eine strenge Grenze für das notwendige, allgemeine Steueraufkommen ableitet (vgl. dazu Buchanan, 1984).

und Motivierten gleiche Bildungschancen und kulturelle Möglichkeiten durch ein entsprechendes Schulsystem zu verschaffen sucht. Sie sorgt auch für wirtschaftliche Chancengleichheit und die Möglichkeit freier Berufswahl, indem sie z. B. Zugangsbeschränkungen zu begehrten Positionen verhindert. „Schließlich gewährt die Regierung ein Existenzminimum entweder in Form von Familienbeihilfen und besonderen Zahlungen bei Krankheit und Arbeitslosigkeit oder systematischer etwa durch abgestufte Zuschüsse zum Einkommen (eine sogenannte negative Einkommensteuer)" (Rawls, 1979, 308 f.). Ein *minimal welfarestate* sichert seinen Bürgerinnen und Bürgern ein bestimmtes Wohlfahrtsniveau, das unserer Einschätzung nach nicht als Forderung nach einem bedingungslosen Grundeinkommen verstanden werden kann, sondern eher an Erwerbstätigkeit in einer Situation der Vollbeschäftigung (oder andere Formen der gesellschaftlichen Kooperation) nach dem Muster konservativer Wohlfahrtsstaaten (nach Esping-Andersen, 1990) gebunden zu sein scheint. Jedenfalls ist zur Erfüllung der Gerechtigkeitsgrundsätze das Gesamteinkommen der am wenigsten Bevorzugten so zu gestalten, dass ihre Aussichten auf lange Sicht maximiert sind und jedenfalls ein bestimmtes Wohlfahrtsniveau garantieren (Rawls, 1979, 311). In einer gerechten Gesellschaft nach Rawls sind Notlagen extremer Armut wie etwa Obdachlosigkeit, Nahrungsmangel oder mangelnder Zugang zu grundlegenden medizinischen Dienstleistungen, wie sie in den gegenwärtigen Vereinigten Staaten weit und den meisten anderen Wohlfahrtsökonomien in nicht unbeträchtlichem Ausmaß verbreitet sind, nicht akzeptabel.

## 5 Steuerlastverteilung unter egalitären und Zerstreuung größter Vermögen unter polarisierten Verhältnissen

Zur Finanzierung dieses *minimal welfarestate* schlägt Rawls *proportionale Verbrauchssteuern* vor, weil diese intuitiven *common sense*-Vorstellungen einer gerechten Steuerlastverteilung entsprächen. Dabei sollten über Absetzbeträge gewisse, „übliche" familiär bedingte Bedarfe in Rechnung gestellt werden können (z. B. Kinder- und Alleinverdienerabsetzbeträge; außergewöhnliche Belastungen bei Krankheiten oder Behinderungen). Grundlegende Voraussetzung für die Proportionalität dieser allgemeinen fiskalischen Hauptsteuer (als *flat tax*) sind allerdings fair verdiente Einkommen, die auf einem funktionierenden Arbeitsmarkt unter Bedingungen von Vollbeschäftigung und freier Berufswahl sowie fairer Chancengleichheit zustande kommen. Außerdem ist an das oben erwähnte allgemein gesicherte grundlegende Wohlfahrtsniveau der am schlechtest Gestellten (und damit aller) als zweite Voraussetzung zu erinnern. Die Einrichtung und Art und Weise der Finanzierung (steuerliche Lastenverteilung) weiterer öffentlicher Güter, die über die Reichweite des *minimal welfarestate* hinausgehen, wie etwa Einrichtungen der Wissenschaft, der Kultur, des Sport etc. entscheidet eine faire Gesellschaft einhellig. Diese Regelung ist gedacht als demokratische Bremse gegen einen ausufernden Staat, der seiner eigenen Expansionslogik folgend sich im Modus einer sogenannten Leviathan-Besteuerung über Gebühr und zu Lasten der Steuerzahler aufbläht.

Neben dieser als Einheitssteuer konzipierten Verbrauchssteuer und denjenigen Steuern und Abgaben, die sich aus der demokratischen Entscheidung über die Einrichtung von öffentlichen Gütern über den *minimal welfarestate* hinaus ergeben (die nicht grundlegend zur Struktur einer fairen Gesellschaft gehören), sind weitere Steuern nur aus anderen als fiskalischen Gründen akzeptabel. Solche Zwecksteuern sind dort geboten, wo Preise den gesellschaftlichen Nutzen bzw. den Aufwand/die Kosten nicht ausreichend widerspiegeln und Externalisierungen zu Preisverzerrungen führen. Solche sogenannten *sin taxes* preisen den Nutzen bzw. die Kosten (z. B. für erhöhte Gesundheitskosten oder für Kosten, die aus der Schädigung der Umwelt entstehen) mit ein; sie können auch auf Verhaltensänderung abstellen.

Auf der bisher erwähnten Grundlage eines durch eine proportionale Fiskalzwecksteuer (als Verbrauchs-, gegebenenfalls als Einkommensteuer) ausreichend dotierten *minimal welfarestate* kann zunächst jede daraus hervorgehende, auch scharfe Ungleichverteilung von Einkommen und Vermögen gerechtfertigt werden, ohne dass weitere Umverteilung über Progressivsteuern gefordert wäre, *wenn und solange den beiden Gerechtigkeitsgrundsätzen Genüge getan ist.*

Rawls zeigt sich darin als liberaler Denker, der Argumente, dass „Gleichheit Glück sei" (Wilkinson and Pickett, 2009), nicht mit seinem Konzept einer wohlgeordneten Gesellschaft vereinbaren kann. Allerdings sieht auch Rawls – und hier werden Einsichten deutlich, die für die aktuelle steuerethische und politische Diskussion um die rechte Steuerlastverteilung von instruktivem Gehalt sein können –, dass es ein Maß an Ungleichverteilung gibt, das die Prinzipien der Gerechtigkeit massiv untergraben würde: Wenn hoher Reichtum zu einem Ausmaß an Macht und Einfluss führt, das die Gleichheit der politischen Freiheit unterläuft, muss dagegen *aus Gründen der Fairness* mittels progressiver Besteuerung vorgegangen werden (Rawls, 1979, 311); wenn eine solcherart gestaltete Ungleichheit die faire Chancengleichheit lähmt (Rawls, 1979, 312), ist dasselbe Mittel von Progressivsteuern anzuwenden. Hier können laut Rawls durchaus auch stark progressive Einkommen- und Erbschaftsteuern gefordert sein. Eine zu hohe Konzentration von Einkommen und Vermögen droht auf bürgerrechtliche Gleichheit durchzuschlagen und faire Chancengleichheit in Bildung und Ausbildung aushebeln[2] – ist dies zu befürchten, und die heutige Ungleichverteilung von Vermögen und Einkommen gibt viel Anlass zur Besorgnis, dann sind aus Gründen der Fairness Progressivsteuern in einem Ausmaß angezeigt, die weit über die derzeit sorgsam gehütet Grenzen von „substantieller Besteuerung" hinausgehen – es geht dann um effektive Umverteilung, die unfair wirkende, gemeinschaftsgefährdende Spitzen kappt.

An anderer Stelle gibt Rawls noch eine weitere Begründung für zusätzlich gebotene steuerliche Umverteilung bei zu großer Ungleichheit der Vermögen und/oder Einkommen: wenn diese Differenz so groß wird, dass dadurch die Selbstachtung der am wenigsten Begünstigten verletzt wird. Rawls spricht dann in bemerkenswerter Weise von „entschuldbarem Neid":

> Jemand kann, gemessen an den objektiven Grundgütern, so schlecht gestellt sein, dass seine Selbstachtung verletzt wird; dann kann man Verständnis dafür haben, dass er sich zu kurz gekommen fühlt. Man kann es geradezu moralisch übelnehmen, dass man neidisch gemacht wird, wenn nämlich die Gesellschaft so große Ungleichheiten bei diesen Gütern zulässt, dass das nur die Selbstachtung herabsetzen kann. (Rawls, 1979, 579)

In dieser Passage stellt Rawls auf die Grenzen des Gemeinwesens ab. Extremer Reichtum wird hier in gewisser Weise von seiner zweiten, negativen Seite gezeigt; gleichsam komplementär zum gesellschaftlichen Verständnis von Reichtum als absolute Freiheit und Unabhängigkeit (vgl. dazu: Volz, 2002). Solch extremer Reichtum ist nicht vereinbar mit einem Verständnis von ›civic communi-

2 Diese Argumentation läuft parallel zu Michael Walzers Idee von der sicheren Trennung gesellschaftlicher Sphären, die zur Aufrechterhaltung sozialer Gerechtigkeit notwendig sei: (Walzer, 1983).

ty‹, das den gleichen Freiheiten des ersten Prinzips zugrunde liegt, und muss durch progressive Vermögensteuern gestreut werden. Der Hinweis auf das erste Gerechtigkeitsprinzip ist wichtig, Argumenten einer ›eingeschränkten‹ Leistungsgerechtigkeit außerhalb einer fairen Grundstruktur erteilt Rawls systematisch eine klare Absage (Rawls, 1974, 145).

## 6 Steuerethik und Armutsbekämpfung

Rawls' Theorie der Gerechtigkeit ist eine Gerechtigkeitstheorie, die in ihrem innersten Kern, als dynamisches Prinzip, Armutsbekämpfung zum Gegenstand und Ziel von Verfahrensgerechtigkeit einsetzt. Der Grund dafür liegt weniger in der Einsicht, dass Armut ein ethisches Übel ist und deshalb zum Drehpunkt jeder Theorie sozialer Gerechtigkeit werden muss, sondern es wird eher nach Effizienzgesichtspunkten argumentiert. Dennoch ist Rawls kein Zyniker; diese Form der Argumentation ergib sich aus der theoretischen Versuchsanordnung des Naturzustandes – hinter dem Schleier des Nichtwissens ist keine Empathie mit Leidenden gefordert, die ja nur gleichsam theoretisch leiden. Und dennoch gelangt Rawls zu Argumenten, dass den am wenigsten gut Gestellten alle Aufmerksamkeit zuteilwerden müsse, um Gerechtigkeit zu realisieren – aus Gründen der Sicherung der gleichen Freiheit für alle, aus Gründen der gesellschaftlichen Effizienz, aus Gründen der bilateralen Solidarität, die Reziprozität und Kooperation anstiftet, und aus Gründen der ›epistemischen‹ Exponiertheit dieser Gruppe – an ihnen erweist sich, inwieweit die durch faire Rahmenbedingungen eröffneten Optionen auf ein gutes Leben allen zugutekommen und niemand ›übersehen‹ werden kann (Rawls, 1974, 143). Diese Hinweise sind, so meinen wir, von eminenter Bedeutung auch außerhalb des ›idealen‹ Kontextes der Gerechtigkeitstheorie, denn es ist unsinnig anzunehmen, dass dieses heuristische Gerechtigkeitskriterium des Blickes auf die am schlechtest Gestellten nicht auch in nichtidealen Verhältnissen Gültigkeit beanspruchen können sollte. Oder anders formuliert: „Zeige mir den Umgang einer Gesellschaft mit ›ihren‹ von Armut betroffenen Mitgliedern und ich sage dir, wie es um soziale Gerechtigkeit in dieser Gesellschaft bestellt ist." Teil einer solchen wohlfahrtsstaatlichen Fairnessdiskussion sind Fragen nach der rechten Steuerpflicht, aber auch die Frage nach dem ›Gut‹ der Steuerpraxis. Steuerfinanzierte Armutsbekämpfung muss ein Element der Frage nach dem „Wohin?" einer Entwicklung des Gemeinwesens sein.

Auf diese Weise leistet Rawls' Theorie der Gerechtigkeit auch eine direkte Verbindung zwischen Steuerethik und Armutsbekämpfung – mit sehr klaren, wenn auch allgemeinen Bestimmungen zu Vermögen-, Erbschafts- und progressiven Einkommensteuern.

## 7 Resümee und *way forward*

Mit der Interpretation von Steuergerechtigkeit als Steuerfairness kann eine prinzipielle steuerethische Diskussion geführt werden, die sich von den etablierten, aber zu wenig überzeugenden Steuerprinzipien löst. Auf Grundlage einer beträchtlich weit verbreiteten Gerechtigkeitstheorie und auf Basis eines Fairnessbegriffs der im öffentlichen Diskurs auf weitgehende Akzeptanz rechnen darf, sind dort (auch stark progressive) Vermögenssteuern gefordert, wo Vermögensunterschiede die Selbstachtung der am schlechtesten Gestellten untergraben. Gleichzeitig erlaubt der Blick auf diese Gruppe steuerethische Argumentationen zugunsten von Maßnahmen der Armutsbekämpfung. John Rawls' Theorie der Gerechtigkeit bietet eine klare, nachvollziehbare steuerethische Option für die Armen, die es in einer gerechten Gesellschaft in diesem Sinne nicht geben dürfte. Wesentliche Elemente einer solchen Option lassen sich mit Hinweis auf Dimensionen der Fairness im Sinne einer Metaeinstellung in Bezug auf die Bedingungen des gesellschaftlichen ›Spiels‹ und in Bezug auf die Anwendung der Regeln gewinnen. Steuerfairness, so ist zu wiederholen, kann nicht von Aspekten der Fairness im Zugang zu Positionen, die Steuerpflichten mit sich bringen, getrennt werden. Dies bedeutet, dass nicht nur die Steuerlastverteilung, sondern auch der Zugang zu ökonomischen Gelegenheiten, die zu Steuerleistungsfähigkeit führen, als Teil der Diskussion um Steuerfairness anzusehen ist. Auch ist der Umgang mit ›Steuersündern‹, den steuerlichen ›Foulspielern‹, mit Sorge zu betrachten – etwa was großflächige Steueramnestien betrifft oder was die Dynamik der Leistbarkeit von Expertise zum Nützen von Steuerschlupflöchern betrifft. Steuerfairness verlangt nach einer Metaeinstellung zum ›Spiel‹ der Steuern, also der Bereitschaft, den ›Witz‹ des Spiels der Steuerleistung anzuerkennen und etwa Steuerschlupflöcher gerade nicht auszunutzen. Fairness in diesem Sinne hieße auf Seiten der Steuerzahlenden eine gewisse Grundbereitschaft, im Sinne des Fiskus zu agieren – auch unter dem Bewusstsein, dass die beste und effektivste Art, Armut zu bekämpfen, (zumindest dort, wo Wohlfahrtsstaaten gut ausgebaut sind) in einer fairen Steuerleistung liegt. Fair zu spielen, bedeutet so zu spielen, dass weitergespielt werden kann. Diese Charakterisierung fällt zusammen mit der Idee von vernünftigem Handeln. Und vernünftig Handelnde setzt Rawls voraus, um hinter dem Schleier des Nichtwissens die Gerechtigkeitsprinzipien zu bestätigen. Progressive Vermögenssteuern sind dort angezeigt, wo diese vernünftigen Prinzipien durch Vermögenskonzentration unterminiert werden – dies stellt Rawls als vernünftig heraus. Sie stellen keine Bestrafung von moralisch schlechten Menschen dar, sondern sind ein Gebot der Fairness, ebenso wie wirksame Maßnahmen der Armutsbekämpfung – „to uphold the point of the game called just society".

## 8 Literatur

Buchanan, James M. 1984. „The Ethical Limits of Taxation." *The Scandinavian Journal of Economics* 86 (2): 102–14. doi: 10.2307/3439684.

Esping-Andersen, Gøsta. 1990. *The Three Worlds of Welfare Capitalism*. 1st ed. Cambridge/Malden, MA: Polity Press.

Head, John G. 1996. „Tax-Fairness Principles. A Conceptual, Historical, and Practical Review." In *Fairness in Taxation. Exploring the Principles*, edited by Allan M. Maslove, 3–62. Toronto, Buffalo, London: University of Toronto Press.

MacIntyre, Alasdair C. 2007. *After Virtue: A Study in Moral Theory*. 3rd ed. Notre Dame, Ind: University of Notre Dame Press.

Rawls, John. 1958. „Justice as Fairness." *The Philosophical Review* 67 (2): 164–94.

———. 1974. „Some Reasons for the Maximin Criterion." *The American Economic Review* 64 (2): 141–46. doi: 10.2307/1816033.

———. 1979. *Eine Theorie der Gerechtigkeit*. suhrkamp taschenbuch wissenschaft. Frankfurt am Main: Suhrkamp.

Volz, Fritz Rüdiger. 2002. „‚Vermögen' – vorbereitende Thesen zu einer (anthropologischen) Theorie des Reichtums." In *Theorien des Reichtums*, edited by Ernst-Ulrich Huster und Fritz Rüdiger Volz, 15–30. Münster; Hamburg; London: Lit.

Walzer, Michael. 1983. *Spheres of Justice*. New York: Basic Books.

Wilkinson, Richard und Kate Pickett. 2009. *Gleichheit ist Glück. Warum gerechte Gesellschaften für alle besser sind.* 1st ed. Hamburg: Tolkemitt bei Zweitausendeins.

Wittgenstein, Ludwig. 1967. *Philosophische Untersuchungen*. Oxford: Blackwell Publishing.

# Kommentar: „Fairplay“ vor dem Anspruch von „Gerechtigkeit“

Ein theologischer Kommentar zu Gaisbauer/Semak: Fairness, Steuerethik und Armutsbekämpfung

Franz Gmainer-Pranzl

Es mag überraschen, einen politikwissenschaftlichen Vortrag über Steuerethik von einem *Theologen* kommentieren zu lassen. Was kann die Theologie, also ein an eine religiöse Tradition gebundener Diskurs, zur Lösung steuerethischer Fragen beitragen – außer vielleicht einige moralische Appelle oder Mahnungen, deren Geltung und Verständlichkeit an bestimmte Glaubensüberzeugungen gebunden ist? Als Theologe möchte ich solche Fragen durchaus ernst nehmen, mehr noch: diese kritischen Rückfragen an das Selbstverständnis und die Leistungsfähigkeit einer wissenschaftlichen Disziplin fordern zu einer Auseinandersetzung heraus, die als solche bereits einen wichtigen Teil des inhaltlichen Kommentars bildet. Von daher versuche ich, (1) den spezifischen Charakter der Theologie als Wissenschaft zu skizzieren, (2) die Thematik „Fairness/Fairplay“ aus theologischer Perspektive zu beleuchten und (3) einige Überlegungen und theologisch begründete Rückfragen zur Rawls-Interpretation von Gaisbauer/Sedmak zu formulieren.

## 1 „Theologie“ (und Steuerethik) – Eine wissenschaftstheoretische Selbstvergewisserung

Um sich mit gesellschaftspolitischen und ökonomischen Fragen im Allgemeinen sowie mit steuerethischen Fragen im Besonderen auseinanderzusetzen, muss die Theologie nicht Aktualität heischen oder sich anders geben, als sie ist. Als „Glaubenswissenschaft“ (Seckler, 2000, 144) ist sie Reflexion einer konkreten Praxis („Glaube“), die gesellschaftlich bedingt, gesellschaftlich verortet und zugleich gesellschaftsverändernd ist. Der Bezug zu konkreten politischen, sozialen und wirtschaftlichen Entwicklungen stellt für theologische Diskurse keine bloß „aktualisierende Anwendung“ dar, sondern die Art und Weise, wie sie vollzogen werden: als kritische Verantwortung einer Lebenspraxis, die sich als Bejahung und Realisierung einer religiösen Tradition begreift und unter konkreten gesellschaftlichen Bedingungen erfolgt. Um es mit dem Titel einer klassischen theologischen Studie aus dem 20. Jahrhundert zu sagen: Das, was Theologie konstituiert, ist „Glaube in Geschichte und Gesellschaft“ (Metz, 1977).

Zwei Extrempositionen verdeutlichen, was mit diesem Gesellschaftsbezug christlicher Theologie gemeint ist: Ein theologischer *Integralismus* versucht, die Differenzen unterschiedlicher Wissenschaftsbereiche und ihrer Methoden aufzuheben und sämtliche Fragen des Lebens eigenmächtig aus religiöser Perspektive zu „beantworten“. Integralistische TheologInnen neigen zu fundamentalistischen Erklärungsmustern, indem sie etwa wirtschaftliche Probleme oder ökologische Fragen unvermittelt mit Bibelversen oder Zitaten aus Texten der Tradition zu „lösen“ versuchen. Solche Ansätze sind diskursiv gewalttätig, weil sie die Autonomie und Kompetenz der Wissenschaften ignorieren und anderen Lebensbereichen religiöse Überzeugungen aufoktroyieren. Umgekehrt trennt ein theologischer *Spiritualismus* religiöse Praxis und gesellschaftliche Realität in einer Weise, dass der originäre Zusammenhang zwischen Glaube und Leben verloren geht. Religion, so wird hier behauptet, habe mit „geistlichen“ Werten und Erfahrungen zu tun und dürfe sich nicht in die Politik „einmischen“. Wer religiöse Praxis in diesem Sinn verinnerlicht und für gesellschaftlich belanglos erklärt, verweigert sich aber letztlich kritischen Rückfragen und zieht sich auf einen (vermeintlich) sicheren Innenbereich zurück. Auf die Thematik der Steuerethik bezogen: eine integralistisch-theologische Erklärung würde klare Vorgaben machen, wie Steuergerechtigkeit in bestimmten Fällen umzusetzen sei. Ein spiritualistisch-theologischer Ansatz würde die Frage, wie die Steuerlast gerecht zu verteilen sei, als „irrelevant“ für den Glauben ansehen und sich aus etwaigen Diskussionen völlig heraushalten.

Die folgenden Überlegungen gehen davon aus, dass Theologie – als Diskurs (aus) einer je schon gesellschaftlich verorteten Glaubenspraxis – Kriterien zum Verständnis von „Fairness“ benennen kann, insofern sie sich von einem Anspruch herausgefordert weiß, der eine kritische Sicht auf gesellschaftliche Lebensbedingungen eröffnet (vgl. Halbmayr, 2009, 439–470). Auch wenn sich aus theologisch begründeten Vorannahmen (dass zum Beispiel Armut nicht als Schicksal hinzunehmen sei) immer wieder unterschiedliche politische Schlussfolgerungen ableiten lassen, geht die Theologie grundsätzlich davon aus, dass die reale Gesellschaft der *Ort* christlicher Praxis ist. „Ort" ist hier allerdings nicht geographisch, sondern hermeneutisch zu verstehen: die reale Gesellschaft mit ihren konkreten Herausforderungen *erschließt* den Anspruch des Christlichen auf neue Weise. An Fragen wie der Steuerethik, die an tief greifende sozialpolitische Zusammenhänge rühren, zeigt sich, worin das Potential einer religiösen Tradition besteht und inwiefern es sich verwirklichen kann. Was sonst wäre der Ort christlicher Praxis (Glaube) und deren Reflexion (Theologie), wenn nicht die Gesellschaft, in der wir leben? „Die Theologie ist das kritische Selbstbewusstsein der gläubigen Praxis in Welt und Kirche" (Schillebeeckx, 1971, 171) – so die Überzeugung eines der maßgeblichen Theologen des 20. Jahrhunderts, der ich in den weiteren Überlegungen folge.

## 2 Fairness/Fairplay aus theologischer Perspektive

Weder hat die christliche Theologie auf Fragen einer gerechten Steuerethik „eindeutige" Antworten parat, noch sieht sie diese als belanglos an. Vielmehr betreffen steuerethische Problemstellungen einen Lebenskontext, der aus theologischer Sicht zugleich Glaubenskontext ist: die konkrete Gesellschaft. Sie ist insofern der „Ort" des Glaubens und ein Schlüssel für die theologische Reflexion, als sie in einer besonderen Weise qualifiziert ist: Den konkreten historischen/politischen/wirtschaftlichen/gesellschaftlichen Entwicklungen, mit denen Menschen konfrontiert sind, kommt aus christlich-theologischer Perspektive eine entscheidende Bedeutung zu. Wie etwa mit Geld und politischer Macht umgegangen wird, ist keine bloß „weltliche Angelegenheit", in die sich religiöse Diskurse nicht einzumischen hätten, sondern eine Weise des Handelns in einer Gesellschaft, in der sich – wie dies die Theologie ausdrückt – „Weltgeschichte" und „Heilsgeschichte" nicht trennen lassen. Diese These ist tatsächlich entscheidend für das Verständnis des Zusammenhangs von theologischen und sozial- bzw. humanwissenschaftlichen Zugängen. Das, was der christliche Glaube als „Heilsgeschichte" bezeichnet, ist „koextensiv" (Rahner, 1976, 147) mit der „Weltgeschichte".

Diese – von Karl Rahner in transzendentaltheologisch-existentialer Begrifflichkeit explizierte – „Koextensivität" (*nicht* Identität) von konkreter „Welt" und religiösem „Heil" hat die Befreiungstheologie in politischen Kategorien reformuliert. Ausgehend von der christlichen Glaubensüberzeugung, dass die „Welt" nicht als belangloses „Diesseits" anzusehen sei, sondern als Raum, in den Gott selbst eingetreten sei (welcher Übergang theologisch als „Menschwerdung Gottes" bezeichnet wird), sieht eine befreiungstheologische Perspektive diesen Raum der Geschichte und der menschlichen Gesellschaft als Ort der Heilsgeschichte an, die sich nicht „irgendwo" abspielt, sondern genau dort, wo Menschen ihr Leben gestalten, sich für Gerechtigkeit einsetzen und für Befreiung kämpfen. „Es gibt nicht zwei Geschichten, sondern nur eine Geschichte, in der sich die Präsenz des befreienden Gottes und die des befreiten und befreienden Menschen zum Ausdruck bringen" (Ellacuría, 2011, 93) – so die bekannte These des 1989 in El Salvador ermordeten Philosophen und Befreiungstheologen Ignacio Ellacuría SJ, der seine intellektuelle und politische Auseinandersetzung mit Fragen der gesellschaftlichen Entwicklung als Konsequenz dieses inneren Zusammenhangs von (religiöser) Heilsgeschichte und (gesellschaftlicher) Befreiungsgeschichte ansah. Er geht davon aus, „dass die theologische Arbeit nicht außerhalb der geschichtlichen Erfahrung vollbracht werden kann, auch nicht außerhalb der Sozialwissenschaften" (Ellacuría, 2011, 37). Am markantesten hat der peruanische Theologe Gustavo Gutiérrez, der Nestor der (lateinamerikanischen) Theologie der Befreiung, diesen inneren Bezug zwischen politisch-gesellschaftlichen Veränderungen („Befreiung des Menschen") und christlich-religiösen Hoffnungen („Wachstum des Gottesreiches") zum Ausdruck gebracht: „Das Wachsen des Reiches ist ein Prozess, der sich geschichtlich *in* der Befreiung vollzieht […]" (Gutiérrez, 1986, 171), betont er an einer zentralen Stelle seines Werks *Theologie der Befreiung* und kritisiert damit sowohl eine Einstellung, die Religion und Politik gleichsetzt, als auch eine Theologie, die sich aus der Suche nach Befreiung und Gerechtigkeit völlig heraushält. Entlang dieser Bruchlinie zwischen der ideologischen Totalidentifikation einer bestimmten Politik mit religiösen Heilserwartungen und einer völlig unpolitischen Spiritualität und Theologie formuliert Gutiérrez eine These, die als Leitperspektive dieses Beitrags anzusehen ist: „Man kann sagen, das politische und geschichtliche Befreiungsgeschehen *sei* Wachstum des Reiches, *sei* Heilsereignis. Jedoch ist es weder das *Kommen* des Reiches selbst noch die *ganze* Erlösung" (ebd.).

Für diesen konkreten Kommentar zu einem politikwissenschaftlichen Beitrag zu Steuerethik ergibt sich aus den genannten befreiungstheologischen Überlegungen eine ebenso einfache wie schwerwiegende Konsequenz: Fragen, wie eine „faire" Finanzpolitik und Steuerethik zu entwickeln sei, betreffen die Glaubenspraxis religiöser Menschen sowie den Diskurs christlicher Theologie, denn im Ringen um eine gerechte Gesellschaft und ein menschenwürdiges Leben realisiert sich die Suche nach dem im Glauben erhofften „Heil" (in der biblischen Tradition „Reich Gottes" genannt). Von daher kann und darf es einer theologischen Auseinandersetzung nicht nur nicht egal sein, wie steuerethische Debatten geführt werden; sie muss das Streben nach fairen Lebensbedingungen als Herausforderung ansehen, die ihre ureigensten Fragen berührt.

Dieser *befreiungstheologische* Zugang – der sich signifikant von einem *„liberalen"* (d.h. rein an der Freiheit des Einzelnen ausgerichteten) Verständnis von Religion und Gesellschaft sowie von einer *neopentekostalen* „Theologie des Wohlstands" (der zufolge wirtschaftlicher Erfolg als Zeichen des „Segens Gottes" anzusehen sei) unterscheidet – orientiert sich zudem an einem inhaltlichen Kriterium, das für die biblische Tradition zweifellos als zentral anzusehen ist: am Prinzip der *Gerechtigkeit.* Für Glaubende gibt es keine religiöse Praxis und Überzeugung, die sich vom Gebot der Gerechtigkeit lösen, ja sogar in Gegensatz dazu stehen könnte. Gerechtigkeit ist ein Anspruch, der von Gott her die Beziehungen zwischen den Menschen betrifft. Eine Frömmigkeit, die die Fairness im konkreten Leben sowie gerechte Lebensverhältnisse außer Acht lässt, erfährt in biblischen Zusammenhängen scharfe Kritik; vor allem die Propheten Israels haben eine Lebenshaltung und Glaubenspraxis, die von Ungerechtigkeit und Unterdrückung gekennzeichnet ist, klar verurteilt. Bekannt ist die Stelle im Buch des Propheten Amos (5,21–24), in der Gott selbst eine Form des Glaubens und der Frömmigkeit verurteilt, die nur von Liturgie, aber nicht von sozialer Gerechtigkeit geprägt ist:

„Ich hasse eure Feste, ich verabscheue sie und kann eure Feiern nicht riechen. Wenn ihr mir Brandopfer darbringt, ich habe kein Gefallen an euren Gaben, und eure fetten Heilsopfer will ich nicht sehen. Weg mit dem Lärm deiner Lieder!

Dein Harfenspiel will ich nicht hören, sondern das Recht ströme wie Wasser, die Gerechtigkeit wie ein nie versiegender Bach."

Aus dieser Stelle wird deutlich, dass die Praxis der Gerechtigkeit, die vor allem gegenüber den Armen und Benachteiligten gilt, ein *unbedingtes* Gebot darstellt. Ein Glaube an Gott, der meint, sich der Fragen der Gerechtigkeit, der Fairness, der Solidarität entledigen zu können, ist als verfehlt anzusehen. Gerechtigkeit – die unbedingte Anerkennung des Menschen, die Sorge für die Armen, die Kritik von Unterdrückung und die Förderung des Lebens im umfassenden Sinn – erweist sich hier als *normativ*: als unausweichlicher Anspruch. Der Fromme Israels ist sich dessen bewusst, dass er vor Gott Rechenschaft dafür abzulegen hat, wie fair/gerecht er mit seinen Mitmenschen, vor allem mit den Armen, umgegangen ist. Die „Qualität" seiner religiösen Einstellung und Praxis wird daran gemessen, wie gerecht er sich anderen Menschen gegenüber verhielt, wie fair er mit finanziellen Ressourcen umging und wie solidarisch er sich den Ausgegrenzten und Unterdrückten gegenüber erwies.

Normative Konzepte wie das biblische Gerechtigkeitsethos haben zweifellos etwas Herausforderndes und Irritierendes an sich, auch für eine theologische Auseinandersetzung, die sich der Vielfalt gesellschaftlicher Kontexte und der komplexen Beziehungen zwischen sozialen Realitäten und religiösen Ansprüche bewusst ist. Dennoch kann ein theologischer Diskurs, der sich an biblischen Traditionen orientiert, weder vom inneren Zusammenhang zwischen „Politik" und „Glauben" noch vom Anspruchscharakter der Forderung nach Gerechtigkeit absehen; in diesem Licht interpretiert die Theologie konkrete Konzepte des Fairplay/der Fairness.

## 3 Theologische Anmerkungen zum Konzept John Rawls' in der Interpretation von Gaisbauer/Sedmak

Gaisbauer/Sedmak greifen in ihrem Beitrag eine breit geführte Debatte auf – die Auseinandersetzung mit dem aktuellen Steuersystem und Vorschläge für eine gerechte und faire Besteuerung – und orientieren sich in ihren Überlegungen an der „klassischen" Gerechtigkeitstheorie von John Rawls (1921–2002). Aus theologischer Perspektive möchte ich die Vorschläge Rawls' und die Interpretation von Gaisbauer/Sedmak als erhellenden und weiterführenden Impuls würdigen, insbesondere das Anliegen, Fragen der Steuerethik im Rahmen einer umfassenden Gerechtigkeitstheorie zu diskutieren, dabei vorrangig die Situation „der am wenigsten Bevorzugten" (Rawls, 2012, 311) in den Blick zu nehmen sowie durch eine „Option für die Armen" zu entwickeln. Bei all dem kommt ein Primat der Politik zum Ausdruck oder mindestens die Hoffnung, gesellschaftliche Zustände und Machtpositionen ließen sich kritisieren und verändern. Ohne den Anspruch zu erheben, in diesem kurzen Kommentar Rawls' Theorie und die Interpretation von Gaisbauer/Sedmak auch nur annähernd vollständig behandeln zu können, möchte ich drei Optionen formulieren, in denen ich mögliche Potentiale und Ansatzpunkte für eine gerechte/faire Steuerethik bzw. überhaupt für eine Wirtschaftsethik benenne, aber auch einige offene Fragen in Bezug auf Rawls artikuliere.

### 3.1 Option für Politik

Gaisbauer/Sedmak heben den politischen Charakter der Gerechtigkeitstheorie Rawls' hervor; eine faire Besteuerung der Bevölkerung, die auch Änderungen des bisherigen Systems im Sinn von Be- und Entlastungen impliziert, ist „eine Sache des politischen Urteils" (Rawls, 2012, 312), nicht einfach eine „logische Folge" bestimmter ökonomischer Gegebenheiten. Ob sich zum Beispiel politische Verantwortungsträger für oder gegen die Einführung einer Erbschafts-, oder Vermögenssteuer, für die Anhebung oder Senkung der Mehrwertsteuer und anderer Steuern entscheiden, ist eine Frage des gesellschaftlichen Gestaltungswillens. Ökonomische Rahmenbedingungen können selbstverständlich nicht einfach ignoriert werden, aber ein „Aberglaube der Tatsachen" (Edmund Husserl), der bestimmte Entscheidungen im Bereich der Wirtschaft als „alternativlos" hinstellt (im Sinn der ideologischen These „There is no alternative") oder politische Entscheidungen (wie etwa die steuerliche Entlastung von großen Unternehmen) als „notwendig" ausgibt, reduziert *politisches* – das heißt ein auf die gesamte Gesellschaft mit all ihren Lebensbereichen und Teilsystemen bezogenes – Handeln auf einen Teilaspekt der *Ökonomie*. Rawls' Vorschläge, vor allem in seinem 43. Kapitel über Verteilungsgerechtigkeit (vgl. Rawls, 2012, 308–318), gehen davon aus, dass eine faire Besteuerung als politische Entscheidung und nicht bloß als ökonomisches Kalkül zu verstehen ist.

Eine „Option für Politik" heißt in diesem Zusammenhang nicht, reale Bedingungen und Zusammenhänge wirtschaftlicher Systeme zu missachten, sondern schlicht und ergreifend, den Bereich „Wirtschaft" als Teil der „Politik" zu sehen – und nicht umgekehrt.

### 3.2 Option für Solidarität

In seinen Überlegungen zu Fragen der Verteilungsgerechtigkeit übt John Rawls Kritik an einem System des „freien Marktes", das offenbar den realen Bedürfnissen der Menschen nicht gerecht werden kann: „Ein Konkurrenz-Preissystem berücksichtigt keine Bedürfnisse, daher kann sich die Verteilung nicht ausschließlich auf es stützen" (Rawls, 2012, 310). Zugleich aber setzt Rawls, auch wenn er dem Markt nicht genügend Potential zur Herstellung gerechter Verhältnisse zubilligt, in seiner Theorie „eine eindeutige Begrenztheit der sozialen und altruistischen Motive voraus" und „geht davon aus, dass einzelne und Gruppen konkurrierende Ansprüche stellen, auf die sie nicht verzichten wollen, wenn sie auch gewillt sind, gerecht zu handeln" (Rawls, 2012, 315). Hier kommt ein Motiv ins Spiel, das in den unterschiedlichen Deutungen des Verhältnisses von Politik und Wirtschaft entscheidend ist: die Spannung zwischen Konkurrenz- und Solidaritätsprinzip. Rawls bewegt sich auf diesem schmalen Grat, wohl wissend, welche Konsequenzen für das jeweilige Menschenbild eine bestimmte Option mit sich bringt.

Aus einer christlich-theologischen Perspektive sind in diesem Zusammenhang zweifellos jene Momente der Gerechtigkeitstheorie Rawls' zu unterstützen, die eine Option für Solidarität stützen; theologische Diskurse orientieren sich an dem, was das „einigende Band" der Gesellschaft (Habermas) stärkt, und nicht an partikulären Interessen, die den Bezug auf das „gute Leben aller" verloren haben. Diese „Option für Solidarität" ist allerdings nicht selbstverständlich vorgegeben, sondern politisch aufgegeben, wie die Ökonomin und Politikerin Sahra Wagenknecht betont: „Der Mensch ist nicht des Menschen Wolf, aber in Gesellschaften mit extremer Ungleichheit wird er es, weil sie gerade jene Eigenschaften im Menschen fördern und kultivieren – Egoismus, Selbstbezogenheit, Gleichgültigkeit gegenüber anderen, – die er für ein Überleben in einer solchen Umwelt braucht" (Wagenknecht, 2012, 394).

### 3.3 Option für die Armen

Gaisbauer/Sedmak attestieren der Gerechtigkeitstheorie John Rawls' eine „klare, nachvollziehbare steuerethische Option für die Armen". Diesem Urteil ist insofern zuzustimmen, als es Rawls tatsächlich nicht nur um karitativen Paternalismus geht, sondern um Veränderungen in der Gesellschaft, um möglichst vielen

Menschen eine gerechte Teilhabe am Wohlstand, an Bildungsmöglichkeiten und an politischer Mitgestaltung zu ermöglichen. In diesem Zusammenhang weist Gaisbauer auf eine Stelle bei Rawls hin, an der er die psychischen Folgen extremer Ungleichheit aufzeigt: „Jemand kann, gemessen an den objektiven Grundgütern, so schlecht gestellt sein, dass seine Selbstachtung verletzt wird" (Rawls, 2012, 579). Dieser kritische Blick auf die prekäre Situation vieler Menschen und der Wille zur Veränderung von Lebensbedingungen sind durchaus als „Option für die Armen" anzuerkennen, wenn auch zwischen einem politikwissenschaftlichen und einem theologischen Konzept einer „Option für die Armen" letztlich Differenzen bestehen. Die „Armen" stellen aus theologischer Perspektive nicht nur ein soziales Problem dar, das es zu lösen gilt, sondern auch einen „Erkenntnisort", eine Instanz und Autorität, die einen Anspruch eröffnet und eine Wahrheit erschließt. Die Erfahrung von Armut hilft, Leben und Glauben besser zu verstehen, und zwar nicht in einem moralisch-emotionalen Sinn des „Mitleids", sondern im erkenntnistheoretischen Sinn einer „Verschiebung" der üblichen Plausibilitäten. Die Begegnung mit Armen verändert und gibt im wahrsten Sinn des Wortes zu denken – das ist ein (befreiungs)theologisches Prinzip, das etwa in den indischen *subaltern studies* zur Geltung kommt: Diejenigen, die aus der Gesellschaft ausgeschlossen sind und auf krasse Weise diskriminiert und marginalisiert werden, sind kein bloßes Objekt der Fürsorge, sondern Subjekt einer „Wahrheit", von der andere vieles zu lernen haben. Diese radikale Position kann (und muss) Rawls' Gerechtigkeitstheorie allerdings nicht einnehmen.

## 4 Fazit

Auch wenn theologische Diskurse keine finanzwissenschaftliche oder steuerethische Fachexpertise aufweisen, können sie für Wirtschafts- und Gesellschaftstheorien einen kritischen Rahmen zur Verfügung stellen, der das Bemühen um „Fairplay/Fairness" im Licht des Anspruchs unbedingter Gerechtigkeit interpretiert und dadurch versucht, „hinreichend differenzierte Ausdrucksmöglichkeiten und Sensibilitäten für verfehltes Leben, für gesellschaftliche Pathologien, für das Misslingen individueller Lebensentwürfe und die Deformation entstellter Lebenszusammenhänge" (Habermas, 2005, 115), wie sie in religiösen Traditionen artikuliert werden, in die gesellschaftliche Auseinandersetzung einzubringen.

## 5 Literatur:

Ellacuría, Ignacio. 2011. *Eine Kirche der Armen. Für ein prophetisches Christentum*. Theologie der Dritten Welt, 40. Freiburg i. Br.: Herder.

Gutiérrez, Gustavo. 1986. *Theologie der Befreiung*. 9. Auflage. Gesellschaft und Theologie, Systematische Beiträge, Nr. 11. München/Mainz: Christian Kaiser/Matthias Grünewald. [Orig.: *Teología de la Liberación*, 1972].

Habermas, Jürgen. 2005. Vorpolitische Grundlagen des demokratischen Rechtsstaates? In: ders. *Zwischen Naturalismus und Religion. Philosophische Aufsätze*, 106–118. Frankfurt: Suhrkamp.

Halbmayr, Alois. 2009. *Gott und Geld in Wechselwirkung. Zur Relativität der Gottesrede*. Paderborn: Ferdinand Schöningh.

Metz, Johann Baptist. 1977. Glaube in Geschichte und Gesellschaft. Studien zu einer praktischen Fundamentaltheologie. Mainz: Matthias Grünewald.

Rahner, Karl. 1976. Grundkurs des Glaubens. Einführung in den Begriff des Christentums. Freiburg i. Br.: Herder.

Rawls, John. 2012. Eine Theorie der Gerechtigkeit. stw 271. 18. Aufl. Frankfurt: Suhrkamp. [Orig.: A Theory of Justice, 1971].

Schillebeeckx, Edward. 1971. Glaubensinterpretation. Beiträge zu einer hermeneutischen und kritischen Theologie. Mainz: Matthias Grünewald.

Seckler, Max. 2000. Theologie als Glaubenswissenschaft. In: Handbuch der Fundamentaltheologie, hg. von Walter Kern, Hermann J. Pottmeyer und Max Seckler, 131–184. 2. Aufl. UTB 8173. Tübingen/Basel: A. Francke.

Wagenknecht, Sahra. 2012. Freiheit statt Kapitalismus. Über vergessene Ideale, die Eurokrise und unsere Zukunft. dtv 34783. München: Deutscher Taschenbuch Verlag.

# Ungerechtigkeit mit System

## Die Einkommens- und Bildungsabhängigkeit der Steuerhinterziehung[1]

Jörg Paetzold und Hannes Winner

## 1 Einleitung

Auf die Frage, wem gegenüber sich der prominente und rechtskräftig verurteilte Steuerhinterzieher Uli Hoeneß schuldig gemacht hat, antwortet der Moralphilosoph Julius Schälike in einem Interview mit der „Zeit" vom 15. März 2014: „Hoeneß hat seinen fairen Teil an der Finanzierung des Gemeinwesens nicht zahlen wollen. Damit erlangte er einen unfairen Vorteil gegenüber denen, die ihre Steuern korrekt gezahlt haben." Steuerunehrliches Verhalten schädigt also doppelt: Der Allgemeinheit werden Mittel zur Bereitstellung von öffentlichen Gütern vorenthalten, den Ehrlichen erwachsen (Einkommens-)Nachteile, weil sie ihrer Abgabenpflicht pflichtbewusst nachkommen.

Abseits von Effizienz- und Fairnessgesichtspunkten weist die Diskussion um prominente Steuersünder auf ein Grundproblem der Einkommensteuer hin, wonach „[d]ie einstige ‚Königin' der Steuern [...] zu einer Dummensteuer degeneriert [ist], die jene am stärksten trifft, die am schlechtesten informiert oder beraten sind" (Tipke/Lang, 2010, 235). Dies liegt wesentlich in der Komplexität des Steuersystems begründet, welches von Ausnahme- und Sonderregelungen durchsetzt ist und Steuervermeidung vor allem jenen vorbehält, die das System durchschauen und sich Beratungsdienste leisten können. Einkommen und Bildung beeinflussen somit systematisch die individuelle Steuerbelastung und konterkarieren auf diese Weise die Umsetzung von gesellschaftlichen Gerechtigkeits- und Umverteilungszielen.

Im Folgenden wird die Hypothese, dass Einkommen und Bildung in einem systematischen Zusammenhang zur individuellen Steuerhinterziehung stehen, empirisch untersucht. Dazu wird ein Datensatz aus Österreich verwendet, der es

1 Dieser Beitrag ist Teil des FWF-Forschungsprojekts „The Austrian Center for Labor Economics and the Analysis of the Welfare State" (Projektnummer S106-G16).

erlaubt, für einen breiten Bevölkerungskreis und einen Zeitraum von zehn Jahren individuelles Hinterziehungsverhalten zu beobachten. Zusätzlich werden Informationen über den sozioökonomischen Hintergrund der Steuerpflichtigen verwendet. Der vorliegende Beitrag reiht sich damit in eine neuere Literaturrichtung ein, welche die individuellen Einflussgrößen des Steuerwiderstands anhand von realen Daten anstelle von Laborexperimenten zu erklären versucht (vgl. etwa Kleven et al., 2011).

Der Beitrag ist folgendermaßen strukturiert. Im nächsten Abschnitt wird die vorliegende Fragestellung in den Kontext der ökonomischen Besteuerungstheorie eingeordnet. Abschnitt 3 stellt den Datensatz vor, beschreibt die Messung der Steuerhinterziehung und präsentiert schließlich empirische Ergebnisse über den Zusammenhang zwischen Einkommen bzw. Bildung und Steuerhinterziehung. Abschnitt 4 zieht – basierend auf einer kurzen Zusammenfassung der Ergebnisse – einige steuerpolitische Schlussfolgerungen.

## 2 Steuerhinterziehung aus Sicht der Optimalsteuertheorie

Aus einer ökonomischen Perspektive lassen sich in einer Marktwirtschaft Eingriffe in das Wirtschaftsgeschehen rechtfertigen, wenn erstens der Preis seine Funktion des Ausgleichs von Angebot und Nachfrage nicht erfüllen kann und daher ein Markt entweder nicht zustande kommt oder nicht bzw. unzureichend funktioniert. Beispiele sind öffentliche Güter, externe Effekte oder asymmetrische Information (z. B. auf Versicherungsmärkten). Liegen derartige Situationen eines Marktversagens vor, lässt sich grundsätzlich die öffentliche anstelle der privaten Leistungserstellung begründen. Zweitens besteht die Aufgabe des Staates in einer Marktwirtschaft darin, Ergebnisse des Marktprozesses zu korrigieren, wenn sie ungerecht zustande kommen oder derart wahrgenommen werden.

Die staatliche Leistungserstellung erfordert die Erhebung von Steuern und Abgaben. Diese sollte so erfolgen, dass die Entscheidungen der Wirtschaftsakteure (Haushalte und Unternehmen) möglichst wenig beeinflusst und die Finanzierungslasten gerecht auf die Steuerzahler verteilt werden. Ersteres beschreibt das *Effizienz-*, Letzteres das *Gerechtigkeitsziel* der Besteuerung.[2] Wie sich diese Ziele

2 Zusätzlich ließe sich die Stabilisierungsfunktion der Besteuerung anführen. Demnach sollten konjunkturelle Ziele unterstützt werden, was etwa durch die antizyklische Ausgestaltung des

angesichts eines vorgegebenen Einnahmenbedarf des Staates erfüllen lassen, ist Gegenstand der *Optimalsteuertheorie*, welche auf Arbeiten der Nobelpreisträger Peter Diamond und James Mirrlees aus den 1970er Jahren basiert und mittlerweile für Ökonomen die Standardbetrachtung des Besteuerungsproblems repräsentiert (vgl. Diamond/Mirrlees, 1971a, b; Mirrlees, 1971, 1976; Atkinson/Stiglitz, 1976; einen umfassenden Überblick geben etwa Diamond/Saez, 2011, Boadway, 2012, oder Jacobs, 2013).

Zentral für die Optimalsteuertheorie ist die – auch empirisch breit abgestützte – Annahme, dass Steuerzahler auf eine Änderung der Steuerbelastung mit *Verhaltensanpassungen* reagieren. Eine Erhöhung des Lohnsteuersatzes bewirkt etwa ein geringeres Arbeitsangebot, indem Arbeit durch Freizeit substituiert, der Arbeitseinsatz vermindert oder schattenwirtschaftliche Aktivitäten intensiviert werden. Derartige Ausweichreaktionen beeinflussen die gesellschaftliche Wohlfahrt, welche sich aus der Summe individueller Nutzen zusammensetzt. Der Begriff des Nutzens ist dabei breit im Sinne aller Konsummöglichkeiten eines Individuums definiert, welche von (physischen) Konsumgütern bis zur Deckung nach Freizeitbedürfnissen oder dem Verlangen nach einer intakten Umwelt reichen. Ferner wird rationales Verhalten unterstellt, d.h., die Individuen maximieren ihren Nutzen unter einer Budgetbeschränkung. Individuelle Unterschiede ergeben sich lediglich in den Möglichkeiten der Einkommenserzielung, welche der Steuergesetzgeber naturgemäß nicht beobachten kann. Angesichts dieser asymmetrischen Information basiert die Besteuerung auf beobachtbare Größen wie Einkommen, Vermögen oder Konsum.

In der einfachsten Modellversion werden ein repräsentativer Haushalt und eine Regierung unterstellt, welche die gesellschaftliche Wohlfahrt unter einer Budgetrestriktion (vorgegebene Ausgabenhöhe) und der Beachtung möglicher Verhaltensanpassungen maximiert. Wenngleich sich mit dieser einfachen Betrachtung keine Fragen der Verteilungsgerechtigkeit beantworten lassen (alle Individuen sind identisch), ergeben sich bereits wichtige Rückschlüsse auf die Struktur eines effizienten Steuersystems. So lässt sich etwa zeigen, dass die Regierung Wohlfahrtsverluste minimiert, wenn sie stärker auf Steuern mit einer weniger elasti-

---

Steuersystems der Fall wäre. Die folgenden Ausführungen beziehen sich nur auf die allokativen und distributiven Ziele der Besteuerung und lassen jenes der konjunkturellen Steuerung ausgeklammert.

schen Bemessungsgrundlage zurückgreift. Dieses Ergebnis, auch als Ramsey-Regel bekannt (nach Ramsey, 1927), findet ihre Umsetzung in der Besteuerung von spezifischen Verbrauchsgütern, wonach Güter mit geringen Nachfrageelastizitäten (z.B. Zigaretten, Alkohol oder Benzin) häufig einer stärkeren Steuerbelastung unterzogen werden.

Im Vergleich zum einfachen Modell liefert die Annahme heterogener Steuerzahler mit unterschiedlichen Nutzen aus Konsummöglichkeiten reichhaltigere Ergebnisse. Die Regierung hat nunmehr neben dem Effizienz- ein Verteilungsziel zu beachten, welches sich aus der Aggregation von unterschiedlichen Nutzenpositionen ergibt. Die Gewichtung individueller Nutzen wird durch eine *Soziale Wohlfahrtsfunktion (SWF)* abgebildet, welche die gesellschaftlichen Vorstellungen über Verteilungsgerechtigkeit wiedergibt. Die Regierung maximiert den gesellschaftlichen Nutzen und kann dabei eine gleichmäßige Wohlfahrtsverteilung präferieren, indem sie in der SWF Individuen mit einem geringeren Nutzen ein höheres Gewicht beimisst. Welche Gestalt die SWF konkret annehmen *soll* (z.B. utilitaristisch oder rawlsianisch) wird allerdings offen gelassen und als vom Souverän zu beantwortende Wertungsfrage betrachtet.[3]

Aus der Wohlfahrtsmaximierung folgen steuerpolitisch wichtige Besteuerungsregeln, von denen an dieser Stelle nur zwei erwähnt seien. Erstens, dass Kapitalerträge prinzipiell zu besteuern sind, aufgrund von höheren Steuerausweichreaktionen jedoch mit geringeren Sätzen als für Lohneinkommen (Chamley, 1986, Judd, 1999, Mankiw et al., 2009, Diamond/Saez, 2011); zweitens, dass ein nichtlinearer (progressiver) Einkommensteuertarif einem proportionalen generell überlegen ist (vgl. Diamond, 1998, oder Saez, 2001). Abgesehen von der Frage der Steuerprogression betont die Optimalsteuertheorie, dass eine zu hohe Steuerbelastung massive Ausweichreaktionen auslösen und im Extremfall eine Senkung anstelle einer Erhöhung des Steueraufkommensnach sich ziehen kann (sog.

3 Dies schließt freilich nicht aus, dass der Staat Umverteilungsziele verfolgt, welche sich beispielsweise aus dem Leistungsfähigkeitsprinzip ergeben. Demnach ist eine Steuer gerecht, wenn Personen mit gleicher Leistungsfähigkeit (z.B. gemessen im Einkommen) identisch und solche mit unterschiedlicher Leistungsfähigkeit unterschiedlich besteuert werden (horizontale und vertikale Gerechtigkeit). Wird allerdings – wie häufig von Steuerjuristen unterstellt – das Leistungsfähigkeitsprinzip unabhängig von der Zielsetzung der Wohlfahrtsmaximierung verfolgt, entstehen Wohlfahrtsverluste und damit gesellschaftlich suboptimale Zustände (vgl. Kaplow/Shavell, 2002, Kaplow, 2008).

Laffer-Kurve; vgl. Laffer, 2004). Auch wenn in der Literatur umstritten ist, ab welchem Steuerniveau dies zutrifft, hat diese Erkenntnis ab den 1980er Jahren eine weltweite Senkung von Steuersätzen ausgelöst. Heute liegen diese durchwegs unter 50 %. Neuere Untersuchungen weisen indessen darauf hin, dass die optimalen Spitzensteuersätze weitaus höher - bei rund 75 % - sind (vgl. Piketty/Saez, 2013, Piketty et al., 2014).

Wie ist die Steuerhinterziehung aus einer optimalsteuertheoretischen Perspektive zu bewerten? Steuerhinterzieher entziehen - wie eingangs erwähnt - der Gesellschaft Ressourcen, die andernfalls für die Bereitstellung von öffentlichen Gütern oder Umverteilungszwecke zur Verfügung stünden. Versucht die Regierung, den Einnahmenausfall durch höhere Steuersätze zu kompensieren, gehen zusätzliche Steuerausweichreaktionen und weitere Wohlfahrtsverluste einher. Aus der Verteilungsperspektive bewirkt Steuerhinterziehung, dass die in der Wohlfahrtsfunktion enthaltenen Nutzenpositionen der Individuen nicht korrekt wiedergegeben werden und die Regierung daher nur mehr eine suboptimale Verteilungspolitik umsetzen kann. Zudem verletzt steuerunehrliches Verhalten den Grundsatz der Gleichmäßigkeit der Besteuerung (horizontale Leistungsfähigkeit) und könnte bei den Steuerehrlichen ein Gefühl der ungerechten Behandlung und damit künftige Ausweichreaktionen hervorrufen (vgl. Leonard/Zeckhauser, 1987). Freilich könnte die Regierung verstärkt Mittel in die Steuerkontrolle und -administration einsetzen. Dies hätte aber zusätzliche Ineffizienzen und ein weiteres Abweichen von der optimalen Umverteilungspolitik zur Folge (vgl. Boadway, 2012, 175).

Steuerhinterziehung verletzt somit gesellschaftliche Effizienz- und das Verteilungsziele, was umso problematischer ist, wenn das Steuersystem mit ihrer Komplexität Hinterziehungsmöglichkeiten schafft, welche systematisch von Steuerpflichtigen in höheren Einkommens- und Bildungsgruppen genutzt werden. Im Folgenden wird eine Untersuchung präsentiert, die diesen Zusammenhang für Österreich empirisch belegt.

# 3 Empirische Analyse

## 3.1 Datenbasis

Informationen über Steuerhinterziehung sind auf individueller Ebene naturgemäß kaum zugänglich. Im vorliegenden Beitrag wird ein Datensatz verwendet, der es erlaubt, für einen breiten Bevölkerungskreis und einen längeren Zeitraum steuerunehrliches Verhalten zu beobachten. Konkret wird die Inanspruchnahme der *Pendlerpauschale* analysiert. Diese soll Arbeitnehmer für Aufwendungen zwischen Wohnung und Arbeitsstätte finanziell kompensieren (§16 Abs. 1 Z6 EStG). Sie stellt im Bereich der Lohnsteuer den wichtigsten Abzugsposten von der Bemessungsgrundlage dar und kann entweder im Wege des (vom Arbeitgeber durchzuführenden) Lohnsteuerabzugs oder der Arbeitnehmerveranlagung am Jahresende durchgeführt werden. Letzteres trifft auf etwa 20% der österreichischen Steuerpflichtigen zu (Statistik Austria, 2009). In beiden Fällen basiert die Angabe der Pendlerpauschale auf einer Selbstangabe, welche mehr oder weniger kaum kontrolliert wird und daher breite Möglichkeiten der Steuerhinterziehung liefert(e).[4]

Die Höhe der Pendlerpauschale hängt von der tatsächlichen Fahrtdistanz und davon ab, ob die Verwendung eines öffentlichen Verkehrsmittels zumutbar ist.[5] Demnach unterscheidet man zwischen vier Distanzklassen (2–20 km, 20–40 km, 40–60 km und mehr als 60 km) und zwischen der kleinen und großen Pauschale. Die Zuteilung zu einer Distanzklasse erfolgt nicht nach der kürzesten, sondern der am sinnvollsten zurückzulegenden Fahrtstrecke (im Regelfall die schnellste Verkehrsroute; vgl. Doralt und Ruppe, 2012, 207).

Tabelle 1 gibt einen Überblick über Abzugsbeträge der Pendlerpauschale. Ein Steuerpflichtiger in der höchsten Distanzklasse bei gleichzeitiger Unzumutbarkeit eines öffentlichen Verkehrsmittels kann beispielsweise einen Betrag von 3.672 Euro (Stand 2012) von der Bemessungsgrundlage abziehen, was bei einem Grenzsteuersatz von 50% die Steuerlast um 1.836 Euro reduziert.

4 Seit 1.1.2014 wurde der sog. Pendlerrechner eingeführt, dessen Auszüge im Falle eines Bezugs der Pendlerpauschale nunmehr zwingend vorzulegen sind. Unehrliches Verhalten bezüglich dieses Steuerabzugs ist daher nahezu ausgeschlossen.

5 Ausführlich dazu www.bmf.gv.at/steuern/arbeitnehmer-pensionisten/pendlerpauschale/unzumutbarkeit-der-benuetzung-von-massenverkehrsmitteln.html (letzter Zugriff: 23.5.2014).

| Distanzklasse (in km) | Öffentliches Verkehrsmittel ... zumutbar Kleine Pauschale | nicht zumutbar Grosse Pauschale |
|---|---|---|
| 2 - 20 | | 372 |
| 20 - 40 | 696 | 1.476 |
| 40 - 60 | 1.356 | 2.568 |
| Mehr als 60 km | 2.016 | 3.672 |

Tabelle 1: Pendlerpauschale in Euro (2012)

Informationen über den Bezug der Pendlerpauschale stammen zunächst aus einem Datensatz des Bundesministeriums für Finanzen (BMF), welcher die Lohnzettel von etwa 3 Millionen Steuerpflichtigen über den Zeitraum 1995 bis 2005 (ca. 14,5 Millionen Beobachtungen) enthält. Neben dem Einkommen informiert der Datensatz auch darüber, welche der in Tabelle 1 ausgewiesenen Abzugsbeträge ein Steuerpflichtiger abruft. Der BMF-Datensatz wird mit Daten des Hauptverbandes der österreichischen Sozialversicherung verknüpft, sodass auf individueller Ebene zusätzlich der sozioökonomische Hintergrund und firmenspezifische Variablen, insbesondere die Postleitzahl der Arbeitsstätte, zur Verfügung stehen. Basierend auf den Postleitzahlen des Arbeits- und Wohnortes wird unter Verwendung eines geographischen Informationssystems (GIS) für jeden Steuerpflichtigen die tatsächliche Fahrtdistanz berechnet, was wiederum ermöglicht, den individuellen Hinterziehungsstatus der Steuerpflichtigen zu ermitteln.

Tabelle 2 gibt einen Überblick über die Zusammensetzung des Datensatzes. Insgesamt sind im Sample 723.509 Pendler (2.714.354 Beobachtungen) enthalten. Rund 30 % davon beziehen die kleine Pauschale. Für diese Kohorte ist es al-

| | Beobachtungen | Steuerzahler | % |
|---|---|---|---|
| *Gesamt* | *2.714.354* | *723.509* | |
| ... nach Distanzklasse (km) | 1.073.045 | 253.260 | 35,0 |
| 2 - 20 | 1.050.936 | 288.574 | 39,9 |
| 20 - 40 | 348.896 | 107.176 | 14,8 |
| 40 - 60 | 241.477 | 74.499 | 10,3 |
| Mehr als 60 | | | |
| ... nach Zumutbarkeit | | | |
| Grosse Pauschale | 1.917.690 | 506.622 | 70,0 |
| Kleine Pauschale | 796.664 | 216.887 | 30,0 |

Tabelle 2: Zusammensetzung des Datensatzes

lerdings nicht möglich, die tatsächlichen Kilometerdistanzen exakt zu bestimmen, da die Fahrtrouten der öffentlichen Verkehrsmittel häufig unbekannt sind oder über Umwege führen (insbesondere im ländlichen Raum). Die weitere empirische Analyse bezieht sich daher nur auf die große Pendlerpauschale, die auch vom Großteil der Steuerpflichtigen in Anspruch genommen wird (ca. 70 %).

Die tatsächlichen Fahrtstrecken, die mit einem GIS errechnet werden, beziehen sich auf Distanzen zwischen der Ortsmitte der Postleitzahl des Wohnortes und jener der Arbeitsstätte. Daraus ergibt sich eine Unschärfe, welche insbesondere in der Distanzklasse zwischen 2 und 20 km auftritt. Die Bezieher dieser Pauschale werden daher ebenso ausgeklammert, sodass die empirische Untersuchung auf die drei Distanzklassen 20 bis 40 km (rund 40 % der Steuerpflichtigen), 40 bis 60 km (ca. 15 %) und über 60 km (ca. 10 %) fokussiert.

### 3.2 Ausmaß der Steuerhinterziehung

Tabelle 3 beschreibt die Steuerhinterziehung über die in Tabelle 1 ausgewiesenen Distanzklassen der Pendlerpauschale. Die Angabe der Pauschale wird als unehrlich eingestuft, wenn die berechnete Fahrtstrecke die Untergrenze jener Distanzklasse unterschreitet, welche dem Arbeitgeber zur Inanspruchnahme der entsprechenden Pauschale bekannt gegeben wird. Eine Person wird beispielsweise bei der Pauschale von 20 bis 40 km als Steuerhinterzieher eingestuft, wenn sie eine Fahrtdistanz von (mindestens) 20 Kilometer angibt, die errechnete Kilometerstrecke jedoch geringer ist.

| | Distanzklasse (km) | | | alle |
|---|---|---|---|---|
| | 20–40 | 40–60 | > 60 | |
| *Anteil Steuerhinterziehung insgesamt* | 25,2 | 43,1 | 34,3 | 29,8 |
| *Anteil Steuerhinterziehung bei Distanz zur nächsthöheren Distanzklasse von …* | | | | |
| 10 km | 25,9 | 31,6 | 35,9 | 26,0 |
| 5 km | 42,9 | 45,4 | 44,5 | 43,5 |
| 2 km | 57,4 | 55,6 | 46,1 | 56,1 |

Tabelle 3: Steuerhinterziehung durch Pendlerpauschale (in %)

Tabelle 3 belegt, dass die Falschangabe der Pendlerpauschale offensichtlich weit verbreitet ist. Insgesamt ergibt sich eine Hinterziehungsrate von knapp 30%. Dieser Wert wird auch innerhalb der Distanzklassen nicht wesentlich unterschritten. Zusätzlich fällt auf, dass die Hinterziehung mit dem Kilometerabstand zu den nächsten Distanzklassen stark ansteigt. Dies lässt sich damit erklären, dass die Aufdeckungswahrscheinlichkeit bei geringeren Abständen zu den Distanzklassen abnimmt und somit ein höherer Anreiz für Steuerhinterziehung gegeben ist.

### 3.3 Einkommen, Bildung und Steuerhinterziehung

Aus der Gegenüberstellung der beantragten Pendlerpauschale und der berechneten, tatsächlichen Fahrtstrecke zwischen Wohn- und Arbeitsort ist für jeden Steuerpflichtigen im Datensatz der Hinterziehungsstatus bekannt. Zusätzlich enthält das Sample Informationen über den sozioökonomischen Hintergrund der Steuerpflichtigen bzw. betriebsspezifische Variablen des Unternehmens, in dem die Steuerpflichtigen beschäftigt sind.

Aus diesen Daten lässt sich ein nichtlineares Wahrscheinlichkeitsmodell schätzen, welchen den Hinterziehungsstatus als Funktion der folgenden Variablen erklärt: Alter (in Jahren), Geschlecht (Indikatorvariable, welche für Frauen einen Wert von 1 trägt), Ausbildung (1: Universitätsabschluss, 0: Sonstige), Status des Arbeitnehmers (0: Arbeiter, 1: Angestellte), Nationalität (1: Ausländer, 0: Inländer), Bruttoeinkommen, Firmengröße (gemessen an Anzahl der Arbeitnehmer) und der Anzahl von Steuerhinterziehern, welche in demselben Unternehmen wie die zu betrachtende Person beschäftigt sind. Zusätzlich werden in die Schätzgleichung vier Dummy-Variablen aufgenommen, welche für jede Distanzklasse den Kilometerabstand zur jeweiligen Klassengrenze und damit den Anreiz für unehrliches Verhalten messen.

Die Ergebnisse der empirischen Schätzung werden an anderer Stelle ausführlich wiedergegeben (Paetzold/Winner, 2014),[6] jedoch sei an dieser Stelle darauf hingewiesen, dass Einkommen und Bildung signifikant positiv sind und daher ein systematischer Zusammenhang zwischen Hinterziehungsverhalten und Ein-

6 Ökonometrisch wird ein binäres Entscheidungsmodell, der eine Standard-Normalverteilung zugrunde gelegt wird (sog. Probit-Modell). Weitere ökonometrischen Details der Schätzung finden sich in Paetzold und Winner (2014).

kommen (bzw. Bildung) unterstellt werden kann. Die folgenden Ausführungen sollen einen Eindruck darüber vermitteln, wie bedeutsam diese Effekte quantitativ sind.

Aus dem Wahrscheinlichkeitsmodell lassen sich Strukturparameter ableiten, die im Kontext der vorliegenden Untersuchung dazu verwendet werden, für unterschiedliche Einkommenshöhen und Bildungsgrade eine Prognose der Hinterziehungswahrscheinlichkeiten zu berechnen. Abbildung 1 illustriert diese graphisch. Auf der Ordinate sind geschätzte Hinterziehungswahrscheinlichkeiten abgetragen, auf der Abszisse befindet sich das Brutto-Jahreseinkommen in Tausend Euro.

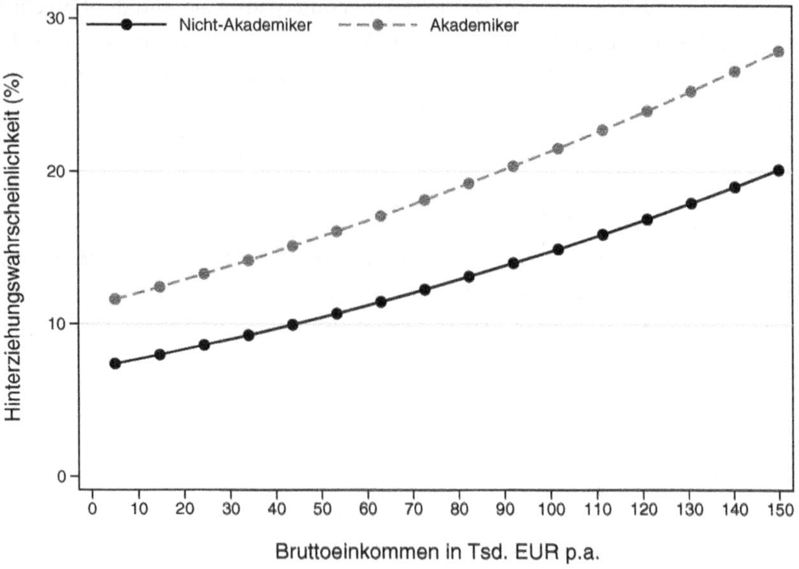


Abbildung 1: Steuerhinterziehung, Einkommen und Bildung

Aus der Abbildung geht hervor, dass die Hinterziehungswahrscheinlichkeit mit dem Einkommen leicht überproportional zunimmt. Beträgt beispielsweise die Hinterziehungswahrscheinlichkeit bei einem Einkommen von 20.000 Euro etwas mehr als 8 %, liegt diese bei einem Jahreseinkommen von 100.000 schon bei 15 % und bei einem Gehalt von 150.000 Euro bei 20 %. Der Bildungsgrad – hier gemessen im Akademikerstatus als höchsten Bildungsabschluss – verschiebt diese Funktion deutlich nach oben. In unteren Einkommenskohorten liegt diese bei etwa fünf Prozentpunkten, in den oberen Einkommensgruppen schon bei knapp acht Prozentpunkten, was auf einen überproportionalen Einfluss der Bildung auf die Hinterziehungswahrscheinlichkeit hinweist. In der Einkommensklasse von 150.000 Euro hat demnach ein Akademiker eine (prognostizierte) Hinterziehungswahrscheinlichkeit von fast 30 %.

Die Ergebnisse von Abbildung 1 legen insgesamt nahe, dass Einkommen und Bildung die beobachtete Steuerhinterziehung nicht nur signifikant erklären, sondern auch quantitativ ins Gewicht fallen und daher ein systematischer Einfluss dieser beiden Größen vorliegt.

## 4 Schlussfolgerungen

Im vorliegenden Beitrag wird anhand eines umfangreichen Individualdatensatzes österreichischer Steuerpflichtiger gezeigt, dass Steuerhinterziehung weit verbreitet ist und systematisch durch Einkommen und Bildung beeinflusst wird. Beides führt zu Ineffizienzen, Ungerechtigkeit und einer Unterminierung der staatlichen Umverteilungspolitik. Diese Evidenz bezieht sich auf den Bezug der Pendlerpauschale im Rahmen der Lohnsteuer, welche, gemessen an anderen Einkunftsarten (z. B. Einkünften aus Gewerbebetrieb oder Vermietung und Verpachtung), nur geringe Ausweichmöglichkeiten zulässt. Das hier vorgestellte Ausmaß der Steuerunehrlichkeit dürfte daher nur eine konservative Schätzung des tatsächlichen Hinterziehungsverhaltens repräsentieren.

Welche Schlussfolgerungen lassen sich daraus für die Steuerpolitik ziehen? Naheliegend und im Einklang mit der Steuerhinterziehungstheorie ist, erstens, dass auf den Steuervollzug stärkeres Augenmerk zu richten ist. Dies betrifft einerseits die Aufdeckungswahrscheinlichkeit und andererseits das Strafausmaß bei entdeckter Hinterziehung. Zweitens ist die umfangreiche und gleichermaßen systematische Steuerumgehung wesentlich durch die Komplexität des Steuersystems begünstigt. Eine Abschaffung bzw. wenigstens die Hinterfragung von Ausnahme- und Sonderregelungen der Einkommensteuer könnte daher beitragen, Effizienz und Gerechtigkeit der Besteuerung stärker herzustellen. Schließlich lässt sich aus der Optimalsteuertheorie folgern, dass Steuerausweichreaktionen – und im Extremfall -hinterziehung – mit der Höhe der Steuerbelastung zunehmen. Der starke Umfang der Hinterziehung lässt u. U. darauf schließen, dass die Steuerbelastung schon zu hoch ist und aus dieser Perspektive die Einführung von neuen oder die Erhöhung von bestehenden Steuern wahrscheinlich wenig beitragen werden, das Steuersystem effizienter und gerechter zu machen.

## 5 Literatur

Atkinson, Anthony B. und Joseph Stiglitz. 1976. The design of tax structure: direct versus indirect taxation. *Journal of Public Economics* 6: 55–75.

Boadway, Robin. 2012. *From Optimal Tax Theory to Tax Policy*. Cambridge, MA: MIT Press.

Chamley, Christophe. 1986. Optimal taxation of capital income in general equilibrium with infinite lives. *Econometrica* 54: 607–622.

Diamond, Peter A. 1998. Optimal income taxation: An example with a U-shaped pattern of optimal marginal tax rates. *American Economic Review* 88: 83–95.

Diamond, Peter A. und James A. Mirrlees. 1971a. Optimal taxation and public production I: Production efficiency. *American Economic Review* 61: 8–27.

Diamond, Peter A. und James A. Mirrlees. 1971b. Optimal taxation and public production II: Tax rules. *American Economic Review* 61: 261–278.

Diamond, Peter A. und Emmanuel Saez. 2011. The case for a progressive tax: From basic research to policy recommendations. *Journal of Economic Perspectives* 25: 165–190.

Doralt, Werner und Hans Georg Ruppe. 2012. *Steuerrecht, Band* 1. Wien: Manz'sche Verlags- und Universitätsbuchhandlung.

Jacobs, Bas. 2013. From optimal tax theory to applied tax policy. *Finanzarchiv* 69: 338–389.

Judd, Kenneth L. 1999. Optimal taxation and spending in general competitive growth models. *Journal of Public Economics* 71, 1–26.

Kaplow, Louis. 2008. *The Theory of Taxation and Public Economics*. Princeton, NJ: Princeton University Press.

Kaplow, Louis and Steven Shavell. 2002. *Fairness versus Welfare*. Cambridge, MA: Harvard University Press.

Kleven, Henrik Jacobsen, Knudsen, Martin B., Kreiner, Claus Thustrup, Pedersen, Søren und Emmanuel Saez. 2011. Unwilling or unable to cheat? Evidence from a tax audit experiment in Denmark, *Econometrica* 79, 651–692.

Laffer, Arthur B. 2004. The Laffer curve. Past, present, and future. Backgrounder 1765, *The Heritage Foundation*, 1–16.

Leonard, Herman B. und Richard J. Zeckhauser. 1987. Amnesty, enforcement, and tax policy. *Tax Policy and the Economy* 1: 55–86.

Mankiw, Gregory N., Weinzierl, Matthew und Denny Yagan. 2009. Optimal taxation in theory and practice. *Journal of Economic Perspectives* 23: 147–174.

Mirrlees, James A. 1971. An exploration in the theory of optimum income taxation. *Review of Economic Statistics* 38, 175–208.

Mirrlees, James A. 1976. Optimal tax theory: A synthesis. *Journal of Public Economics* 6: 327–358.

Paetzold, Jörg und Hannes Winner. 2014. Unwilling, unable or uninformed to cheat? Evidence on evasion spillovers via self-reporting in Austria. *Unveröffentlichtes Manuskript*. Universität Salzburg.

Piketty, Thomas und Emmanuel Saez. 2013. A theory of optimal inheritance taxation. *Econometrica* 81: 1851–1886.

Piketty, Thomas, Saez, Emmanuel und Stefanie Stantcheva. 2014. Optimal taxation of top labor incomes: A tale of three elasticities. *American Economic Journal: Economic Policy* 6: 230–271.

Ramsey, Frank. 1927. A contribution to the theory of taxation. *Economic Journal* 37, 47–61.

Saez, Emmanuel. 2001. Using elasticities to derive optimal income tax rates. *Review of Economic Studies* 68: 205–229.

Statistik Austria. 2009. *Statistik der Lohnsteuer* 2008, Wien: Verlag Österreich.

Tipke, Klaus und Joachim Lang. 2010. *Steuerrecht*, 21. Auflage. Köln: Verlag Dr. Otto Schmidt.

# Kommentar: Zur (gewandelten) Bedeutung von Fairness und Fairplay im Arbeits- und Sozialrecht

Walter J. Pfeil

## 1 Einleitung

Der vorstehende Beitrag hat deutlich gemacht, dass die Neigung zu Steuerhinterziehung wesentlich mit der Einkommens- und Bildungssituation zusammenhängt. Das könnte zumindest zweierlei bedeuten: Zum einen, dass wirtschaftlich und sozial Bessergestellte sich gesellschaftlicher Fairness und Fairplay weniger verpflichtet fühlen. Zum anderen, dass sie die Rahmenbedingungen selbst als nicht (ausreichend) fair empfinden und daher – zumal unter Ausnutzung ihrer besseren Gestaltungsmöglichkeiten – nicht einhalten. Der Effekt ist jedoch stets derselbe: Der angestrebte gesellschaftliche Ausgleich funktioniert nicht.

Darin läge eigentlich eine der *Hauptfunktionen* von Recht. Neben einem geordneten Ausgleich unterschiedlicher Interessen dienen staatliche Normen oft auch der Eröffnung von mehr Chancengleichheit und nicht zuletzt dem Schutz von Schwächeren. Deren Absicherung ist – gerade in einem Gesellschaftsmodell, das auf Privatautonomie setzt – eine wesentliche Voraussetzung dafür, dass es überhaupt zu einem fairen Umgang zwischen den jeweiligen AkteurInnen kommen kann.

Das *Arbeitsrecht* und das Sozialrecht sind klassische Beispiele dafür, dass staatliche, rechtlich formierte Vorgaben vor allem auf die Gewährleistung von Fairness und Fairplay abzielen. Das strukturelle Ungleichgewicht zwischen jenen, die ihre Arbeitskraft zur Verfügung stellen (aber trotzdem ArbeitnehmerInnen/AN genannt werden), und jenen, die diese Arbeitskraft für ihre Zwecke nutzen (Arbeitgeber/AG genannt), und der daraus resultierende *Interessengegensatz* soll auf verschiedenen Ebenen ausgeglichen werden: Nur ausnahmsweise interveniert der Staat direkt,[1] viel häufiger werden Mindeststandards für die Gestaltung der

1 Wie im AN-Schutzrecht, das hoheitlich organisiert ist, und über Behörden (wie dem Arbeitsinspektorat) und Verwaltungsstrafen durchgesetzt werden kann.

AG/AN-Beziehung normiert, die regelmäßig nur zu Gunsten der AN abgeändert werden können. Besonders charakteristisch für das Arbeitsrecht ist die – vom Staat ermöglichte – *kollektive* Interessenvertretung, die mit einer eigenen, sonst Parlamenten oder Behörden vorbehaltenen *Rechtsetzungsbefugnis* (in Form von Kollektivverträgen oder Betriebsvereinbarungen) verbunden ist.

Im *Sozialrecht* geht es um (die Schaffung eines Rahmens für) einen *Solidarausgleich* zur Bewältigung an sich individueller Risiken wie Krankheit, Alter oder Pflegebedürftigkeit, die dadurch zu „sozialen" Risiken werden. Die Finanzierung dieses Ausgleichs erfolgt teils durch Steuern, überwiegend aber durch verpflichtende Versicherungsbeiträge, an denen auch die AG einen Anteil tragen müssen.

Werden diese nicht entrichtet oder arbeitsrechtliche Mindeststandards nicht eingehalten, wird das Fairplay aber nicht nur gegenüber den jeweiligen Einzelpersonen verletzt: Im Arbeitsrecht sind zunächst die AN benachteiligt, denen der zwingende Mindestanspruch etwa auf Urlaub oder Entgelt vorenthalten wird. Diese Standards schützen aber auch die anderen AG, die darauf vertrauen dürfen, dass ihre MitbewerberInnen mit den gleichen (insofern also kartellierten) Personalkosten kalkulieren müssen. Sie dienen also ebenso der Gewährleistung eines *fairen Wettbewerbs.* Wird dieser nicht eingehalten, sind auch die AN betroffen, die bei seriösen AG beschäftigt sind. Die Gefährdung ihrer Arbeitsplätze führt wiederum zu einem Ausfall von Steuereinnahmen und Sozialversicherungsbeiträgen. Die „Dummen" sind dann, wie in den Fällen, in denen diese Beiträge nicht (im gebotenen Ausmaß) geleistet oder Steuern hinterzogen werden, die SteuerzahlerInnen bzw. die Versichertengemeinschaft in der Sozialversicherung.

Fairness und Fairplay im Arbeits- und Sozialrecht haben somit auch eine wesentliche *gesellschaftliche Dimension.* Anknüpfend an den vorstehenden Beitrag sollen in der Folge ein paar – naturgemäß subjektiv ausgewählte und zugespitzte – Beispiele dafür gebracht werden, wie das System in letzter Zeit mit Ungerechtigkeiten umgeht. Diese erwecken den Eindruck, dass Fairness und Fairplay zumindest zum Teil „neu definiert" werden, geben aber auch Anlass zur Sorge, dass es auch hier zu mehr bzw. neuen Ungerechtigkeiten im oder gar mit System kommt.

## 2 Beispiel a: Lohn- und Sozialdumping

Während die arbeitsrechtliche Entwicklung lange von sozialpolitischem Fortschritt – im Sinne von „Verteilung eines wachsenden Kuchens“ – geprägt war, sind die jüngeren Aktivitäten meist *defensiv* bzw. nur *reaktiv*. Das hängt nicht zuletzt mit dem zunehmend „globalisierten“ oder zumindest „europäisierten“ Wettbewerb zusammen, der die nationalen Spielräume verringert. So macht Europa die Anpassung staatlicher Regelungen an Vorgaben des Unionsrechts erforderlich.[2] Dieses hat aber – indirekt – auch Maßnahmen zur Abfederung der (befürchteten) negativen Auswirkungen der stärkeren Internationalisierung zur Folge.

Besonders groß war und ist die Sorge vor „Lohn- und Sozialdumping“ durch Arbeitskräfte, die im Rahmen der Erweiterung der EU aus Staaten mit niedrigeren Sozialstandards auf den heimischen Arbeitsmarkt drängen und die Position der hier bereits Beschäftigten untergraben. Während der befürchtete große Zustrom auf Grund dieser AN-Freizügigkeit ausgeblieben ist, ist Druck vor allem dadurch entstanden, dass zahlreiche (zum Teil sogar nur deswegen dort gegründete) Unternehmen aus anderen Mitgliedstaaten unter Berufung auf die *EU-Dienstleistungsfreiheit* Aufträge in Österreich übernommen haben, die sie mit AN erfüllen, für die an sich die niedrigen Standards im Herkunftsland gelten. Diesem zumindest aus Sicht der reicheren Mitgliedstaaten unfairen Wettbewerbsvorteil soll durch unionsrechtliche wie innerstaatliche Vorschriften begegnet werden.[3] Danach gelten bei einem gewöhnlichen Arbeitsort in Österreich ebenso wie für die Dauer einer Entsendung hierher die heimischen Mindestlöhne, Urlaubs- oder Arbeitszeitregelungen usw. Die daraus resultierenden Ansprüche müssen aber letztlich (nach der Rückkehr) im Herkunftsstaat durchgesetzt werden. Dazu dürfte es meist nicht kommen, sei es aus Unkenntnis dieser Rech-

2 Arbeitsrechtlich besonders markant sind hier die Regelungen der Auswirkungen von *Betriebsübergängen* auf bestehende Arbeitsverhältnisse (vgl. §§ 3ff. Arbeitsvertragsrechts-Anpassungsgesetz/AVRAG) sowie jene zur Vermeidung von *Diskriminierungen* etwa wegen des Alters, der Weltanschauung, ethnischen Zugehörigkeit oder sexuellen Orientierung (vgl §§ 16ff. Gleichbehandlungsgesetz/GlBG).

3 Vgl insb. die Entsenderichtlinie (RL 96/71/EG) und die Rom-I-Verordnung (VO 593/2008), die regelt, welches Recht bei grenzüberschreitenden Sachverhalten anzuwenden ist, näher Pfeil, 2008.

te, sei es – wie häufig auch bei rein inländischen Sachverhalten – aus der Sorge, dann den Arbeitsplatz zu verlieren.

Im Rahmen eines eigenen *Lohn- und Sozialdumping-Bekämpfungsgesetzes*[4] wurden daher *hoheitliche* Maßnahmen (insb. Kontrollen durch die Finanzpolizei und empfindliche Verwaltungsstrafen) bei Rechtsverletzungen vorgesehen, gegen die bisher nur die betroffenen AN (z.B. bei Nichtzahlung des gebührenden Entgelts) auf dem Gerichtsweg vorgehen konnten. Diese Vorkehrungen dürfen aber nach Unionsrecht nicht zu einer Einschränkung der Dienstleistungsfreiheit führen und müssen daher gleichermaßen aus- wie inländische Unternehmen erfassen. Diese wollte man aber offenbar doch nicht so hart treffen und hat daher nur die Unterschreitung des „Grundlohns“, nicht aber der etwa in der Bauwirtschaft so wichtigen Zulagen, mit Strafe bedroht, von welcher im Übrigen abgesehen werden kann, wenn die Differenz rechtzeitig nachgezahlt wird. Andererseits finden sich einige überschießende Regelungen, die kaum mit der Dienstleistungsfreiheit vereinbar scheinen (näher Firlei, 2012).

Dazu zählt die „Sicherheitsleistung“, die bei begründetem Verdacht einer Grundlohnunterschreitung durch den (meist ausländischen) AG von der Behörde vom inländischen Auftraggeber verlangt werden kann, und zwar bis zur Höhe des Entgelts, das dieser für die Erfüllung des Auftrages zahlen soll. Diese Regelung dient offenkundig viel weniger der Besicherung einer allfälligen Verwaltungsstrafe als der *Abschreckung*, möglichst keine (unseriösen) ausländischen Dienstleister heranzuziehen (auch dazu Firlei, 2012).

Diese Wirkung könnte auch eine schon länger im Sozialversicherungsrecht bestehende und ebenfalls komplexe Regelung haben, durch die eine Hinterziehung von Sozialversicherungsbeiträgen durch dubiose Subunternehmer (egal ob aus dem In- oder Ausland) in der Bauwirtschaft verhindert werden soll. Für diese Beiträge haftet dann der *Generalunternehmer*, es sei denn, er bedient sich eines nachweislich seriösen Partners oder übernimmt dessen Beitragspflichten selbst.[5] Das Schutzobjekt dieser Konstruktion ist aber mit der Sicherstellung der Beiträge, die der Versichertengemeinschaft gebühren, viel klarer auszumachen, und

---

4 Bundesgesetzblatt (BGBl) I 2011/24, die wichtigsten Regelungen finden sich nun in den §§ 7d ff. AVRAG.

5 Vgl §§ 67a ff Allgemeines Sozialversicherungsgesetz/ASVG, näher dazu Rebhahn, 2013.

berührt insofern auch keinen Interessenkonflikt, als für die Beitragsentrichtung AN wie (seriöse) AG verantwortlich sind.

## 3 Beispiel b: Flucht aus dem Arbeitsrecht

Dass sozialrechtliche Reaktionen auf „unfaire" Entwicklungen offenbar leichter zu finden sind, zeigen auch andere Beispiele. So ist seit langem eine „Flucht aus dem Arbeitsrecht" zu beobachten, die sich nicht in der (illegalen) Nichtbeachtung von Mindeststandards niederschlägt, sondern in vielfältigen (meist legalen) *Ausweichstrategien* (grundlegend dazu für Österreich Firlei, 1987). Besonders beliebt ist es, die Arbeitsleistung anders zu organisieren und damit dem Anwendungsbereich des Arbeitsrechts zu entkommen, das primär auf ein Tätigwerden in *persönlicher Abhängigkeit* (insb. in Bindung an zeitliche, örtliche und inhaltliche Vorgaben) abstellt. Werden die Arbeitsleistungen dagegen in größerer Freiheit erbracht und kann sich die betreffende Person vielleicht sogar vertreten lassen, liegt eventuell ein „freier Dienstvertrag" vor, dominiert der Ausbildungscharakter, handelt es sich vielleicht um ein „Praktikum". Für solche Konstruktionen fehlen meist Regelungen, es gibt daher kein Mindestentgelt oder -urlaub, keinen Arbeitszeit- oder Kündigungsschutz, keine Entgeltfortzahlung bei Krankheit usw.

In der Sozialversicherung sind diese Beschäftigungsformen sehr wohl erfasst. Sowohl freie Dienstverträge als auch Praktika o.Ä. sind – und zwar grundsätzlich im gleichem Ausmaß wie „echte" AN – *sozialversicherungspflichtig*. Damit ist aber nicht nur sichergestellt, dass Beiträge auf Basis der aus der jeweiligen Tätigkeit erzielten Einkünfte entrichtet werden. Beitragszahlungen vermitteln entsprechend dem Wesen einer Versicherung regelmäßig auch Leistungsansprüche. Das bedeutet etwa, dass freie DienstnehmerInnen, die erkranken, keine Entgeltfortzahlung von ihren „Beschäftigern" beanspruchen können, sondern sogleich[6] *Krankengeld* aus der Krankenversicherung.

Dass es dieses Netz gibt, ist grundsätzlich ebenso zu begrüßen wie die Erfassung von solchen „Leider-nicht-AN" in der Arbeitslosenversicherung. Derartige sozialrechtliche Vorkehrungen verstärken aber durchaus – und zwar auch für die

6 Bei AN ruht der Krankengeldanspruch, solange noch arbeitsrechtliche Entgeltfortzahlung geleistet wird, vgl § 143 ASVG, ansonsten setzt er am vierten Tag der krankheitsbedingten Arbeitsunfähigkeit ein.

Beschäftigten selbst – den Anreiz, die Tätigkeit nicht als Arbeitsverhältnis zu organisieren. Im Ergebnis läuft das oft auf das genau das Gegenteil von Fairness und Fairplay darstellende Prinzip einer „Privatisierung der Vorteile bzw. Gewinne bei Sozialisierung der Risiken" hinaus.

In genau dieselbe Kerbe schlagen zunehmend häufiger zu beobachtende Strategien, zwar Arbeitsverhältnisse zu vereinbaren, aber dort anfallende „Stehzeiten" auszulagern. Dabei geht es etwa wieder um die „Nutzung" des Krankengeldes, wenn der AN-Anspruch auf Entgeltfortzahlung bei Erkrankung, der nicht durch Beendigung des Arbeitsverhältnisses durch den AG verkürzt werden darf,[7] durch einvernehmliche Auflösung unterlaufen wird. Die dafür notwendige Zustimmung des AN wird vielfach dadurch zu gewinnen sein, dass ihm eine Wiedereinstellung in Aussicht gestellt wird, sobald er wieder fit ist. Ganz ähnlich ist die Situation bei den sogenannten „Aussetzungsverträgen", die eine Unterbrechung des Arbeitsverhältnisses während der toten Saison oder auch bei Auftragsmangel beinhalten und das Entgeltrisiko auf die Arbeitslosenversicherung abwälzen (dazu Mayer/Pfeil, 2009).

## 4 Beispiel c: Frühpensionen

In der *Pensionsversicherung*, die – nicht zuletzt wegen der Summen, die hier zur Debatte stehen, sowie angesichts der demografischen Entwicklung – wesentlich höhere öffentliche Aufmerksamkeit genießt, versucht man seit einiger Zeit „sozialrechtliche Anreize" für die Beendigung von Arbeitsverhältnissen abzubauen. Auch wenn die Darstellung als „Frühpensionsparadies" meist zu undifferenziert war, ist nicht zu verleugnen, dass das durchschnittliche *Pensionsantrittsalter* in Österreich trotz jüngster Steigerungen immer noch stark vom gesetzlichen Regelpensionsalter (65/60) abweicht und die Beschäftigungsquote der Bevölkerungsgruppe 55+ deutlich unter dem EU-Schnitt liegt.[8]

---

7 Vgl. nur § 9 Abs. 1 Angestelltengesetz/AngG.

8 Das durchschnittliche Pensionszugangsalter lag 2013 bei den Männern bei 59,6 (nur Alterspensionen: 62,8), bei den Frauen bei 57,5 (nur Alterspensionen: 59,3) Jahren (Fact-Sheet-Pensionen, Juli 2014). Die Beschäftigungsquote lag nach Eurostat für 2013 in Österreich bei 44,9 %, im EU-Schnitt dagegen bei 50,1 % der 55 bis 64-Jährigen, Spitzenreiter ist Schweden mit 73,6 %.

Der Erhöhung des tatsächlichen Pensionsantrittsalters hat schon die sukzessive Abschaffung der vorzeitigen Alterspensionen gedient. Diese Wirkung wurde freilich verzögert, weil andere Möglichkeiten einer Frühpension eröffnet wurden,[9] oder sogar ins Gegenteil verkehrt, weil zusätzliche Anreize für einen vorzeitigen Ausstieg geschaffen wurden.[10] Seit kurzem ist der Zugang zu Pensionen bei *Invalidität* bzw. *Berufsunfähigkeit* wesentlich erschwert, insbesondere weil Versicherte der Jahrgänge 1964 und jünger statt der Pension auf Rehabilitationsmaßnahmen verwiesen werden und in dieser Zeit (bei medizinischer Reha) Rehabilitationsgeld aus der Krankenversicherung oder (bei beruflicher Reha) Umschulungsgeld aus der Arbeitslosenversicherung erhalten (näher *Pfeil*, 2013a).

Im Prinzip ist der Ansatz *Rehabilitation vor Pension* richtig, ohne entsprechende *Flankierungen* im Arbeitsrecht und in der Arbeitswelt wird daraus aber kaum mehr werden als eine statistisch-kosmetische Verschiebung von Menschen mit eingeschränkter Arbeitsfähigkeit von der Pensionsversicherung in andere Systeme. Es bedürfte vielmehr insbesondere verstärkter betrieblicher Gesundheitsförderung, eines besseren Kündigungsschutzes für ältere AN, aber auch zusätzlicher Anreize für AG, diese (weiter) zu beschäftigen, indem etwa das Alter eines AN nicht mehr zwangsläufig zu (teilweise deutlich) höheren arbeitsrechtlichen Ansprüchen führt.

Eine nachhaltige Sicherung der Finanzierung der Pensionen wird allerdings damit allein ebenso wenig erreicht werden können wie durch (die Hoffnung auf) stärkeres Wirtschaftswachstum. Fairness und Fairplay könnten in diesem Zusammenhang auch bedeuten, dass bisherige Tabus angegangen werden: Dazu gehört wohl eine – angesichts der gestiegenen Lebenserwartung nicht in Frage zu stellende – baldige *Erhöhung des gesetzlichen Pensionsantrittsalters*, auch bei den Frauen. Auch der „Schutz wohlerworbener Rechte" bereits in Pension oder kurz davor[11] stehender Versicherter ist zu relativieren, ist doch nicht zu rechtfertigen, warum die Jüngeren im Rahmen des „Generationenvertrags" sofort die

9 Konkret die (ab 62 mögliche) Korridor- bzw die (ab 60 mögliche) Schwerarbeitspension nach § 4 Abs 2 und 3 Allgemeines Pensionsgesetz/APG.

10 Insb. durch die begünstigten vorzeitigen Pensionsmöglichkeiten für Langzeitversicherte, allgemein als „Hacklerregelung" bekannt.

11 Bei den beiden letzten großen Reformen waren das freilich jeweils schon die gerade 50-Jährigen!

Hauptlast tragen sollen, aber selbst dann mit wesentlich geringeren Leistungen rechnen dürfen.

## 5 Beispiel d: 24-Stunden-Betreuung

Ausgangspunkt für dieses letzte Beispiel für die Wandelbarkeit des Verständnisses von Fairness/Fairplay ist der Umstand, dass die Gesellschaften älter werden und (daher auch) mehr Menschen der Pflege und Betreuung bedürfen. Auf der anderen Seite stehen geänderte Familienstrukturen und die in der Arbeitswelt zunehmend geforderte Mobilität und Flexibilität einer Übernahme dieser Aufgaben im familiären Kontext entgegen.

Auch die Gewährleistung der erforderlichen Hilfe durch Unterbringung in Heimen ist freilich teuer und oft unerwünscht. Der Kostenfaktor spricht häufig ebenso gegen professionelle soziale Dienste, die eine Betreuung zu Hause ermöglichen würden. Das Pflegegeld könnte hier zwar zur Finanzierung beitragen, deckt aber nur einen Bruchteil des tatsächlichen Aufwands und ist zudem vielfach als Einkommensquelle für wirtschaftlich schwache Haushalte unverzichtbar. Andererseits ist das Pflegegeld nicht zweckgebunden. Es liegt daher nahe, auf *billige Betreuungskräfte aus dem Ausland* zurückzugreifen, insbesondere wenn eine Rund-um-die-Uhr-Betreuung gewünscht ist.

Anders als beim Lohn- und Sozialdumping wurden hier aber nicht zusätzliche Hürden errichtet, sondern diese – ohne „Rücksicht auf Verluste" – aus dem Weg geräumt. Zunächst wurde versucht, die hier bestehenden, an sich illegalen Beschäftigungsverhältnisse zu sanieren.[12] Dann wurden Regelungen geschaffen, die ein Sonderarbeits(zeit)recht etablieren, das sonst unvorstellbar wäre.[13] Auf dieses braucht aber nicht zurückgegriffen werden, weil die Tätigkeit der 24-Stunden-Betreuung auch *selbständig* ausgeübt werden kann.[14] Das ist in der Praxis sogar die Regel, obwohl diese Tätigkeit eigentlich alle Merkmale eines Arbeitsverhältnisses (Bindung an Arbeitszeit und Arbeitsort, kaum Möglichkeit zur selbständi-

12 „Höhepunkt" war hier das Pflege-Verfassungsgesetz (BGBl I 2008/43), das bei rechtzeitiger nachträglicher Anmeldung Beitrags- und Nachforderungen ebenso ausschloss wie die sonst drohenden Verwaltungsstrafen.

13 So werden im Hausbetreuungsgesetz/HBeG im Ergebnis Arbeitszeiten von bis zu 21 Stunden täglich für 14 Tage hintereinander zugelassen.

14 Als sogenannte Personenbetreuung nach § 159 Gewerbeordnung/GewO.

gen Gestaltung der Abläufe) aufweist und die Konstruktion sonst wohl als „Flucht" (s oben 3.) gebrandmarkt würde.

Nun steht außer Frage, dass pflegebedürftige Menschen (oder deren Angehörige), die sich auch sonst kein Hauspersonal leisten können, nicht in eine AG-Rolle gezwungen und z.B. zur Zahlung von Entgelt auch bei krankheits- oder urlaubsbedingter Abwesenheit der Betreuungskraft bzw. von Beiträgen zur Sozialversicherung verpflichtet werden sollen. Dieser besonderen Schutzbedürftigkeit aber nicht durch saubere Lösungen, sondern auf Kosten von (nahezu ausschließlich) ausländischen und weiblichen Betreuungskräften Rechnung zu tragen, ist schäbig.

Dazu kommt noch die Schieflage, dass für dieses Modell öffentliche Förderungen ohne Vermögenseinsatz und mit großzügigen Einkommensfreigrenzen vorgesehen sind,[15] während andere Pflegebedürftige fast ihr gesamtes Einkommen einsetzen und auch ihr Vermögen verwerten müssen, um eine ähnliche Betreuung zu erlangen: Das gilt namentlich für Personen, die nicht über ausreichend Wohnraum verfügen, um die jeweilige Betreuungskraft aufzunehmen (was aber konstitutive Voraussetzung für dieses Modell ist), und für die es – oft deshalb – nur die Alternative Heim gibt (vgl. Pfeil, 2013b).

## 6 Resümee

Fairness und Fairplay in einer Gesellschaft haben zwangsläufig auch mit Fragen der *Verteilung von Ressourcen und Chancen* zu tun. Ob diese funktioniert und inwieweit es nicht einer korrigierenden Umverteilung bedarf, ist nicht zuletzt vom gesellschaftlichen Konsens und den diesen prägenden Machtverhältnissen abhängig. Das gilt in besonderem Maße für den gesellschaftlichen Ausgleich, der im und durch das Arbeits- und Sozialrecht bewirkt werden soll.

Die vorstehenden Beispiele legen den Schluss nahe, dass dieser *Grundkonsens* zunehmend *brüchiger* wird und sich *Partikularinteressen* leichter und häufiger durchsetzen. Der für die Ausgestaltung der (rechtlichen) Rahmenbedingungen primär verantwortlichen Politik scheinen Gestaltungswille und Gestaltungskraft

15 Vgl. die Unterstützungen nach § 21b Bundespflegegeldgesetz/BPGG und die darauf gestützten Richtlinien www.sozialministerium.at/cms/site/attachments/5/9/3/CH2219/CMS1256636985496/rl_aktuell09_calibri12.pdf).

verloren zu gehen. Auch wenn man einräumen muss, dass sich Strukturen geändert haben und alte Muster nicht mehr passen, ist doch schwer zu verstehen, dass zunehmend faule Kompromisse gefunden werden und es vermehrt zu bloßen Schnellschüssen oder Scheinlösungen kommt.

So wird man Lohn- und Sozialdumping nicht (vorrangig) auf nationaler Ebene, sondern viel eher durch international gültige Mindeststandards eindämmen können. Die Flucht aus dem Arbeitsrecht wird wohl eher durch eine Verbreiterung (allenfalls etwas reduzierter) Mindeststandards als durch ein Ausweichen auf kompensatorische Sozialleistungen zu bremsen sein. Zur Lösung der Pensionsprobleme sollte stärker auf eine Verbesserung der Beschäftigungsmöglichkeiten Älterer und Erschließung zusätzlicher Finanzierungsmöglichkeiten und weniger auf weitere Kürzungen bei Aktiven wie PensionistInnen gesetzt werden. Und schließlich wird die Herausforderung Pflegebedürftigkeit nicht durch Ausbeutung ausländischer Pfleger*innen oder Re-Individualisierung des Risikos nachhaltig zu bewältigen sein.

Für all diese und zahlreiche weitere Problemfelder gilt nämlich: Ohne Fairness und Fairplay wird es auf Dauer keinen sozialen Frieden, keinen Wohlstand und keinen gesellschaftlichen Zusammenhalt geben können.

## 7 Literatur

BMASK, Fact-sheet-Pensionen Juli 2014, www.sozialministerium.at/cms/site/attachments/3/8/7/CH2325/CMS1383225519683/fact_sheet_juli_2014.pdf (zugegriffen am 19.9.2014)

Eurostat, Erwerbstätigenquote älterer Erwerbstätiger 2013, http://epp.eurostat.ec.europa.eu/tgm/table.do?tab=table&init=1&plugin=1&language=de&pcode=tsdde100 (zugegriffen am 19.9.2014).

Firlei, Flucht aus dem Arbeitsrecht, Das Recht der Arbeit (Zeitschrift/DRdA) 1987, 271ff.

Firlei, Die im LSDB-G vorgesehenen öffentlich-rechtlichen Instrumentarien gegen Lohndumping, in: Resch (Hg), Lohn- und Sozialdumping-Bekämpfungsgesetz (2012) 59ff.

Mayer/Pfeil, Aussetzung oder Karenzierung?, DRdA 2009, 433ff.

Pfeil, Grenzüberschreitender Einsatz von Arbeitnehmern, DRdA 2008, 3ff. bzw 124ff.

Pfeil, Systemfragen der geminderten Arbeitsfähigkeit, DRdA 2013, 363 ff (2013a).

Pfeil, Kostenersatz im Sozialhilferecht. Vermögens und Erbschaftssteuer nur für Bedürftige (?), in: Gaisbauer/Neumaier/Schweiger/Sedmak (Hg), Erbschaftssteuer im Kontext (2013) 83 ff (2013b).

Rebhahn, §§ 67a ff. ASVG, in: Mosler/Müller/Pfeil (Hg), Der SV-Komm (2013, 12. Lieferung).

# Fairness in der Bioethik

Stammzellen als Therapie der Zukunft und als Krankheitsmodelle in der medizinischen Forschung: Biomedizinische Möglichkeiten und bioethischer Diskurs

Michael Breitenbach und Andreas M. Weiss

In der Öffentlichkeit und in der bioethischen Literatur findet seit etwa 20 Jahren eine intensive Diskussion über die Verwendung von humanen Stammzellen zu Zwecken der Therapie aber auch zu Zwecken der medizinisch assistierten Fortpflanzung statt. Die Autoren dieses Beitrages haben vor kurzem in einem ausführlichen Artikel (Weiss u.a., 2013) die relativ neue Situation dargestellt, die nach der Entwicklung von Techniken entstanden ist, mit denen man im Labor ohne Verwendung von humanen Embryonen, sogenannte humane induzierte pluripotente Stammzellen (hiPSC), herstellen kann. Dabei wurde das ethische Problem der „Komplizität" diskutiert. Im Rahmen der Ringvorlesung zu Fairness/Fairplay an der Universität Salzburg wurden von den Autoren neben einem Überblick zum aktuellen Stand der Stammzellforschung einige Perspektiven erläutert, in denen Fairness in der ethischen Diskussion um die Stammzellforschung zum Thema werden kann.

## 1 Die Biomedizinischen Möglichkeiten

Inzwischen (2014) ist die Stammzellforschung noch einen weiteren Schritt gegangen: Um nicht nur die ethischen Einwände gegen „Embryoresearch" zu berücksichtigen, sondern auch die Gefahr der Tumorentstehung durch die Verwendung von Stammzellen auszuschalten, sind Techniken entwickelt worden, um durch Transdifferenzierung von somatischen Zellen die für die Therapie benötigten organspezifischen Stammzellen zu erhalten (Utikal, 2009; Bonfanti, 2012). Dadurch ist die Gefahr der Tumorauslösung wesentlich vermindert worden und das Problem der immunologischen Abstoßung vermieden worden. Dieses Problem der immunologischen Abstoßung auf Grund der „host versus graft disease" war ein wesentlicher Grund für die Entwicklung der hier diskutierten biomedizinischen Techniken unter Verwendung von Stammzellen und soll daher hier kurz umrissen werden.

Das Problem tritt zum Beispiel bei der Organtransplantation von einem heterologen Spender auf einen Empfänger auf, wie sie heute in der klinischen Praxis durchgeführt wird. Dabei ist es notwendig, durch lebenslange immunsuppressive Therapie die Abstoßung des transplantierten Organs durch das Immunsystem des Empfängers zu verhindern. Die Antigene auf der Zelloberfläche des Spenderorgans (HLA Antigene) sind für die Abstoßung verantwortlich und sind bei praktisch allen Menschen (außer identischen Zwillingen) verschieden. Eine Idee, die seit einigen Jahrzehnten immer weiter entwickelt wurde, ist es nun, durch Kerntransplantation in eine Eizelle (als charakteristisches Beispiel nennen wir hier Rideout, 2002) oder durch jüngere und anschließend zu besprechende zellbiologische Techniken (Gewinnung von hiPSC; Hanna, 2007; Takahashi, 2006; Takahashi, 2007) das Problem der immunologischen Abstoßung zu umgehen oder zu verhindern. Dies ist im Konzept, abgesehen von den erheblichen technischen Problemen, dadurch möglich, dass ein Zellkern des Patienten in eine Eizelle eingebracht wird (SCNT, somatic cell nuclear transfer), diese sich zu einem jungen Embryo entwickelt, aus dem Stadium der Blastozyste dieses jungen Embryos eine Kultur von embryonalen Stammzellen (ESC, embryonal stemcells) gewonnen wird, diese in vitro differenziert wird, um die gewünschten Zelltypen zu erhalten, und diese schließlich in den Empfänger ohne Gefahr einer immunologischen Abstoßung eingebracht werden. Diese Gefahr ist deshalb nicht gegeben, weil die zu transplantierenden Zellen nunmehr genetisch identisch sind mit dem Empfänger.

Im Falle einer monogenen genetischen Erkrankung, wie sie im Modellfall (Rideout, 2002) vorliegt, wird durch genetic engineering der embryonalen Stammzellen das krankmachende Gen des Patienten durch das normale Wildtypgen ersetzt. Diese Methode, die im Krankheitsmodell der Maus erfolgreich durchgeführt wurde, hat noch erhebliche Probleme, sowohl ethischer als auch technischer Natur, und unterliegt wesentlichen technischen Einschränkungen. Wir wollen nun diese Probleme der Reihenfolge nach schildern und diskutieren sowie auch die neuesten Lösungsansätze skizzieren.

### 1.1 Ethische Problematik

Die Gewinnung der ESC erfordert die Vernichtung eines menschlichen Embryos. In vielen Ländern der Welt ist daher dieses Verfahren verboten, in einigen wenigen Ländern aber zu Zwecken der Therapie unter bestimmten restriktiven Bedingungen erlaubt , z. B. in England, und wird dann „therapeutisches Klonen“ oder „Forschungsklonen“ genannt und vom „reproduktiven Klonen“ zum Zwecke der Erfüllung eines Kinderwunsches unterschieden. Das reproduktive Klonen ist übrigens in allen Staaten der EU und in den meisten Staaten der Welt verboten. Aus ethischer bzw. philosophisch-theologischer Sicht ist hier das Problem des ontologischen und moralischen Status des menschlichen Embryos zu diskutieren, das wir im Folgenden noch etwas genauer besprechen wollen.

Zweitens liegt aber auch ein erhebliches ethisches Problem darin, dass für die geschilderte Methode eine Eizellspende notwendig ist. In einer größeren Zahl von EU-Ländern ist diese Technik zum Zwecke der assistierten Fortpflanzung erlaubt, z. B. auch in der Tschechischen Republik und in der Slowakei. Die Belastung durch die Hormonbehandlung und das gesundheitliche Risiko der Spenderin ist erheblich. Die ökonomische Ausbeutung der Spenderin, die ihre Eizellen gegen ein Honorar spendet, ist eine reale Gefahr. Um ein Beispiel zu geben: Der Preis für eine menschliche Eizellspende ist zurzeit in den USA etwa 10.000 US-Dollar (Vogel, 2014).

### 1.2 Medizinisch-technische Probleme und Einschränkungen

Die Technik, die bei der Maus entwickelt und erfolgreich angewendet wurde (Rideout, 2002), ist weitgehend, aber nicht zu 100 Prozent auf menschliche Zellen übertragbar. Um ein Beispiel zu geben, ist die Gewinnung von humanen ESC nach SCNT erst in allerletzter Zeit technisch möglich geworden (Chung, 2014; Yamada, 2014).

Menschliche ESC unterscheiden sich auch insofern von den ESC der Maus, als es offensichtlich nicht geklärt ist, ob die für die Maus entwickelte Technik der punktgenauen gentechnischen Veränderung am Genom (Capecchi, 1989) sicher und ohne Risiko für den Patienten in die Klinik transferiert werden kann. Das ist einer der Gründe, warum für die Klinik andere Methoden entwickelt wurden (Sebastiano, 2011; Miller, 2011), die ebenfalls punktgenau mit großer Ausbeute und daher ohne die aufwendigen Selektionsverfahren des früheren Systems auskommen. Diese Methoden des „genome editing“ sind so effizient, dass sie auch für differenzierte Zellen verwendet werden können.

Die bisher (auch im Modellversuch mit der Maus) erfolgreich geheilten Krankheiten betrafen alle das blutbildende System, weil nur hier problemlos ein „homing“ der genetisch korrigierten Zellen in das Zielorgan, also in das blutbildende rote Knochenmark stattfindet. Es wird daher daran gearbeitet, für die vielen anderen monogenischen Krankheiten, für die eine Gentherapie kombiniert mit Stammzelltherapie vorstellbar ist, Methoden zu finden, um erstens die In-vitro-Differenzierung in den gewünschten Zelltypus zu erreichen und zweitens um die differenzierten genetisch geheilten Zellen an den gewünschten Ort im gewünschten Zielorgan zu bringen. Diese Probleme sind zurzeit noch sehr weit von einer generellen Lösung entfernt.

Des Weiteren besteht ein großes Problem auch darin, dass ESC immer ein Potential zur Tumorauslösung besitzen. Es ist noch nicht klar, wie dieses Problem in der Klinik am besten zu lösen ist. Vielleicht liegt die Lösung in Zukunft darin, die erwähnten hocheffizienten Methoden des geneediting auf Hautfibroblasten anzuwenden, den Umweg über SCNT oder über hiPSC nicht mehr zu gehen, sondern stattdessen durch Transdifferenzierung der genetisch geheilten Hautzellen direkt die benötigten differenzierten Zellen für das betroffene Zielorgan zu erhalten.

Nach der Entdeckung und Erfindung der SCNT und den beschriebenen Modellversuchen mit der Maus (Rideout, 2002) haben sowohl die ethischen Einwände gegen das therapeutische Klonen als auch die beschriebenen technischen Probleme dazu geführt, dass die Technik der Herstellung von induzierten pluripotenten Stammzellen (iPSC) sowohl der Maus als auch des Menschen (Takahashi, 2006; Takahashi, 2007) entwickelt wurde. Diese Stammzellen sind hinsichtlich ihres Entwicklungspotentials gleichwertig mit den durch SCNT hergestellten ESC und können ebenso wie ESC zur kombinierten Gentherapie/Stammzelltherapie eingesetzt werden (Hanna, 2007). Die Herstellung von hiPSC erfordert aber keine ethisch bedenklichen Schritte (Weiss et al., 2013). Andererseits ist aber auch bei dieser neuen Technik der Therapie das Krebsrisiko nicht völlig ausgeschlossen, wie oben angedeutet wurde.

Was können wir daher erwarten? Wie lange wird es dauern, bis die Kombination von Gentherapie und Stammzelltherapie sich zu einer klinischen Routinemethode entwickelt haben wird? Und welche Krankheiten wird die neue Methode betreffen?

Zurzeit sind hunderte klinische Versuche zur Gentherapie von den US-Behörden genehmigt, aber noch kein einziger dieser Ansätze hat zu einem vollen Erfolg und zu einer Übertragung in die klinische Routinepraxis geführt. Mit gutem Grund sind die Sicherheitsauflagen für klinische Versuche äußerst streng und die verlangten Kontrollen sehr zahlreich, so dass wir wohl damit rechnen müssen, dass noch weitere 10 Jahre vergehen, bevor dieses Ziel erreicht ist, und auch dann werden es wohl zunächst nur genetische Erkrankungen des blutbildenden Systems sein, die behandelt werden können.

Wenn auch die zurzeit in der Klinik verwendeten Methoden der Regeneration und der kombinierten Gentherapie/Stammzelltherapie noch nicht zahlreich sind, so ist doch klar abzusehen, dass diese und darauf aufbauende therapeutische Methoden in der Medizin der Zukunft eine immer größere Rolle spielen werden.

## 2 Fairness/Fairplay in diesem bioethischen Problemkreis

Fairness, das Thema dieser Ringvorlesung, lässt sich im Zusammenhang der ethischen Kontroverse um die Stammzellenforschung in mehrfacher Hinsicht erörtern, als ethisches Grundprinzip, als Argument für den Schutz menschlicher Embryonen, als Argument für die Stammzellforschung und als Forderung an den gesellschaftlichen Diskurs zur Bioethik.

### 2.1 Fairness – Gerechtigkeit – Unparteilichkeit

„Fairness" kann im Sinn von Gerechtigkeit oder Unparteilichkeit für das Grundprinzip stehen, das das Phänomen Moral überhaupt ausmacht und von anderen gesellschaftlichen Systemen unterscheidet. Moral hat als gesellschaftliches Phänomen wesentlich eine soziale Funktion. Sie ermöglicht durch gemeinsame Regeln der Kooperation Verlässlichkeit und Berechenbarkeit im Zusammenleben und dadurch vielfach bessere Lösungen als der Versuch, seine Interessen egoistisch durchzusetzen. So bildet der Schritt vom egoistischen oder partikulären zu einem universalen Standpunkt die Grundlage moralischen Urteilens und Handelns.

„Ethik verlangt von uns, daß wir über ‚Ich' und ‚Du' hinausgehen hin zu dem universalen Gesetz, dem universalisierbaren Urteil, dem Standpunkt des unparteiischen Betrachters oder idealen Beobachters, oder wie immer wir es nennen wollen. [...] Indem ich akzeptiere, daß moralische Urteile von einem universalen Standpunkt aus getroffen werden müssen, akzeptiere ich, daß meine eigenen Interessen nicht einfach deshalb, weil sie meine Interessen sind, mehr zählen als die Interessen von irgend jemand anderm." (Singer, 1994, 28f.)

Dieser Grundgedanke der Fairness drückt sich auch in der sogenannten Goldenen Regel aus, umgangssprachlich: „Was du nicht willst, dass man dir tu, das füg auch keinem andern zu!", biblisch: „Alles, was ihr also von anderen erwartet, das tut auch ihnen!" (Mt. 7,12)

Je nach dem Gegenstand der ethischen Bewertung lässt sich eine mehrfache Bedeutung von „Fairness" erläutern: Als notwendiges, aber nicht hinreichendes Kriterium für „ethisch richtiges" Handeln würde Fairness mindestens die Rücksichtnahme auf die Interessen bzw. das Wohlergehen aller Betroffenen fordern. Ebenso würde Fairness ein Minimalkriterium für „ethisch richtige" bzw. „gerechte" Institutionen und ihre (Spiel-)Regeln darstellen. Schließlich kann Fairness auch eine bestimmte Charaktereigenschaft von Personen bezeichnen, eine Tugend oder Grundhaltung wie z.B. die Bereitschaft, Regeln konsequent einzuhalten.

### 2.2 Fairness für menschliche Embryonen

Die Forderung nach „Fairness" für menschliche Embryonen stellt ein mögliches Argument im Streit um die verbrauchende Embryonenforschung dar. Eine grundlegende und trotz langer Diskussion ungelöste Frage ist die nach dem ontologischen und moralischen Status menschlicher Embryonen. Sind sie unseresgleichen und deshalb gleich bzw. ähnlich zu behandeln wie geborene Menschen, also in ihrer Würde und ihren Grundrechten zu respektieren, oder sind sie relevant unterschiedlich und dürften deshalb auch im Rahmen der Forschung in einer Weise verwendet bzw. zerstört werden, die bei geborenen Menschen niemals akzeptabel wäre? Das Fairnessargument kann man dazu in folgender Weise anwenden:

„Wir alle waren einmal Embryonen, und unsere heutige Existenz steht in einem unauflöslichen Zusammenhang mit der Tatsache, daß wir bereits zum damaligen Zeitpunkt, als unsere Weiterexistenz biologisch ungesichert war, in unserem selbstzwecklichen Dasein geachtet wurden. Wenn wir heute als moralische Subjekte und Träger unveräußerlicher Menschenrechte voreinander Anerkennung fordern, so müssen wir sie nach dem Gesetz der Gleichursprünglichkeit auch denjenigen einräumen, die sich zum jetzigen Zeitpunkt in unserer damaligen ungesicherten Lage befinden, in der Schutz, Hilfe und Förderung erfahren zu haben wir heute begrüßen." (Schockenhoff, 2003, 28)

Dieses Fairnessargument wird auch in der sorgfältigen Stellungnahme des Deutschen Ethikrates zur Präimplantationsdiagnostik von 2011 in einer der beiden dort erläuterten Positionen zur Statusfrage ausgeführt:

„Wir befanden uns am Anfang unseres Lebens auf derselben Entwicklungsstufe unseres Menschseins, auf der sich Embryonen heute befinden. Wir können unser gegenwärtiges Leben in Freiheit und Selbstbestimmung nur führen, weil wir damals, als wir Embryonen waren, ebenso wie geborene Menschen geachtet wurden und unser Lebensrecht nicht durch Verzweckung und Fremdnutzung zugunsten der Belange anderer eingeschränkt wurde." (Dt. Ethikrat, 2011, 47f.)

Menschlichen Embryonen wird im Zuge verbrauchender Forschung etwas Wesentliches weggenommen, nämlich ihre reale Lebenschance. Ist es aber nicht unfair, anderen wegzunehmen, was man für sich selbst im Rückblick nicht missen möchte? Beantwortet man diese Frage mit einem Ja, so setzt man für Embryonen einen moralischen Status im Sinn gleicher, unparteilicher Schutzwürdigkeit voraus. Insofern ist dieses Argument genau genommen mehr eine Konsequenz dieser Position als ein Argument, das diesen Status auch dem gegenüber begründen könnte, der anders urteilt. Was als Begründung vorausgesetzt wird, sind häufig die klassischen Argumente der (genetischen) Identität, der kontinuierlichen Entwicklung, des schon im Embryo angelegten Entwicklungspotentials (Potentialität) und die gemeinsame Mitgliedschaft in der Gattung Mensch. Jedes einzelne dieser Argumente verdient eine gründliche Diskussion, die hier nicht möglich ist. Faktisch wurden aber zu jedem auch Gegenargumente genannt (vgl. Damschen, 2002; Maio, 2007).

### 2.3 Fairness als Argument für die Stammzellforschung

Andererseits lässt sich das Fairnessargument auch für die Stammzellforschung in die Waagschale werfen. Es gibt zweifellos das Problem der Verteilungsgerechtigkeit bei diesen hochentwickelten therapeutischen Methoden in ähnlicher Weise wie bei der Organtransplantation, wo immer zu wenige Spenderorgane vorhanden sind, um die Patienten zu versorgen. Es ist durchaus zu erwarten, dass gerade durch die neueste Entwicklung der Stammzellforschung und ihre abzusehenden Anwendungen in der Medizin es leichter werden wird, auf Spenderorgane von Hirntoten zu verzichten, weil Organe auch durch Stammzelltechnik und dreidimensionale Zellkultur hergestellt werden können. Dies wird (nicht zu unseren Lebzeiten aber in absehbarer Zukunft) viele Probleme der regenerativen Medizin lösen. Insofern kann Fairness gegenüber den Patienten, die auf eine künftig mögliche Therapie angewiesen sind, als Argument für die Stammzellforschung verwendet werden.

### 2.4 Fairness im bioethischen Diskurs

Schließlich stellt sich die Frage nach Fairness im fachwissenschaftlichen, öffentlichen und politischen bioethischen Diskurs, insbesondere dann, wenn eine Übereinstimmung durch überzeugende Argumente nicht gefunden werden kann. Im Zuge der jahrzehntelange Diskussion über den Status des menschlichen Embryos, in der die ethisch grundlegende Frage gestellt wird, ob gegenüber menschlichen Embryonen Fairness als Berücksichtigung ihres eigenen Entwicklungspotentials ethisch gefordert ist oder nicht, ob also die Zerstörung menschlicher Embryonen zu Forschungs- oder Therapiezwecken als ethisches Problem zu beurteilen ist oder nicht, hat sich abgezeichnet, dass es eine Einigung im Konsens nicht gibt. Die Frage auf der gesellschaftlichen bzw. methodischen Ebene ist dann: Wie kann man bei einem so schwierigen und gesellschaftspolitisch und ideologisch vorbelasteten Thema dennoch zu einer vernünftigen und fairen Diskussion kommen und darauf aufbauend: Wie kann man die daraus resultierenden Rechtsvorschriften und die Rechtspraxis so ausrichten, dass das Gebot der Fairness für die Beteiligten und Betroffenen eingehalten wird?

Vor dem Hintergrund vieler gemeinsamer interdisziplinärer Lehrveranstaltungen wollen wir einige Thesen zu einem „fairen ethischen Diskurs“ im Zusammenhang kontroverser Fragen der Bioethik und speziell der Stammzellenforschung formulieren.

### 2.4.1 Rationaler Diskurs statt moralischen Gefühls

Auch wenn viele Menschen zu der Ansicht neigen, dass der Mensch von Natur aus mit einem ethischen Gefühl ausgestattet ist, das uns ermöglicht, in einer Entscheidungssituation intuitiv das Richtige zu tun, wird gerade bei den komplexen Fragen der Bioethik, die durch die moderne Entwicklung der Molekular- und Zellbiologie aufgeworfen werden, schnell deutlich, dass ein ethisches Gefühl oft nicht weiterhilft, manchmal sogar täuscht.

Um überhaupt eine rationale ethische Diskussion zu beginnen, ist zunächst eine gründliche Information über die faktischen Möglichkeiten etwa der Biomedizin notwendig. Diese Faktenlage kann immer nur für eine bestimmte historische Situation als geklärt betrachtet werden, sie kann sich durch den Fortschritt der biologischen Forschung relativ rasch ändern, was Konsequenzen für die ethische Beurteilung haben kann. Deshalb werden diese Urteile oft den Status vorläufiger Hypothesen haben müssen, und der Diskurs wird für neue Entwicklungen offen bleiben müssen. Insofern ist nach dem besten verfügbaren Wissen zu urteilen, aber im Bewusstsein, das dieses ein vorläufiges sein könnte.

Wenn die Faktenlage fachwissenschaftlich einigermaßen geklärt ist, muss als weiterer Schritt reflektiert werden, welche relevanten Zielvorstellungen und damit verbunden Wertvorstellungen im Spiel sind und inwieweit in der nun beginnenden Diskussion bestimmte Bewertungskriterien gemeinsam anerkannt werden können. Bezüglich solcher Wertvorstellungen ist in einer pluralistischen Gesellschaft damit zu rechnen, dass möglicherweise kein voller Konsens gelingt, wie bei der Frage nach der Gewichtung von Forschungsfreiheit, Embryonenschutz und der Entwicklung neuer Therapien.

Schließlich gibt uns auch die wissenschaftliche Ethik keine einhellige Antwort, welche Argumente und Kriterien letztlich normativ entscheidend sind. Je nach ethischer Theorie können die Antworten unterschiedlich ausfallen. Auf allen drei Ebenen, Tatsachenfragen, Wertfragen und Methodenfragen sind Differenzen und Veränderungen möglich. Dadurch wird verständlich, warum zu einzelnen ethische Fragen, besonders der Bioethik, manchmal über lange Zeit kein Konsens gefunden wird, während über andere ein Konsens über unterschiedliche Theorien hinweg möglich ist, wie etwa beim sogenannten reproduktiven Klonen.

### 2.4.2 Kritisches Denken statt Dogmatismus

Wir werden anerkennen müssen, dass ethische Fragen in einer liberalen Gesellschaft nicht dogmatisch gelöst werden können. Nachdem das Ziel der Ethik Handeln aus eigener Überzeugung ist, bleibt der einzig gangbare Weg der rationale Diskurs mit allen beteiligten Menschen „guten Willens", verbunden mit Respekt und Interesse gegenüber unterschiedlichen oder gegensätzlichen Positionen, sofern sich diese um eine nachvollziehbare Begründung bemühen. Gute Beispiele dafür finden sich z.B. bei der Ethikberatergruppe der Europäischen Kommission (http://ec.europa.eu/bepa/european-group-ethics). Keine Position kann für sich unbedingten Anspruch auf Anerkennung jenseits der Überzeugungskraft ihrer Argumente beanspruchen. „Dogmatismus" meint in diesem Zusammenhang ein Verständnis oder die Präsentation eines ethischen Urteils als nicht weiter hinterfragbar und die Weigerung, negative Auswirkungen seiner Befolgung zu berücksichtigen. Beispiele findet man in weltanschaulichen Systemen ebenso wie in Religionen oder in angeblich von der Biologie des Menschen her begründeten Geboten eines Biologismus oder Naturalismus, z.B. im Sozialdarwinismus.

Dagegen appelliert Ethik immer an die freie und vernünftige Einsicht. Sie funktioniert also nur, wenn sie Menschen überzeugen kann, indem sie entsprechende Einsicht vermittelt. Deshalb kann wissenschaftliche Ethik auch nur über einen öffentlichen Diskurs zur gesellschaftlichen Orientierungsfindung beitragen.

### 2.4.3 Metaethik: Wahrheit oder Meinung?

Ein breites Feld an Differenzen auch zwischen den Autoren dieses Beitrages ergibt sich dort, wo im ethischen Diskurs nach den insbesondere erkenntnistheoretischen Voraussetzungen der vorgebrachten Einsichten und Argumente gefragt wird, also in der sogenannten Metaethik.

Müssen wir anerkennen, dass ethische Werte und Normen weder von Gott noch von der Natur, d.h. von unseren biologischen Eigenschaften als Mitglied der Spezies Menschvorgegeben sind? Dann müssten wir auch akzeptieren, dass jeder Mensch und ebenso die Gemeinschaft, die Regeln und Gesetze formuliert, selbst verantwortlich ist für ihre Gesetze und ethischen Normen und damit auch für die gesamtgesellschaftlichen Konsequenzen ihrer Befolgung. Sich auf Gott oder die Natur auszureden, wäre keine zulässige Entschuldigung für entstandenen Schaden. Menschengemachte Normen sind immer daran zu messen, ob und wie sie das Leben in der menschlichen Gemeinschaft ermöglichen oder schädigen. Dieses Problem wird überaus deutlich bei der Diskussion des ontologischen, moralischen und rechtlichen Status des menschlichen Embryos. Diese These bedeutet keineswegs einen ethischen Relativismus. Wir müssen anerkennen, was durch biologische Fakten vorgegeben ist und was trotz aller Formbarkeit in der menschlichen Natur vorgegeben ist, aber wir dürfen andererseits diese menschliche Natur nicht zu einer ethischen Norm erheben, was dem wohlbekannten naturalistischen Fehlschluss entsprechen würde, den man etwa dem Sozialdarwinismus vorwerfen muss.

Weiß: Als Theologe würde ich festhalten, dass man das ethisch Richtige in gewisser Weise sehr wohl als von Gott vorgegeben bzw. in der Schöpfung erkennbar verstehen kann (metaethischer Kognitivismus), ohne aus dieser Überzeugung die Konsequenz eines Dogmatismus im gesellschaftlichen ethischen Diskurs abzuleiten. Der Wille Gottes kann nicht unabhängig von oder gegen die rationale sachliche Einsicht als normativ-ethisches Argument eingesetzt werden. Auch der Theologe bzw. der gläubige Mensch kann erst dann annehmen, dass er „den Willen Gottes erkannt hat", wenn ein ethisches Urteil vernünftig begründet werden kann, d.h., wenn die ethische Diskussion zu einem für alle einsichtigen oder zumindest auch für andere rational nachvollziehbarem Ergebnis geführt hat. Die Argumente „Gott" oder „Natur" sind auch für den Theologen keine Abkürzung für den ethischen Diskurs. Jeder Widerspruch, dem man begegnet, kann immer auch vor einem Irrtum bewahren und zu besserer Einsicht führen. Dafür gibt es viele Beispiele quer durch die Geschichte.

Es war eine spannende Erfahrung der gemeinsamen Lehrveranstaltungen, dass der metaethische Dissens für den normativ-ethischen Diskurs und in vielen Fragen auch für den normativ-ethischen Konsens kein unüberwindliches Hindernis darstellt, was für die These spricht, dass beide Fragestellungen doch relativ unabhängig voneinander diskutiert werden können.

### 2.4.4 Kohärenz statt deduktiver Ableitung

Wie ist jedoch zu verfahren, wenn ein Konsens nicht erreicht werden kann, wie zum Beispiel in der schon mehrfach erwähnten Frage des Status des menschlichen Embryos in der nunmehr bereits Jahrzehnten andauernden öffentlichen Diskussion?

Angewandte Ethik, also Ethik im öffentlichen Diskurs, ist wesentlich durch die gesellschaftliche Erwartung geprägt, dass trotz Unterschieden in manchen Wertvorstellungen und in den ethischen Theorien eine Lösung für praktische gesellschaftliche Orientierungsfragen gefunden und eine Orientierung für Politik und Gesellschaft gegeben werden sollte. Deshalb müssen die entsprechenden Diskussionen jedenfalls den gesellschaftlichen Kontext ernst nehmen und dürfen nicht in der Art eines ethischen Dogmatismus völlig von den aktuellen Nöten und Zwängen etwa der Medizin abgelöst werden. Das stellt ein Problem für diejenigen Positionen dar, die große Bereiche der biomedizinischen Anwendung grundsätzlich ablehnen, aber auch für diejenigen, die mit dem Argument der Forschungsfreiheit Bedenken größerer Gruppen der Gesellschaft wegwischen wollen.

Ernst zu nehmen ist die Notwendigkeit rechtlicher Regulierungen, die nur über politische Kompromisse zu finden sind, falls kein Konsens möglich ist. Zur ethischen Konsensfindung hat sich die Methode einer schwach normativen sogenannten kohärentistischen Begründung herausgebildet, die pluralismustauglich ist und pragmatische Vorteile bringt, weil sie unterschiedliche Theorien und Zugänge gelten lässt: „Im kohärentistischen Modell stellt sich die Tätigkeit des angewandten Ethikers als das Knüpfen eines Netzes von Überlegungen und Argumenten dar, die sowohl deduktiver als auch induktiver Natur sein können. Um das jeweils vorliegende Problem zu lösen, können also Prinzipien oder Theorien bemüht werden, ebenso aber auch Analogien zu ähnlichen Fällen hergestellt werden." (Bayertz, 2008, 175)

Diese Methode wird oft mit dem Gedanken eines Überlegungsgleichgewichtes („reflective equilibrium") verbunden. John Rawls hat diese Methode im Zusammenhang seiner Beschreibung eines fiktiven Urzustandes erläutert, in dem sich die Menschen in langen Diskussionen über die Gerechtigkeitsgrundsätze eines Gesellschaftsvertrages einigen würden: „Wenn das gelingt und die sich ergebenden Grundsätze unseren wohlüberlegten Gerechtigkeitsgrundsätzen entsprechen, ist es gut. Doch wahrscheinlich wird es Abweichungen geben. Dann können wir zweierlei tun. Wir können entweder die Konkretisierung des Urzustands oder unsere gegenwärtigen Urteile abändern, denn auch unsere vorläufigen Fixpunkte können ja revidiert werden. Wir gehen hin und her, einmal ändern wir die Bedingungen für die Vertragssituation, ein andermal geben wir unsere Urteile auf und passen sie den Grundsätzen an; so, glaube ich, gelangen wir schließlich zu einer Konkretisierung des Urzustandes, die sowohl vernünftigen Bedingungen genügt als auch zu Grundsätzen führt, die mit unseren – gebührend bereinigten – wohlüberlegten Urteilen übereinstimmen. Diesen Zustand nenne ich Überlegungs-Gleichgewicht." (Rawls, 1975, 38)

Als notwendige Ergänzung eines solchen auch von den Zufälligkeiten der an der Diskussion beteiligten Personen beeinflussten Zugangs ist jedoch umso wichtiger, was grundsätzlich für jeden ethischen Diskurs gilt, die bleibende kritische Offenheit für neue Fakten und Argumente. So ergänzt Rawls: „Für den Augenblick ist alles in Ordnung. Doch das Gleichgewicht ist nicht notwendig stabil. Neue Erwägungen [...] können es umstürzen, ebenso Einzelfälle [...]" (Rawls, 1975, 38).

## 3 Schluss

In den vielen Diskussionen der Autoren in Lehrveranstaltungen und Ethikkommissionen haben wir nicht selten die Erfahrung gemacht, wie sich ausgehend von gegensätzlichen Zugängen und Argumentationslinien dennoch ein Bereich konsensermöglichender Übereinstimmung herausgebildet hat, der als Basis eines rationalen, wenn auch vorläufigen Urteils geeignet war. Fairness im ethischen Diskurs bedeutet deshalb für uns vor allem die Fortführung des Dialogs mit rationalen Mitteln, die Respektierung von Selbstbestimmung und Gewissensfreiheit des Dialogpartners, der nicht meiner Meinung ist, sowie den Vertrauensvorschuss, dass alle an der Diskussion Beteiligten an einer vernünftigen und für alle Beteiligten sinnvollen Lösung interessiert sind. Auch wenn dies etwas idealistisch klingt, haben wir die Erfahrung gemacht, dass dies in vielen Fällen möglich ist und in der Sache weiterführt.

## 4 Literatur:

Bayertz, Kurt. 2008. Was ist angewandte Ethik? In: Grundkurs Ethik, Band 1: Grundlagen, hg. Von Johann S. Ach, Kurt Bayertz und Ludwig Siep, 165–179. Paderborn: mentis.

Bonfanti, P., et al. 2012. „Hearts and bones'": the ups and downs of „plasticity" in stem cell biology. *EMBO Mol Med* 4, Nr. 5: 353–361.

Capecchi, M.R. 1989. Altering the genome by homologous recombination. *Science* 244, Nr. 4910: 1288–1292.

Chung, Y.G., et al. 2014. Human somatic cell nuclear transfer using adult cells. *Cell Stem Cell* 14, Nr. 6: 777–780.

Damschen, Gregor und Dieter Schönecker (Hg.). *Der moralische Status menschlicher Embryonen: Pro und contra Spezies-, Kontinuums-, Identitäts- und Potentialitätsargument.* Berlin: Walter de Gruyter.

Deutscher Ethikrat. 2011. Präimplantationsdiagnostik: Stellungnahme, Berlin.

Hanna, J., et al. 2007. Treatment of sickle cell anemia mouse model with iPS cells generated from autologous skin. *Science* 318, Nr. 5858: 1920–1923.

Maio, Giovanni (Hg.). 2007. *Der Status des extrakorporalen Embryos. Perspektiven eines interdisziplinären Zugangs.* Medizin und Philosophie 9. Stuttgart-Bad Cannstatt: frommann-holzboog.

Miller, J.C., et al. 2011. A TALE nuclease architecture for efficient genome editing. *Nat. Biotechnol.* 29, Nr. 2: 143–148.

Rawls, John. 1975. Eine Theorie der Gerechtigkeit, Frankfurt: Suhrkamp.

Rideout, W.M., 3rd, et al. 2002. Correction of a genetic defect by nuclear transplantation and combined cell and gene therapy. *Cell* 109, Nr. 1: 17–27.

Schockenhoff, Eberhard. 2003. Pro Speziesargument: Zum moralischen Status des Embryos. In: *Der moralische Status menschlicher Embryonen*, hg. von Gregor Damschen und Dieter Schönecker, 11–33. Berlin: Walter de Gruyter.

Sebastiano, V., et al. 2011. In situ genetic correction of the sickle cell anemia mutation in human induced pluripotent stem cells using engineered zinc finger nucleases. *Stem Cells* 29, Nr. 11: 1717–1726.

Singer, Peter. 1994. Praktische Ethik, 2. Aufl. Stuttgart: Reclam.

Takahashi, K. and S. Yamanaka. 2006. Induction of pluripotent stem cells from mouse embryonic and adult fibroblast cultures by defined factors. *Cell* 126, Nr. 4: 663–676.

Takahashi, K., et al. 2007. Induction of pluripotent stem cells from adult human fibroblasts by defined factors. *Cell* 131, Nr. 5: 861–872.

Utikal, J., et al. 2009. Immortalization eliminates a roadblock during cellular reprogramming into iPS cells. *Nature* 460, Nr. 7259: 1145–1148.

Vogel, G. 2014. Stem cells. Therapeutic cloning reaches milestone. *Science* 344, Nr. 6183: 462–463.

Weiss, Andreas M., Michael Breitenbach, Mark Rinnerthaler und Günter Virt. 2013. Ethical Considerations on Stem Cell Research. In: *Pluripotent Stem Cells*, hg. von DeepaBhartiya und Nibedita Lenka, 603–628. Rijeka Croatia: Intech. (open access: http://dx.doi.org/10.5772/54375)

Yamada, M., et al. 2014. Human oocytes reprogram adult somatic nuclei of a type 1 diabetic to diploid pluripotent stem cells. *Nature* 510, Nr. 7506: 533–536.

# Kommentar: Fairness in der Bioethik

Helga Embacher

Stammzellenforschung ist ein äußerst interessantes, faszinierendes, aber auch für viele Menschen beängstigendes Forschungsfeld. Beängstigend deshalb, da hier in der Wissenschaft seit einigen Jahrzehnten etwas passiert, das für die meisten nicht nachvollziehbar ist und außer Kontrolle zu geraten droht. Die Tatsache, dass auch der Mensch geklont werden kann, lässt Gedanken an Designerbabys und geklonte Krieger aufkommen, die letztendlich die Menschheit selbst ausrotten könnten. Die In-vitro-Fertilisation (IVF), auch in Österreich zunehmend in Anspruch genommen, hat nicht nur für religiöse Menschen etwas Beunruhigendes, indem mit dieser Fortpflanzungstechnik die Menschwerdung technisiert zu werden scheint. Nicht zuletzt wird damit auch der „Züchtungsgedanke" aufgeworfen, ein Begriff, der allerdings nicht erst von den Nationalsozialisten geprägt wurde, sondern bereits am Ende des 19. Jahrhunderts von Bevölkerungspolitikern, oft Ärzten und unter ihnen auch führende Sozialdemokraten,[1] Verwendung fand. Die nationalsozialistische Eugenik, medizinische Menschenversuche im Nationalsozialismus und rassistische Bevölkerungspolitik hatten allerdings für Millionen Menschen tödliche Folgen.

Mit den Fortschritten in der Stammzellenforschung erhielten daher ethische Fragen zunehmende Bedeutung. In den Ausführungen von Breitenbach/Weiss kommt den Überlegungen Peter Singers, eines australischen Philosophen mit Wiener Wurzeln, ein zentraler Stellenwert zu. Demnach kann ein moralisches Prinzip nicht in Bezug auf irgendeine parteiische oder partikulare Gruppe gerechtfertigt werden und Ethik nimmt somit einen universalen Standpunkt ein. Indem ich akzeptiere, dass Urteile von einem universalen Standpunkt aus getroffen werden, muss ich letztendlich akzeptieren, dass meine Argumente nicht

1 Ein prominenter Vertreter war der Sozialdemokrat Julius Tandler. Vgl. Gerhard Heindl (Hrsg.), Wissenschaft und Forschung in Österreich: exemplarische Leistungen österreichischer Naturforscher, Techniker und Mediziner, Frankfurt am Main, 2000, S. 89-104.

mehr zählen als die Interessen von anderen. Ein fairer ethischer Diskurs beruht demnach auf einer rationalen Diskussion und strebt Kompromisse an.

Im Folgenden werde ich mich auf die von Michael Breitenbach und Andreas M. Weiss thematisierte Problematik hinsichtlich der Embryoforschung konzentrieren, konkret auf den nicht unproblematischen Umgang mit den bei der In-vitro-Fertilisation nicht verwendeten Embryonen (= verbrauchende Embryonenforschung). Welche Rolle kommt in diesem Diskurs Politik und unterschiedlichen Religionen zu? Ein weiterer Fokus meines Kommentars liegt auf der Frage der Relevanz bzw. Sinnhaftigkeit nationaler Gesetze hinsichtlich der Embryonenforschung, einer sehr internationalisierten Forschung.

## 1 Politik und Stammzellenforschung

Zeithistoriker/innen gehen in ihren gesellschaftspolitischen Analysen allerdings nicht von einer „fairen Welt" bzw. einem „Fairplay" aus, ihr Fokus richtet sich auf die Machtverhältnisse, auf die Analyse unterschiedlicher Interessensgruppen (Lobbys) und deren jeweiligen Ziele bzw. Machtinteressen. Wie wir aus der Geschichte wissen, geben diese ihre Machtpositionen selten freiwillig auf, sondern neigen dazu, diese zu verteidigen. Dabei handeln Menschen oft nicht nach moralischen Grundsätzen und es ist von keinem universalen Standpunkt auszugehen.

Für Historiker/innen ist Moral auch nichts Konstantes, ewig Gültiges, sondern ein von der jeweiligen Gesellschaft bzw. unterschiedlichen gesellschaftlichen Interessen abhängiges Konstrukt, das dekonstruiert werden muss. In kommunistisch regierten Ländern kam Abtreibung beispielsweise ein völlig anderer moralischer Stellenwert zu als in katholisch dominierten Gesellschaften, wie etwa im Austrofaschismus (1933/1934–1938). Die sozialdemokratische und kommunistische Frauenbewegung hat in den 1920er Jahren hinsichtlich der Legitimierung der Abtreibung anders argumentiert als die autonome Frauenbewegung in den 1970er Jahren, wo das Recht der Frauen auf Selbstbestimmung und nicht wie in der Ersten Republik die soziale Situation im Vordergrund stand. Die Abtreibungsfrage ist auch ein gutes Beispiel dafür, dass gewisse Kompromisse zwischen Regierung und Teilen der katholischen Kirche zwar möglich sind, deren Durchsetzung aber nur möglich war, da Frauen zunehmend an politischer Bedeutung gewonnen haben und ihre Stimme für politische Parteien von Interesse wurde. Somit kann weniger von einem „Fairplay" gesprochen werden, vielmehr handelt es sich um eine Anpassung an veränderte historische Entwicklungen, die zudem stark von der internationalen Frauenbewegung beeinflusst waren.

Dass Stammzellenforschung stark von Politik und bestimmten Interessensgruppen instrumentalisiert wird, kann sehr deutlich an der Politik der USA beobachtet werden. 1998 gewann der US-Forscher James Thomson weltweit erstmals embryonale Stammzellen aus übriggebliebenen Embryonen von Fruchtbarkeitskliniken. Sie galten sofort als Hoffnungsträger, um Ersatzgewebe für Patienten mit Diabetes, Parkinson oder anderen Erkrankungen zu schaffen. Diese Technik war und ist aber auch in den USA ethisch umstritten, da dafür Embryonen zerstört werden müssen. Unter Rücksichtnahme auf eine seiner zentralen Wählergruppen, die christlichen Fundamentalisten, die der embryonalen Stammzellforschung die Zerstörung werdenden Lebens vorwerfen, stoppte US-Präsident George W. Bush mehrmals ein Gesetz, das dem Staat die finanzielle Förderung der embryonalen Stammzellenforschung erlauben sollte. Wie Bush argumentierte, würde dieses Gesetz „amerikanische Steuerzahler erstmals in unserer Geschichte dazu zwingen, die vorsätzlich Zerstörung menschlicher Embryos zu unterstützen". Gleichzeitig hatten diese Einschränkungen für die Forschungsförderung der Bundesstaaten und für privat finanzierte Forschung keine Gültigkeit. Kalifornien beschloss beispielsweise 2004 in einer Volksabstimmung die embryonale Stammzellforschung mit drei Milliarden Dollar zu fördern. Mit dem Machtwechsel im Weißen Haus schlug die Debatte eine neue Richtung ein. Im März 2009 hatte Präsident Obama angekündigt, die Stammzellenforschung wieder mit Staatsgeldern zu fördern. Wie zu erwarten, hagelte es Proteste von christlichen Organisationen[2]. Damit wird deutlich, dass hinter den jeweiligen Gesetzen starke Lobbys stecken, die politischen Parteien zur Macht verhelfen oder diesen mit der Entmachtung drohen und in der Sache nur schwer Kompromisse zwischen den beiden Interessensgruppen, zwischen fundamentalistisch religiös agierenden Lobbys, die in der Stammzellenforschung die Vernichtung von Leben sehen, und Vertretern der Stammzellenforschung möglich sind.

2 Denise Stevens, Embryonic stem cell research: will President Bush's limitation on federal funding put the United States at a disadvantage? A comparison between U.S. and international law, in: Houston Journal of International Law, 25, Nr. 3, 2003, S. 623–53; Michael Minkenberg, Die Christliche Rechte und die amerikanische Politik von der ersten bis zur zweiten Bush-Administration, in: Bundeszentrale für politische Bildung, B 46/2003.

## 2 Religionen als (Fair-)Player

Die USA verdeutlichen auch, dass die Debatten über die verbrauchende Embryonenforschung stark von religiösen Wertvorstellungen geprägt sind. Vor allem geht es um die Frage, ab wann Embryonen Schutzwürdigkeit zusteht und ob sie für fremde Zwecke verwendet werden dürfen. In den USA und vor allem in Europa liegt der Fokus in dieser Debatte stark auf dem Christentum. Werfen wir aber einen Blick auf das Judentum und den Islam, so finden wir andere Argumentationslinien. Während sich die katholische, die östlich-orthodoxen sowie die meisten der eher konservativen protestantischen Kirchen gegenüber der verbrauchenden Embryonenforschung ablehnend verhalten, stimmen Hindus und Buddhisten der Forschung prinzipiell zu. Zentral für die Haltung der unterschiedlichen Religionen ist die Einschätzung, ab wann Leben beginnt. Während für das Christentum das Leben mit der *Befruchtung* beginnt, nehmen Judentum und Islam einen dazu abweichenden Standpunkt ein. Da im Islam das Leben erst mit dem Einhauchen der Seele, das mit 120 Tagen angesetzt wird, beginnt, ist die überwiegende Mehrheit der Muslime und muslimischen Wissenschaftler sich einig, dass die Forschung mit embryonalen Stammzellen zulässig ist. Die Embryonen sollten allerdings nicht speziell für die Forschung hergestellt werden, wobei überzählige Embryonen aus dem Verfahren der In-vitro-Fertilisation (IVF) als legitim gelten.[3]

Für Rabbiner beginnt das Leben erst dann, wenn keine aktiven Maßnahmen zur Erhaltung des Wachstums nötig sind. In vitro gezeugte Embryonen sind dieser Sichtweise zufolge somit nicht schutzwürdiger als Samenzellen. Der Arzt und Rabbiner Mordechai Halperin (er ist zudem Chief Officer of Medical Ethics for the Israeli Ministry of Health und Direktor des Falk Schlesinger Institute for Medical-Halachic Research in Jerusalem sowie Bioethics Advisory Committee of the Israel Academy of Sciences and Humanities) vertrat in einer Studie für eine israelische Ethikkommission, dass das „genetische Material“ außerhalb der Gebärmutter im Judentum keinen „juristischen Status“ habe und der Embryo erst am 40. Tag den Status eines menschlichen Fetus erhalte. Würden sich die Eltern gegen die Implantation von IVF-Embryonen entscheiden, seien diese überzählig

3 Hossam E. Fadel, Developments in Stem Cell Research and Therapeutic Cloning: Islamic Ethical Positions, a Review, in: Bioethics 26 (3), 2012, 128–135.

und hätten kein Potenzial, sich zu einem Menschen zu entwickeln. Stimmten die Eltern zu, dürfe seiner Ansicht nach mit den Embryonen geforscht werden.[4] Die Haltung des Judentums, wonach Leben erst später beginnt und das Retten von Leben eine ganz besondere Rolle einnimmt, trug nicht zuletzt dazu bei, dass Israel zu den führenden Nationen in der Stammzellenforschung zählt.

Die Frage, die sich aus diesen unterschiedlichen religiösen Auffassungen stellt, ist, wie ein Kompromiss zwischen den unterschiedlichen religiösen Positionen aussehen könnte, wie man von einer individuellen Sicht zu einem universellen Standpunkt gelangen könnte. Wie lassen sich hier religiöse und wissenschaftliche Argumente verbinden, wie kann mit religiösen Argumenten, die nicht auf wissenschaftlichen Beweisen basieren, in einem „Fairplay-Diskurs" umgegangen werden? Wie werden Ethikkommissionen besetzt und wie verlaufen Debatten in Ethikkommissionen, die mit Repräsentanten unterschiedlicher Religionen besetzt sind?

## 3 Nationale Gesetze, Ethikkommissionen und die Internationalität der Forschung

Religiöse Auffassungen und auch die jeweilige Geschichte tragen dazu bei, dass die Stammzellenforschung in unterschiedlichen Ländern mit unterschiedlichen Gesetzgebungen und somit unterschiedlichen Forschungsbedingungen konfrontiert ist. In Europa weist Großbritannien das liberalste Gesetz auf und folgt einem sehr weiten Begriff von Schutzwürdigkeit. Auch in der Schweiz dürfen Wissenschaftler aus überzähligen menschlichen Embryonen Stammzellen gewinnen und mit den Zellen forschen. Am rigidesten sind die Bedingungen in Irland und Polen, was auf den Einfluss der katholischen Kirche zurückzuführen ist. Der polnische Gesetzgeber stellt jeglichen Eingriff der zur Zerstörung eines Embryos rechtlich der Abtreibung gleich und droht mit einer Freiheitsstrafe von bis zu drei Jahren. Rechtsexperten interpretieren auch die Forschung an importierten Stammzellen einhellig als unzulässig, da dem Lebensschutz im polnischen Recht ein hoher Stellenwert zukommt. Polen spricht sich auch in der EU gegen eine Förderung dieser Forschung aus.

4 Pierre Heumann, Ethische Bedenken, nicht bei uns!, in: Die Weltwoche, 05/2002.

Es bleibt aber unklar, ob sich das Verbot der Forschung an humanen embryonalen Stammzellen auf ein formelles Gesetz, allgemeines Ordnungsrecht oder auf niederrangige Rechtsvorschriften stützt. Auch in Deutschland wird dem Embryo bereits mit Abschluss der Kernverschmelzung die Schutzwürdigkeit zugesprochen und die Erzeugung von Embryonen für die Stammzellforschung oder die Gewinnung von Stammzellen aus vorhandenen Embryonen ist verboten. Diese Haltung hängt jedoch weniger mit dem Einfluss der Religion, sondern mit dem Nachwirkungen des Nationalsozialismus zusammen. In Ausnahmefällen dürfen in Deutschland embryonale Stammzellen eingeführt werden, die aus überzähligen Embryonen gewonnen wurden, die nicht mehr für die Herbeiführung einer Schwangerschaft benötigt werden. Deutschland importiert beispielsweise aus Israel und den USA Stammzellen zu Forschungszwecken, deutsche Wissenschaftler forschen mit deutschen Stipendien an Embryonen an amerikanischen Forschungsinstituten. Kann es sich Deutschland somit leisten, weiterhin an restriktiven Gesetzen festzuhalten, um sie in der Praxis zu umgehen? Die Internationalität von Wissenschaft stellt somit nationale bzw. europaweite Regelungen und nicht zuletzt auch die Arbeit von nationalen und EU-weiten Ethikkommissionen in Frage. Interessant wären die Positionen von Ländern wie China, Indien oder Russland. In den Worten Itskovitz-Eldors, Wissenschaftler am Rambam Medical Center in Haifa, ist die Diskussion in Ländern, die Abtreibung zulassen, aber die Produktion embryonaler Stammzellen verbieten, „reichlich heuchlerisch“.[5]

Wie wir aus der Geschichte wissen, wurde und wird Wissenschaft auch immer instrumentalisiert und missbraucht. Sie benötigt daher die Kontrolle durch die Gesellschaft. In der Frage der Stammzellenforschung ist es ist allerdings noch keineswegs geklärt, wer für die Gesellschaft sprechen soll und kann und auch welche Rolle Religionen zukommen soll und darf. Ich persönlich glaube, dass Forschung von den bisher vorgebrachten moralisch-ethisch-religiösen Argumenten nicht aufgehalten, sondern lediglich verzögert werden kann und die zentrale Frage hinsichtlich eines Fairplay darin liegen wird, wer von den Forschungsergebnissen profitieren wird. Dabei denke ich sowohl an Forschung, Pharmaindustrie, Universitäten und vor allem an kranke Menschen, die sich von

5 Ebd.

der Forschung Heilung erhoffen. Obwohl vieles noch nach Science-Fiction klingt, bezeichnen manche Experten die Zelltherapie als eines der lukrativsten Zukunftsgebiete der Medizintechnik. Die weltweiten Aufwendungen für In-vitro-Fertilisation wurden im Jahr 2010 auf 6 Mill. Euro pro Jahr geschätzt.[6] Denken wir zudem an die Betroffenen, so wirft sich die Frage auf, wer sich die Heilung leisten kann. Wem kommt die Forschung zugute, und ganz pragmatisch: Wie werden sich die Krankenkassen daran beteiligen?

6 Handelsblatt, 7. Juli 2010.

# Fairness und Fairplay aus pädagogischer Sicht

Von Regeln der Fairness zur Moral der Gerechtigkeit

Christine Schmid

## 1 Einleitung

Fairness ist ein Wert, der auf Gerechtigkeitsvorstellungen beruht. Fairplay ist das Handeln, das sich an diesem Wert ausrichtet. Fairness ist nicht unbedingt auf Regeln angewiesen, aber Regeln dienen häufig der Fairness, weshalb sich die Theorie zur Entwicklung einer Moral der Gerechtigkeit (Kohlberg, 1996) auch mit dem Einhalten von Regeln befasst. Neben dem Einhalten von Regeln wird im Laufe der persönlichen Entwicklung zunehmend aber auch die Bewertung von Regeln wichtig, denn nicht alle Regeln dienen der Fairness und schon so manche Regel hat sich im Zuge einer kritischen Diskussion und vor dem Hintergrund kultureller Veränderungen als nicht mehr notwendig oder haltbar erwiesen. Der vorliegende Beitrag befasst sich mit zwei verschiedenen Aspekten: einerseits der Entwicklung der Fähigkeit, Regeln einem rationalen Diskurs zu unterziehen, sowie andererseits der Entwicklung der Motivation, Regeln einzuhalten.

## 2 Was haben Regeln mit Fairness zu tun?

Regeln im Allgemeinen haben zwei wichtige Funktionen, sie koordinieren den Ablauf von Handlungen und dienen der Durchsetzung von Werten. Fairness kann ein solcher Wert sein. Besonders gut verdeutlichen lässt sich dieser Sachverhalt am Beispiel von Spielregeln. Ein Spiel ohne Regeln funktioniert nicht, weil keiner weiß, was er zu tun hat. Spielregeln klären den Zweck der spielerischen Handlung. Darüber hinaus dienen sie aber auch der Fairness, denn sie klären die Mittel, die als legitim gelten, um im Spiel eingesetzt zu werden. Was Fairness im Spiel bedeutet, wird vor allem dann anschaulich, wenn Regeln geändert werden sollen. Eine neue Regel wird normalerweise nur dann von allen akzeptiert, wenn diese keinen der am Spiel Beteiligten bevorteilt. Spielregeln liegt idealiter – und manchmal auch praktisch – ein Konsens aller am Spiel Beteiligten zugrunde.

Die Einigung auf Spielregeln folgt demselben Prinzip, dem auch andere Gerechtigkeitsurteile unterliegen. John Rawls (1979) hat in seiner Theorie der Gerechtigkeit die folgenden formalen Voraussetzungen für gerechte Lösungen herausgearbeitet: Eine Lösung gilt dann als gerecht, wenn erstens alle ihr zustimmen können, und dies zweitens unter der Voraussetzung geschieht, dass keine/r der Beteiligten weiß, wer im Aushandlungsprozess er/sie ist. Dieser „Schleier des Nichtwissens" sorgt dafür, dass keine Lösung zustande kommt, die für eine/n der Beteiligten inakzeptabel wäre. Das Finden gerechter Lösungen beruht demnach auf einem Gedankenexperiment, das eng mit der „idealen Rollenübernahme", wie sie von G.H. Mead (1973) beschrieben wurde, verbunden ist und das Jürgen Habermas (1988) später in der Diskursethik aufgegriffen hat.

## 3 Die Motivation, Regeln einzuhalten

Die Existenz von Regeln und das Wissen um das Moment der Fairness in Regeln sind noch nicht gleichbedeutend mit der Motivation, die Regeln auch einzuhalten. Menschen handeln häufig entgegen ihrer Einsicht, entweder weil sie ihre spontanen Neigungen nicht kontrollieren können, oder weil eine Handlung entlang der besseren Einsicht mit persönlichen Kosten verbunden ist. Eine Regel zu kennen und sie anzuerkennen, führt also noch nicht automatisch zu ihrer Befolgung; vielmehr muss in konkreten Handlungssituationen der Wille, die Regel zu befolgen, stärker sein als die Neigung, diese zu verletzen. Aus motivationspsychologischer Sicht können zwei Gründe dafür den Ausschlag geben: Entweder sorgt Angst vor Strafe für die Befolgung der Regel oder die Regel wurde so verinnerlicht, dass ihre Nichtbefolgung negative Gefühle wie Schuld oder Scham im Selbst hervorruft. Umgekehrt geht das Einhalten der Regel entgegen einer Versuchung ihrer Verletzung mit positiven Gefühlen wie Stolz oder Zufriedenheit einher. Das Befolgen der Regel ist in diesem Fall zu einem Bedürfnis geworden (Parsons, 2002).[1] Was mit Bezug auf das Einhalten von Regeln ausgeführt wurde, gilt gleichermaßen für das Handeln entlang eines Wertes. Die Verletzung eines Wertes, der verinnerlicht und damit zu einem Bestandteil der Identität wurde,

1 Sowohl Parsons (2002) als auch Durkheim (1984) weisen darauf hin, dass gesellschaftliches Handeln oder gesellschaftliche Kooperation ohne einen gewissen Grad der Verinnerlichung von Regeln durch die Individuen, also allein auf Strafe basierend, nicht funktionieren würden.

ruft im Selbst Gefühle der Schuld und Scham hervor. Wenn es sich bei dem verinnerlichten Wert um den der Gerechtigkeit handelt, wenn Gerechtigkeit also zu einem inneren Bedürfnis geworden ist, wird in der Moralforschung von moralischer Motivation gesprochen (Nunner-Winkler, 2007).

## 4 Wie lernen Kinder Regeln?

Kinder können anfangs Regeln nicht von dem unterscheiden, was ihnen in Form von Widerständen jedweder Art entgegengesetzt wird. Die ersten Widerstände machen sich bereits bemerkbar, wenn die kindlichen Bedürfnisse nach Nahrung, Wärme und Zuwendung nicht unmittelbar befriedigt werden. Mit der Zeit gelingt es dem Kind, in solchen Widerständen Regelmäßigkeiten zu identifizieren (z.B. feste Schlaf- und Essenszeiten). Ein Kind kann zu Beginn Regelmäßigkeiten der physikalischen Welt noch nicht von Regelmäßigkeiten der sozialen Welt unterscheiden. Widerstände bedingt durch Schwerkraft (z.B. ein Ball rollt aus der Hand und fällt auf den Boden) wiegen für das Kind gleich schwer wie sozial bedingte Widerstände (z.B. der Ball wird dem Kind weggenommen, weil er jemandem anderen gehört).

### 4.1 Stadien des Regelbewusstseins nach Piaget

Jean Piaget (1979) hat in seinem Werk „Das moralische Urteil beim Kinde“ auf der Grundlage von Beobachtungen von mit Murmeln spielenden (männlichen) Kindern beschrieben, wie sich das Regelbewusstsein der Kinder im Zusammenhang mit ihrer Fähigkeit zur Kooperation entwickelt.[2]

#### 4.1.1 Einfache individuelle Regelmäßigkeiten

Das erste Stadium des Regelbewusstseins bezeichnet Piaget als ein vorbewusstes. Zwar sei das Kind von den ersten Lebensmonaten an in eine Atmosphäre von Regeln getaucht, diese kann es aber nicht als solche erkennen, sondern lediglich erfahren. Eine Regelbildung erfolgt allenfalls unbewusst und eher in „einer Art allgemeiner Ritualisierung der Verhaltensweisen, noch vor aller Sprache und vor allem ausgesprochenen moralischen Druck des Erwachsenen“ (Piaget, 1979, 50). In diesem Stadium mag das Kind sich mit einem Spielzeug beschäftigen, ein ge-

2 Die folgende Beschreibung ist stark angelehnt an die Ausführungen bei Garz (2008).

meinsames Spiel kommt jedoch nicht zustande. „Jeder [folgt] seinen Lieblingsvorstellungen, ohne sich um die der anderen zu kümmern" (Piaget, 1979, 32).

### 4.1.2 Nachahmung der Großen und Egozentrismus

Im zweiten Stadium (ab einem Alter von etwa 2 bis 5 Jahren) orientiert sich ein Kind zwar an den Regeln der „Großen", bleibt dabei aber ganz auf sich selbst, auf die eigenen Vorstellungen und Bedürfnisse, fixiert. Fragt man scheinbar zusammen spielende Kinder nach den Regeln, wird deutlich, dass sie diese nicht abgestimmt haben, sie geben abweichende Regeln an. „Dies kommt daher, daß in Wirklichkeit keiner gegen den anderen gewinnen will. Jeder sucht einfach sich selbst zu amüsieren [...], d.h. nach seinem eigenen Standpunkt zu ‚gewinnen'" (Piaget, 1979, 38). Wie im vorigen dient auch in diesem Stadium das Spiel noch vorrangig der Ausbildung der eigenen motorischen Fähigkeiten und nicht der Auseinandersetzung mit einem Spielpartner. Die Regeln werden jetzt zwar gekannt und auch gegenüber Änderungsvorschlägen verteidigt, das Kind unterwirft sich ihnen aber nur scheinbar. Im Prinzip bleiben die Regeln reine Lippenbekenntnisse, sie bilden noch keine verinnerlichten Standards, an denen sich das Verhalten tatsächlich orientiert.

### 4.1.3 Zusammenarbeit

Erst das dritte Stadium (ab einem Alter von etwa 7 bis 8 Jahren) ist durch das Interesse des Kindes am gemeinsamen Spiel gekennzeichnet. Das gemeinsame Spiel zeichnet sich dadurch aus, dass die Spielpartner nun ihre Handlungen aufeinander abstimmen. Nach Piaget nimmt „paradoxerweise" erst ein Kind, das gewinnen will, den Spielpartner wirklich ernst. Das gemeinsame Spiel erfordert eine Verständigung über die Regeln und erfordert Maßnahmen zu ihrer Einhaltung. Die Verständigung allerdings gelingt in dieser Phase oft noch schlecht. Da die Kinder noch nicht über formale Denkoperationen verfügen, fällt es ihnen schwer, Vorkehrungen für hypothetische Fälle der Regelverletzung zu treffen. Häufig wird nach vereinfachten Regeln gespielt. Nichtsdestotrotz markiert dieses Stadium den Übergang von einem heteronomen Umgang mit Regeln zu mehr Autonomie. Regeln gelten nicht mehr als heilig und unveränderbar, sondern werden zweckdienlich verabredet.

### 4.1.4 Interesse für die Regel als solche

Im Alter zwischen 11 und 12 Jahren setzt das vierte Stadium ein, das auch als das Stadium der Kodifizierung von Regeln bezeichnet werden kann. Die Spieler betätigen sich jetzt nicht mehr nur als Regelpartner, sondern auch als Schöpfer und Durchsetzer der Regeln. Das Interesse gilt nicht mehr nur dem Spiel, sondern auch der Regel selbst, was sich dadurch bemerkbar macht, dass sich häufiger „prinzipielle" Erörterungen der Regeln beobachten lassen. In diesem Stadium finden Kinder „Gefallen an juristischen Auseinandersetzungen grundsätzlicher oder lediglich methodischer Art, die sich anlässlich von Streitigkeiten ergeben können" (Piaget, 1979, 40). Das Erörtern, Finden und Durchsetzen von Regeln wird zu einem demokratischen Akt, zu einer Art Vorübung für echte politische Auseinandersetzung, in der das Althergebrachte infrage gestellt wird. „Kurz, von nun an geht das Gesetz vom souveränen Volk aus und nicht von der von den Alten aufgezwungenen Überlieferung." (Piaget, 1979, 74) Aus Zwang und einseitiger Achtung wird Zusammenarbeit und gegenseitige Achtung, eine „wirklich politische und demokratische Gesinnung" (Piaget, 1979, 74).

Aus dem Beschriebenen wird deutlich, dass Kindern Regeln ab einem gewissen Alter zwar bekannt sind, mit einer zuverlässigen Anwendung vor dem Alter von 7 bis 8 Jahren aber nicht zu rechnen ist. Erst ab dem Stadium der Zusammenarbeit wird eine konsistente Anwendung von Regeln wahrscheinlich. Die volle Einsicht in den Sinn von Regeln erlangen Kinder allerdings erst mit dem Einsetzen des formalen Denkvermögens ab einem Alter von etwa 11 Jahren, ab diesem Alter dürften dann auch vermehrt gerechtigkeitsbezogene Erörterungen von Regeln zu beobachten sein.

## 5 Die Moral der Gerechtigkeit

Die frühen Überlegungen von Piaget zum Regelbewusstsein von Kindern wurden durch Lawrence Kohlberg (1996) aufgegriffen und unter Einbezug von Theorien zur sozial-kognitiven Entwicklung zu einer Stufentheorie der Moralentwicklung weiterverarbeitet. Kohlberg beschreibt sechs Entwicklungsstufen, die von den Individuen der Reihe nach durchlaufen werden, und die von einer heteronomen (an Autorität, Strafe und Gehorsam orientierten) bis hin zu einer autonomen (an selbstgewählten ethischen Prinzipien orientierten) Moral reichen.[3] Erst Individuen, welche die Stufe 5 oder 6 erreicht haben, sind in der Lage, geltende Regeln (Konventionen) vor dem Hintergrund selbstgewählter ethischer Prinzipien kritisch zu hinterfragen und im Zweifelsfall den Prinzipien den Vorrang einzuräumen.[4] Erst auf dieser Stufe kann Fairness als etwas wahrgenommen werden, was es notfalls auch gegen die geltenden Regeln oder Gesetze durchzusetzen gilt (z.B. in einem Akt des zivilen Ungehorsams). Mit der Theorie der Moralentwicklung geht Kohlberg über die Beschreibung der Entwicklung in der Kindheit hinaus und bezieht das Erwachsenenalter mit ein. Bis zur Stufe 4 stützt sich Kohlberg bei seinen Stufenbeschreibungen auf das Konzept der sozialen Perspektivenübernahme von Robert Selman (1984), das selbst wiederum auf Überlegungen von G.H. Mead (1973) zurückgeht.

### 5.1 Meads Unterscheidung von „play" und „game" sowie der „verallgemeinerte Andere"

Nach Mead lernen Kinder Rollenanforderungen (Konventionen, Regeln), indem sie sich im Spiel mental in die Rolle der verschiedenen Handlungspartner versetzen und deren „Haltungen" aufeinander beziehen. Als „play" bezeichnet Mead das Spiel von Kindern, das lediglich die Rolle von zwei Handlungspartnern berücksichtigt (z.B. das Kaufmannsspiel mit der Rolle des Kaufmanns und des Kunden). Dem „play" stellt Mead das „game" gegenüber, das durch eine funktionale Ausdifferenzierung von Rollen und eine komplexe Regelgestaltung gekennzeichnet ist (z.B. das Baseballspiel, das im deutschen Sprachraum am ehesten mit dem Fußballspiel vergleichbar ist und das mit Torwart, Stürmer, Verteidiger usw. verschiedene Rollen vorsieht sowie verfasste Spielregeln hat). Während im „play" abwechselnd die Haltung zweier Handlungspartner übernommen und reziprok aufeinander bezogen wird, wird im „game" eine über das Wechselspiel zweier Personen hinausgehende „organisierte Haltung" übernommen.

3 Die Unterscheidung von heteronomer und autonomer Moral geht auf Durkheim (1984) zurück, der in diesem Zusammenhang auch von konventioneller und postkonventioneller Moral spricht. Nach Durkheim zeichnen sich moderne Gesellschaften dadurch aus, dass die Regeln des Zusammenlebens zunehmend Rationalisierungsprozessen unterworfen werden. Moral werde dadurch immer weniger durch Autoritäten, wie beispielsweise die Kirche, gestützt und sei immer stärker auf Vernunft, das heißt auf die Einsicht der Individuen, angewiesen.

4 Bei den selbstgewählten ethischen Prinzipien, handelt es sich um universalistische Prinzipien der Gerechtigkeit, das heißt um Prinzipien, die verallgemeinerbar sind und den Menschen niemals nur als Mittel, sondern immer als letzten Zweck setzen (kategorischer Imperativ).

Beides sind Vorformen der Übernahme der Haltung eines „verallgemeinerten Anderen“, den Mead als „die organisierten gesellschaftlichen Haltungen der jeweiligen gesellschaftlichen Gruppe oder Gemeinschaft (oder eines ihrer Teile)“ (Mead, 1973, 198f.) beschreibt.

## 5.2 Selmans Stufen der sozialen Perspektivenübernahme

Die Unterscheidung zwischen „play“, „game“ und dem „verallgemeinerten Anderen“ wurde von Selman aufgegriffen und in Niveaus der sozialen Perspektivenübernahme übersetzt. Die Niveaus der sozialen Perspektivenübernahme reichen von der einfachen Differenzierung zwischen der Perspektive des Selbst und des Anderen (Stufe 1), über die Fähigkeit, die Perspektive des Anderen auf das Selbst zu beziehen (Stufe 2), bis hin zur Übernahme einer übergeordneten dritten Perspektive (Stufe 3), die es erlaubt, die Beziehung zwischen Selbst und Anderen „von außen“ in den Blick zu nehmen. Selmans Konzeption endet bei der Stufe 4, die der Perspektive des „generalisierten Anderen“ entspricht (Selman, 1984).

## 5.3 Stufen der moralischen Entwicklung nach Kohlberg[5]

Auf Kohlbergs Stufe 1, welche durch die egozentrische Perspektive des Selbst (in Differenz zur Perspektive des Anderen) gekennzeichnet ist, gewinnen Regeln bzw. Normen ihre Bindungskraft vor allem durch die negativen Konsequenzen, die bei Übertretung drohen. Als Metapher für die moralische Orientierung auf dieser Stufe gilt, dass „die Macht bestimmt, was richtig ist“, oder auch „gut ist, was mir nützt“. Eine Beispielantwort auf das viel zitierte „Heinz-Dilemma“[6]

5 Die folgende Beschreibung der Stufen von Kohlberg ist angelehnt an die Beschreibung bei Garz (2008, 101–106; vgl. aber auch Kohlberg, 1996, 128–132, sowie Kohlberg, 1987, 26f.).

6 Kohlberg hat die Stufe der moralischen Entwicklung bei Kindern und Erwachsenen anhand von Interviews ermittelt, in denen er den Befragten moralische Dilemmata vorlegte und sie anschließend zu ihrem moralischen Urteil und dessen Begründung befragte. Eines dieser Dilemmata ist das sogenannte Heinz-Dilemma, in dem ein Mann namens Heinz eine krebskranke Frau hat, die ein bestimmtes Medikament benötigt. Dieses Medikament hat ein Apotheker entwickelt, er verkauft es in seiner Apotheke. Heinz hat aber nicht genug Geld, um es sich leisten zu können. Nachdem alle Versuche, die finanziellen Mittel auf legalem Wege aufzutreiben, gescheitert sind und der Apotheker sich weigert, das Medikament billiger abzugeben, stellt sich die Frage, ob Heinz in die Apotheke einbrechen und das Medikament stehlen soll.

könnte lauten: „Heinz sollte das Medikament nicht stehlen, weil er sonst ins Gefängnis muss."

Auf Stufe 2, der Kohlberg zufolge eine konkret-individualistische Perspektive zugrunde liegt (die Perspektiven von Selbst und Anderem können reziprok aufeinander bezogen werden), ist eine Orientierung an instrumentellen Zwecken und am gegenseitigen Austausch vorherrschend. Eigene Interessen und Bedürfnisse werden befriedigt, wobei die Interessen und Bedürfnisse des konkreten Anderen ebenfalls in den Blick kommen. „Wie du mir, so ich dir" oder „Eine Hand wäscht die andere" können als das Motto für die moralische Orientierung auf dieser Stufe gelten. Eine Beispielantwort auf das Heinz-Dilemma wäre: „Heinz sollte das Medikament stehlen, denn wenn er es nicht tut, hat er niemanden mehr, der ihm Essen kocht."

Auf Stufe 3 wird die Perspektive eines Individuums eingenommen, das in sozialen Beziehungen zu anderen steht (eine übergeordnete dritte Perspektive kann eingenommen werden). Normen werden eingehalten, um den Erwartungen von konkreten Anderen (z.B. Familie oder Freunde) zu entsprechen. Vorherrschendes Motiv ist das der sozialen Anerkennung und der Rollenkonformität, man möchte „ein gutes Mädchen" oder „ein guter Junge" sein. Eine Beispielantwort auf Stufe 3 wäre: „Wenn Heinz seine Frau liebt, sollte er das Medikament stehlen. Von einem guten Ehemann kann man erwarten, dass er das für sie tut."

Auf Stufe 4 wird die Perspektive eines Mitglieds der Gesellschaft eingenommen (Perspektive des verallgemeinerten Anderen). Der Sinn von Normen für das Funktionieren größerer Gemeinschaften (z.B. einem staatlichen Gemeinwesen) wird erkannt. Man erfüllt die gesellschaftlichen Pflichten, die man übernommen hat, und folgt den Normen, um das Funktionieren der Institutionen zu gewährleisten. Da auf Stufe 4 die Gültigkeit von Normen nicht infrage gestellt wird, herrscht eine gewisse Law-and-order-Mentalität vor. Eine Beispielantwort auf Stufe 4 wäre: „Auch wenn Heinz seine Frau liebt, sollte er das Medikament nicht stehlen, denn das wäre gegen das Gesetz. Wenn jeder in solch einem Fall das Gesetze einfach brechen würde, bräche Chaos aus."

Die soziale Perspektive auf Stufe 5 beschreibt Kohlberg als diejenige eines rationalen Individuums, das sich der Existenz von Werten und Rechten bewusst ist, die sozialen Bindungen und Verträgen vorgeordnet sind. Ein Individuum auf dieser Stufe zieht sowohl moralische wie auch legale Gesichtspunkte in Betracht, anerkennt, dass diese gelegentlich in Widerspruch geraten, und sieht Schwierigkeiten, sie zu integrieren. Zu den moralischen Gesichtspunkten gehören gewisse absolute Werte wie Freiheit und Leben, die in jeder Gesellschaft unabhängig von der Meinung der Mehrheit respektiert werden sollten.

Nach Kohlberg herrscht auf Stufe 5 häufig eine legalistische Orientierung vor, „wobei jedoch die Möglichkeit von Gesetzesänderungen aufgrund rationaler Reflexion sozialen Nutzens nicht ausgeschlossen wird" (Kohlberg, 1987, 27). Eine typische Antwort auf das Heinz-Dilemma auf Stufe 5 könnte lauten: „Heinz sollte das Medikament stehlen, denn das Leben seiner Frau wiegt schwerer als das Gesetz. Eigentlich müsste man das Gesetz ändern und für solche Fälle eine Ausnahmeregelung vorsehen, darauf kann Heinz aber nicht warten."

Der Stufe 6 liegt nach Kohlberg die Perspektive eines moralischen Standpunktes zugrunde, die durch eine Orientierung an verallgemeinerbaren (universalen) ethischen Prinzipien gekennzeichnet ist. Bei diesen Prinzipien handelt es sich um Prinzipien der Gerechtigkeit: Alle Menschen haben gleiche Rechte und die Würde des Einzelnen ist zu achten. Die Stufe 6 ist der Stufe 5 insofern vorgelagert, als Verfahren der Rechtsetzung ihrerseits vor dem Hintergrund der verallgemeinerbaren Prinzipien einem Legitimationsprozess unterzogen werden können. Spezielle Gesetze und gesellschaftliche Übereinkünfte sind dann legitim, wenn sie auf den Prinzipien der Gerechtigkeit beruhen. Kohlberg rekurriert in diesem Zusammenhang explizit auf das schon erwähnte gedankenexperimentelle Verfahren von Rawls und auf die Diskursethik von Habermas. Eine hypothetische Beispielantwort auf das Heinz-Dilemma könnte lauten: „Heinz sollte das Medikament stehlen, denn die Rettung eines Lebens wiegt grundsätzlich schwerer als das Gesetz. Jeder andere Mensch in seiner Lage würde eine solche Handlung für gut heißen, auch der Apotheker selbst." Ihre Bindungskraft gewinnen Normen auf dieser Stufe allein aus einer freiwilligen Selbstbindung des Individuums, die auf Einsicht (Vernunft) beruht.

## 5.4 Moralische Urteilsfähigkeit und moralische Motivation

Kohlbergs Instrumentarium – klinische Interviews auf der Grundlage hypothetischer moralischer Dilemmata – ist vor allem zur Erfassung der moralischen Urteilsfähigkeit, welche die Begründungen von Regeln mit umfasst, geeignet. Aussagen darüber, ob Personen in konkreten Situationen auch moralisch, das heißt entlang dem als richtig Erkannten handeln würden, können vor diesem Hintergrund nicht getroffen werden. Die Annäherung an die Frage nach dem moralischen Handeln bzw. der dem Handeln zugrunde liegenden Motivation hat sich die sogenannte Happy-Victimizer-Forschung zur Aufgabe gemacht. In diesem Forschungsparadigma wird unterschieden zwischen moralischem Wissen (Wissen über die Gültigkeit von Regeln und deren Begründung) und moralischer Motivation (Wille, die Regel einzuhalten bzw. das als richtig Erkannte im Handeln umzusetzen, auch oder gerade dann, wenn das mit persönlichen Kosten verbunden ist).

Ersteres kann erhoben werden, indem in Interviews über zugrunde liegende Handlungssituationen direkt nach der Richtigkeit einer Handlung gefragt wird: „Ist das richtig, was der Protagonist in der Situation gemacht hat? Warum? Warum nicht?" Kinder nehmen in solchen Situationen Bezug auf geltende Regeln. Letzteres wird erhoben, indem nach den Gefühlen gefragt wird, die der Proband sich selbst oder dem Protagonisten in der Geschichte nach der Verletzung der entsprechenden Regel zuschreibt: „Wie fühlt sich der Protagonist [nach der Regelverletzung]?" „Wie würdest du dich selbst [nach der Regelverletzung] fühlen?" Unter der Voraussetzung vorhandener Regelkenntnis indizieren negative Gefühlszuschreibungen moralische Motivation, denn die Verletzung eines verinnerlichten Standards erzeugt Gefühle der Schuld oder Scham. Positive Gefühlszuschreibungen dagegen indizieren mangelnde moralische Motivation, denn die Probanden bzw. Protagonisten freuen sich in diesem Fall in der Regel über das erreichte Ziel, unabhängig davon, ob sie dabei einen moralischen Standard verletzen – daher der Name „happy victimizer". In der Literatur (Arsenio et al., 2006) ist nach wie vor umstritten, wie das Phänomen des „happy victimizers" genau zu bewerten ist – handelt es sich bei den positiven Gefühlszuschreibungen tatsächlich um ein moralisches oder vielleicht doch nur um ein kognitives Defizit von Kindern? Auf diese Frage kann hier nicht weiter eingegangen werden. In Übereinstimmung mit Nunner-Winkler (2007) soll jedoch angenommen werden, dass die Gültigkeit einer Regel kognitiv repräsentiert sein muss (moralisches Wissen), bevor sie als Standard für das eigene Handeln verinnerlicht werden kann (moralische Motivation).[7]

7 Diese Annahme ist allerdings, insbesondere mit Bezug auf den Wert der Gerechtigkeit, nicht unumstritten (vgl. Haidt, 2001).

## 6 Lernprozesse, die dem Aufbau moralischen Wissens und moralischer Motivation dienen

Nunner-Winkler (2007) zufolge liegen dem Wissen über die Gültigkeit von Regeln einerseits und der Verinnerlichung von Verhaltensstandards andererseits unterschiedliche Lernprozesse zugrunde. Über die Gültigkeit von Regeln erfahren Kinder etwas über Instruktion und Beobachtung. Das Wissen über Normen liegt in Form von kognitiven Repräsentationen vor, die zunehmend differenzierter und reflektierter werden. Je weiter fortgeschritten die kognitive Entwicklung und je umfangreicher das kulturelle Wissen sind, desto begründeter werden die Einsichten in den Sinn von Regeln und die Wünschbarkeit von Werten, denen die Regeln zum Durchbruch verhelfen sollen. Am Ende steht nicht nur konkretes Wissen darüber, was in bestimmten sozialen Situationen als richtig oder angemessen gilt, sondern es wird auch die Fähigkeit erworben, gedankenexperimentell bzw. hypothetisch selbst gerechte oder faire Lösungen herbeizuführen sowie geltende Regeln vor diesem Hintergrund zu beurteilen – so weit die kognitive Seite der moralischen Entwicklung.

Gänzlich andere Lernmechanismen, die sehr viel stärker affektiv gesteuert sind, sorgen für den Aufbau von moralischer Motivation, welche wesentlich in einer Verinnerlichung von Verhaltensstandards besteht. Hopf/Nunner-Winkler (2007) verweisen in diesem Zusammenhang auf die psychoanalytische Theorie von Sigmund Freud (1992) sowie auf die Theorie von Talcot Parsons (2002) und auf die Bindungsforschung (Ainsworth et al., 2003; Grossmann/Grossmann, 2003). Nach Freud entwickelt sich das Über-Ich – und damit das Gewissen – in der ödipalen Phase durch die Identifikation mit dem gleichgeschlechtlichen Elternteil. Aus Angst vor dem strafenden Vater verdrängt der kleine Junge seine inzestuösen Wünsche gegenüber der Mutter und ersetzt diese durch ein Ich-Ideal. Parsons beschreibt die Hineinnahme (Internalisierung) von Rollenerwartungen ins Ich ebenfalls als eine Folge von Identifikationsprozessen, allerdings als eine mit unterschiedlichen Bezugspersonen (Eltern, Lehrkräfte). Er bindet die Internalisierungsprozesse und die damit einhergehende Transformation von Bedürfnisstrukturen zudem nicht so exklusiv an die psychosexuelle Entwicklung wie Freud. Freuds Konzeption der Über-Ich-Entwicklung ist vielfach kritisiert worden und inzwischen verweisen auch psychoanalytische Ansätze darauf, dass sich erste Anzeichen eines sich entwickelnden Gewissens bereits in der prä-ödipalen Phase bemerkbar machen und die Über-Ich-Entwicklung somit wohl eher als ein kontinuierlicher Prozess betrachtet werden muss (Hauser, 2007).

Beruht bei Freud die Lösung des Ödipuskomplexes auf Angst (vor Kastration), so lenkt die Bindungsforschung den Fokus stärkerauf die Rolle der kindlichen Zuneigung und des Vertrauens gegenüber Bezugspersonen. Anzunehmen ist, dass eine positive affektive Beziehung zur Bezugsperson einer Identifikation mit deren Erwartungen eher zuträglich ist als eine gestörte oder distanzierte Beziehung. Längsschnittstudien belegen, dass Kinder, die im Alter von 1 bis 2 Jahren eine positive Beziehung bzw. sichere Bindung zur Bezugsperson (meist die Mutter) aufweisen, im Alter von etwa 5 Jahren im Vergleich zu anderen Kindern weiter entwickelte soziale und moralische Fähigkeiten zeigen (Kochanska u.a., 2005). In experimentellen Situationen orientierten sie sich stärker an den Anweisungen und Regeln (auch Spielregeln), die durch die Mutter oder andere Erwachsene vorgegeben wurden, und hielten diese auch dann ein, wenn sie nicht unter Beobachtung standen. Noch wenige Belege gibt es für die These, dass eine hohe Normeninternalisierung in der frühen Kindheit mit einer höheren moralischen Eigenständigkeit im späteren Leben einhergeht. Jedoch gibt es Forschungsbefunde, die darauf hinweisen, dass gewaltbereite Jugendliche, also Jugendliche, die Normen übertreten, in ihrer Kindheit häufig wenig emotionale Unterstützung durch ihre Eltern erhielten (Dodge et al., 2006).

Die Befundlage spricht also einerseits dafür, dass „Kinder, die unter schwierigen Bedingungen aufwachsen, die körperlich oder seelisch misshandelt werden und keine sichere Bindung an eine Bezugsperson aufbauen können, […] langfristig im Vergleich zu anderen Kindern gefährdet [sind]. Sie sind als Jugendliche in ihrer moralischen Eigenständigkeit eingeschränkt und haben Probleme damit, Gefühle innerer Verpflichtung gegenüber zentralen sozialen Normen (z.B. Verbot der Schädigung anderer, Diebstahlverbot) zu entwickeln." (Hopf/Nunner-Winkler, 2007, 23) Andererseits gibt es aber auch Stimmen, die eine sichere Bindung allein für nicht ausreichend, ja sogar für hinderlich halten, um die Entwicklung der Persönlichkeit in Richtung moralischer Autonomie zu fördern. Studien von Blasi (2007) zeigen, dass sich in den Biografien von „moralischen Revolutionären", definiert als Personen, die sich entgegen den Konventionen für Gerechtigkeit einsetzen, entweder Vorbilder, die moralisch unabhängiges Denken gefördert und den Wert kritischer Unangepasstheit vermittelt haben, oder aber Phasen der Bindungsunsicherheit auffinden lassen, in denen sie jene Autonomie gegenüber primären sozialen Bezugsgruppen erlangten, die für Handeln entgegen den Konventionen Voraussetzung ist.

## 7 Familie und Schule als Kontexte moralischen Lernens

Wenn eine positive affektive Beziehung eine grundlegende Voraussetzung für die Internalisierung von Normen darstellt, dann steht außer Frage, dass die Familie den ersten wichtigen Kontext für moralisches Lernen bildet. Dabei dürfte allerdings nicht nur die affektive Qualität der Beziehung, sondern auch der Erziehungsstil eine Rolle spielen. Ein autoritativer, durch Wärme, Regeln und Instruktion gekennzeichneter Erziehungsstil sollte einem autoritär-rigiden oder einem vernachlässigenden Erziehungsstil überlegen sein (Hopf/Nunner-Winkler, 2007).

Nach Parsons (2002) gerät die familiäre Erziehung allerdings dort an Grenzen, wo es darum geht, verallgemeinerbare Werte – und um einen solchen handelt es sich bei Fairness – zu vermitteln. In Familien dominieren nach Ansicht Parsons partikularistische Sichtweisen, das heißt, das Wohlergehen und das Interesse der Familie und ihrer Mitglieder stehen im Vordergrund, übergeordnete, gesellschaftliche Interessen kommen nicht zwangsläufig in den Blick. In der Familie wird jedes Mitglied als Besonderes behandelt. Der Aufbau universaler Werthaltungen aber sei abhängig von der Erfahrung einer grundlegenden Gleichheit mit anderen. Erst die Rolle des Schülers (oder der Schülerin), die als Altersgleiche in der Schule formal alle denselben Bedingungen unterliegen, böte diese Erfahrung grundlegender Gleichheit. Die Schule sei deshalb eine Art Vorübung für die spätere Rolle des Staatsbürgers (oder der Staatsbürgerin).

Auch Durkheim (1984) betrachtete die häusliche Erziehung als ungenügend, um den Geist der „unpersönlichen Regel" zu vermitteln. Er schrieb der „Schuldisziplin" eine wichtige Rolle zu als Bindeglied zwischen der „liebevollen Moral der Familie" und der „strengen Moral des Zivillebens" und sieht die Funktion des Lehrers (der Lehrerin) darin, die Regel nicht nur von oben herab zu verkünden, sondern auch ihren Sinn zu erklären. Der Lehrer (die Lehrerin) diene außerdem als wichtiges Vorbild und solle als solches zeigen, dass auch er (sie) selbst wie alle anderen der Autorität der Regel unterliege, deren Mission er (sie) verkünde.

## 8 Konsequenzen für das Erlernen von Fairness und Fairplay

Gemäß den Stufenbeschreibungen von Kohlberg unterliegt das Herbeiführen fairer Lösungen in konkreten Konfliktfällen gewissen altersspezifischen Restriktionen, die mit der sich erst entwickelnden Fähigkeit zur sozialen Perspektivenübernahme zusammenhängen. Die auf den verschiedenen Stufen angesiedelten Gerechtigkeitsurteile unterscheiden sich wesentlich dadurch, dass sie einen zunehmend größer werdenden Kreis an Beteiligten einbeziehen. Auf Stufe 1 gilt als fair, was dem Selbst nützt (egozentrische Perspektive). Auf Stufe 2 wird ein Ausgleich zwischen den Interessen des Selbst und des Anderen gesucht. Fair ist, was im gegenseitigen Interesse liegt (reziproke Perspektive). Auf Stufe 3 gilt es, die Interessen konkreter Personen im Lichte eines übergeordneten Gruppeninteresses abzuwägen (dritte, übergeordnete Perspektive). Dabei kommen nur Konflikte innerhalb der jeweiligen sozialen Gruppen in den Blick. Erst auf Stufe 4 wird versucht, unterschiedliche partikulare Interessen von sozialen Gruppierungen unter dem Gesichtspunkt eines übergeordneten Interesses der Gesellschaft zu einem Ausgleich zu bringen (Perspektive der Gesellschaft). Auf den Stufen 5 und 6 schließlich wird ein der Gesellschaft vorgeordneter Standpunkt eingenommen, welcher im Sinne der Universalität von Gerechtigkeit alle Menschen in entsprechende Urteile oder Lösungen mit einbezieht.

Was im konkreten Konfliktfall als fair gelten kann, lässt sich über den idealen Diskurs, unter Einbezug aller Beteiligten, Akteure wie Betroffene, sowie unter Beachtung des Schleiers des Nichtwissens, ermitteln. Die kognitiven Voraussetzungen, um mithilfe dieses Gedankenexperiments zu fairen Lösungen zu gelangen (hypothetisches Denken) sollten im Jugendalter, etwa im Alter von 11 bis 12 Jahren voll ausgebildet sein. Die Untersuchungen von Kohlbergs zeigen allerdings, dass trotz der vorhandenen kognitiven Fähigkeiten der vorgesellschaftliche Standpunkt höchst selten tatsächlich eingenommen wird. Die meisten der von ihm interviewten erwachsenen Probanden wurden den Stufen 3 und 4 zugeordnet.

Zu wissen, was fair ist, ist eine Sache. Die Umsetzung dieses Wissens in Handlung jedoch eine andere. Gemäß dem Dargelegten hängt moralisches Handeln einerseits von situativen Bedingungen ab,[9] andererseits aber auch von der persönlichen Entwicklung, insbesondere dem Aufbau einer moralischen Motivation. Der Aufbau von moralischer Motivation wiederum scheint, gemäß den Forschungsbefunden, abhängig zu sein von positiven sozialen Beziehungserfahrungen in der frühen Kindheit sowie von Autonomie fördernden Bedingungen im Laufe des weiteren Lebensweges. Sehr wahrscheinlich ist zudem, dass positive soziale Beziehungserfahrungen auch in anderen Altersphasen als der frühen Kindheit eine wichtige Rolle spielen. Soziale Anerkennung und die Integration in Gemeinschaften dürften der Normeninternalisierung im Allgemeinen zuträglich sein, und somit auch der Internalisierung der Norm der Fairness. Soziale Ausgrenzungserfahrungen hingegen sollten das Gegenteil bewirken (Nunner-Winkler et al., 2006). Untersuchungen in der Tradition der „just community" (Kohlberg, 1987) untermauern diese Vermutung. Nach Edelstein et al. (2001) sind Schulen, denen es gelingt, ein integratives Schulklima zu erzeugen, weniger durch Delinquenz und Schulabstinenz belastet als Schulen, die durch Konkurrenz oder Vernachlässigung geprägt sind.

## 9 Fazit

Aus dem Dargelegten sollte deutlich geworden sein, dass kein Mensch mit einem rationalen, das heißt einem gut begründeten Verständnis von Regeln, die der Gerechtigkeit dienen, geboren wird. Vielmehr werden Regeln zunächst unreflektiert übernommen, können aber im Laufe der persönlichen Entwicklung zunehmend einem rationalen Diskurs unterzogen werden, so dass ihr Bezug zur Gerechtigkeit deutlich wird. Einsicht ist jedoch noch nicht gleichzusetzen mit Handeln entlang dieser Einsicht. Affektiv gesteuerte Lernprozesse sorgen dafür, dass sich das Einhalten von Regeln wie auch Gerechtigkeit als Wert im Selbst etablieren. Grundlegend hierfür sind Erfahrungen der Gleichheit und der sozialen Anerkennung. Später dann treten gute Gründe für eine entsprechende Ausrichtung des Handelns hinzu. Fairness drückt die Wertschätzung der eigenen wie die anderer Personen aus und dient dem sozialen Zusammenhalt. Sie nützt dadurch nicht nur den anderen, sondern auch der eigenen Gruppe bzw. dem Selbst.

9 Deren Rolle wurde im vorliegenden Beitrag nicht weiter thematisiert, obwohl die situativen Bedingungen häufig entscheidend sind.

In Lernkontexten wie der Familie, der Schule oder auch in Sportvereinen sollte letztlich weder auf Begründungszusammenhänge noch auf Bemühungen um soziale Integration verzichtet werden. Regeln zu diskutieren, hilft, ihren Sinn zu verstehen, Regeln durchzusetzen, dient der Fairness und damit allen Beteiligten.

## 10 Literatur

Ainsworth, Mary D.S., Silvia M.V. Bell, und Donelda J. Stayton. 2003 [1974]. „Bindung zwischen Mutter und Kind und soziale Entwicklung: ‚Sozialisation' als Ergebnis gegenseitigen Beantwortens von Signalen." In *Bindung und menschliche Entwicklung. John Bowlby, Mary Ainsworth und die Grundlagen der Bindungstheorie*, hg. von Klaus E Grossmann und Karin Grossmann, 242–279. Stuttgart: Klett-Cotta.

Arsenio, William F., Jason Gold, und Erin Adams. 2006. „Children's conceptions and displays of moral emotions." In *Handbook of moral development*, hg. von Melanie Killen und Judith G Smetana, 581–609. Mahwah, N.J.: Lawrence Earlbaum.

Blasi, Augusto. 2007. „‚Amicus Plato Sed Magis Amica Veritas': Bindung bei ‚Moralischen Revolutionären'." In *Frühe Bindung und moralische Entwicklung*, hg. von Christel Hopf und Gertrud Nunner-Winkler, 203–244. Weinheim, München: Juventa.

Dewey, John. 1993[1916]. *Demokratie und Erziehung*. Weinheim, Basel: Beltz.

Dodge, Kenneth A., John D. Coie, und Donald Lynam. 2006. „Aggression and antisocial behaviour in youth." In *Social, emotional, and personality development*, hg. von Nancy Eisenberg, 719–788. Hoboken N.J.: John Wiley & Sons.

Durkheim, Emile. 1984 [1902/1903]. *Erziehung, Moral und Gesellschaft*. Frankfurt a.M.: Suhrkamp.

Edelstein, Wolfgang, Fritz Oser, und Peter Schuster. 2001. *Moralische Erziehung in der Schule*. Weinheim, Basel: Beltz.

Freud, Sigmund. 1992 [1923]. *Das Ich und das Es*. Frankfurt a.M.: Fischer.

Garz, Detlef. 2008. *Sozialpsychologische Entwicklungstheorien*. 4. Aufl. Wiesbaden: VS Verlag für Sozialwissenschaften.

Grossmann, Klaus E., und Karin Grossmann. 2003. *Bindung und menschliche Entwicklung. John Bowlby, Mary Ainsworth und die Grundlagen der Bindungstheorie.* Stuttgart: Klett-Cotta.

Habermas, Jürgen. 1988 [1981]. *Theorie des kommunikativen Handelns.* Frankfurt a.M.: Suhrkamp.

Haidt, Jonathan. 2001. „The emotional dog and its rational tail: A social intuitionist approach to moral judgment." *Psychological Review*,108(4): 814–834.

Hauser, Susanne. 2007. „Gewissensentwicklung in neueren psychoanalytischen Beiträgen." In *Frühe Bindung und moralische Entwicklung*, hg. von Christel Hopf und Gertrud Nunner-Winkler, 43–68. Weinheim, München: Juventa.

Hopf, Christel, und Gertrud Nunner-Winkler. 2007. „Frühe emotionale Beziehungen, Bindung und moralische Entwicklung." In *Frühe Bindung und moralische Entwicklung*, hg. von Christel Hopf und Gertrud Nunner-Winkler, 9–68. Weinheim, München: Juventa.

Kochanska, Grazyna, David R. Forman, Nazan Akzan, und Stephen B. Dunbar. 2005. „Pathways to conscience: early mother-child mutually responsive orientation and children's moral emotion, conduct, and condition." *Journal of Child Psychology and Psychiatry* no. 46 (1):19–34.

Kohlberg, Lawrence. 1987. „Moralische Entwicklung und demokratische Erziehung." In *Moralische Urteilsfähigkeit. Eine Auseinandersetzung mit Lawrence Kohlberg*, hg. von Georg Lind und Jürgen Raschert, 25–43. Weinheim, Basel: Beltz.

Kohlberg, Lawrence. 1996. *Die Psychologie der Moralentwicklung.* Frankfurt a.M.: Suhrkamp.

Mead, George H. 1973 [1934]. *Geist, Identität und Gesellschaft.* Frankfurt a.M.: Suhrkamp.

Nunner-Winkler, Gertrud. 2007. „Frühe emotionale Bindung und Selbstbindung an Moral." In *Frühe Bindung und moralische Entwicklung*, hg. von Christel Hopf und Gertrud Nunner-Winkler, 177–202. München, Weinheim: Juventa.

Nunner-Winkler, Gertrud, Marion Meyer-Nikele, und Doris Wohlrab. 2006. *Integration durch Moral.* Wiesbaden: VS-Verlag.

Parsons, Talcott. 2002 [1964]. *Sozialstruktur und Persönlichkeit.* 7. Aufl. Eschborn: Dietmar Klotz.

Piaget, Jean. 1979/1954 [1932]. *Das moralische Urteil beim Kinde*. 3. Aufl. Frankfurt a. M.: Suhrkamp.

Rawls, John. 1979 [1971]. *Eine Theorie der Gerechtigkeit*. Frankfurt a. M.: Suhrkamp.

Selman, Robert L. 1984 [1980]. *Die Entwicklung des sozialen Verstehens*. Frankfurt a. M.: Suhrkamp.

# Kommentar: Fairness und Fairplay aus pädagogischer Sicht

Gottfried Schweiger

Christine Schmid beschreibt in ihrem wertvollen Beitrag einerseits, wie Kinder moralisches Wissen erwerben, andererseits wie dieses Wissen in moralisches Handeln überführt und solches Handeln gefördert werden kann. Daran anknüpfend erscheinen mir drei Nachfragen bzw. Vertiefungen geboten, die ich in diesem Kommentar skizzieren will: (1) Das Verhältnis der Dualität von moralischem Wissen und moralischer Motivation zu den jeweiligen Inhalten der Moral. (2) Die Frage nach der Verantwortung, moralisches Wissen und moralische Motivation im Laufe der Kindheit zu erwerben. (3) Die Frage nach den Konsequenzen aus dem Pessimismus bezüglicher transnationaler bzw. allgemein komplexerer Formen der Moral und Gerechtigkeit.

Die Inhalte von Moral bzw. Gerechtigkeit können unterschiedlich ausformuliert werden und es finden sich in der Philosophie wie auch im Alltag unzählige, miteinander teils inkompatible Vorstellungen darüber, was moralisch geboten bzw. verboten ist. Eine Theorie darüber, wie während der Kindheit moralisches Wissen erworben wird, kann diesen unterschiedlichen Vorstellungen gegenüber nur schwer wirklich neutral sein. Vielmehr wird eine solche Theorie immer schon einen bestimmten Vorbegriff von Moral und Gerechtigkeit haben, an dem das Erlernen bzw. das Wissen von Kindern gemessen wird. Das lässt sich an der Kolhberg'schen Theorie, die Schmid heranzieht, gut ablesen. So wird die Stufe 4 der Moralentwicklung mit der Aussage beschrieben: „Auch wenn Heinz seine Frau liebt, sollte er das Medikament nicht stehlen, denn das wäre gegen das Gesetz. Wenn jeder in solche einem Fall das Gesetze einfach brechen würde, bräche Chaos aus.“ Es mag verschiedene Moraltheorien geben, die dieser Aussage heftig widersprechen und auf das Recht, ja vielleicht sogar die Pflicht von Heinz pochen, das Medikament zu stehlen, um seine Frau zu retten. Demgegenüber sind jedoch auch durchaus nicht „kindliche“, sondern ausdifferenzierte und argumentativ anspruchsvolle Moraltheorien denkbar bzw. vorhanden, die genau dieser

Aussage zustimmen würden. Die also vehement bestreiten würden, dass ihre Theorie bloß Ausdruck eines Mangels an moralischer Entwicklung ist. Allein daran lässt sich ablesen, dass die Inhalte von Moral und Gerechtigkeit immer umstritten sind und einer Begründung bedürfen, die sich jedoch nicht aus einer Theorie des Moralerwerbs ableiten lässt. Ja, es ist schon umstritten, was überhaupt eine sinnvolle und ausreichende Moralbegründung ist. Des Weiteren bedürfen, wie Schmid auch richtig anmerkt, moralische Inhalte, damit sie umgesetzt werden können, auch der Zustimmung der Beteiligten (vielleicht jedoch nicht aller Beteiligter) und ihrer Befolgung bzw. der Einrichtung von Institutionen, die beides sicherstellen und Moral und Gerechtigkeit in Recht überführen (nicht vollständig, aber zumindest in einigen sehr wichtigen Bereichen). Da aber jedes Erlernen von moralischen Inhalten und die Umsetzung derselben bereits in vorhandenen moralischen Umwelten stattfindet, ist davon auszugehen, dass diese auch beeinflussen, wie Moral und Gerechtigkeit erlernt werden und vor allem welche Inhalte der Moral und Gerechtigkeit gelernt werden, deren Umsetzung dann gefördert bzw. behindert wird. Moralische Entwicklung ist deshalb auch sicherlich kein automatisierter Prozess, sondern das Ergebnis der Interaktion des Individuums mit seiner Umwelt und unter den Bedingungen, die es vorfindet, und angeleitet und beeinflusst von den moralischen (sowie kulturellen, sozialen, politischen etc.) Vorstellungen seiner Umwelt. Diese Einflussnahme geschieht sicherlich ab einem frühen Zeitpunkt, vornehmlich durch die Familie, soziale Kontakte und in der Schule sowie durch andere Informationsquellen, die zur Verfügung stehen und auf das Kind wirken. Die Aneignung von moralischem Wissen kann dann nur schwer davon getrennt werden, was hier gelernt und verinnerlicht wird bzw. werden soll. Für diejenigen, die dafür verantwortlich sind, moralisches Wissen zur Verfügung zu stellen, birgt das nicht wenige Schwierigkeiten in sich. In der Familie wird diese Pluralität an Moralvorstellungen durch den Schutz der Privatheit und des Anspruchs der Eltern auf eine möglichst autonome Erziehung noch zu weiten Teilen gedeckt. In der Schule jedoch ist die Frage nach den Moralinhalten eine öffentliche Angelegenheit, eine Angelegenheit, die nicht nur politisch ist, sondern selbst eine moralische Dimension besitzt. Ist es Kindern als moralisch richtig beizubringen, in Situationen, mit denen Heinz konfrontiert ist, gegen das Gesetz zu verstoßen und zu stehlen? Wie auch immer die Antwort auf diese Frage ausfallen wird, sicher ist, dass sich weder Familie noch Staat der Aufgabe entziehen können, moralische Inhalte zu vermitteln und auch die Motivation, diese Inhalte umzusetzen, zu fördern. Die Erziehung zur Fairness und zum Fairplay ist dabei nur ein möglicher Ansatzpunkt. Diese beiden sind nämlich trotz fast ubiquitärer Zustimmung durchaus nicht unproblematisch. Fairness und Fairplay können relevante Moralinhalte beschreiben. Dasjenige, was als fair zu gelten hat, deckt jedoch sicherlich nicht den ganzen Inhalt der Moral und kann auch im Widerspruch zu anderen Moralinhalten gelangen. Was im Spiel als fair gilt, nämlich sich an Regeln zu halten, kann im „wirklichen" Leben, wie das Heinz-Beispiel zeigt, höchst problematisch sein.

Damit will ich auch schon übergehen auf meinen zweiten Punkt, nämlich die Frage nach der Verantwortung der verschiedenen Akteure, die die moralische Entwicklung des Kindes beeinflussen, ihm wesentliche Inhalte vermitteln und deren Umsetzung befördern. Die wichtigsten habe ich bereits angesprochen: Familie, Schule, Staat. Diese drei stehen in einer Spannung zueinander, die sich anhand der Frage nach Moral und Gerechtigkeit sehr gut ablesen lässt. Zunächst möchte ich aber festhalten, dass die moralische Entwicklung des Kindes sowohl einen intrinsischen als auch einen instrumentellen Wert hat. Intrinsisch wertvoll ist die moralische Entwicklung, also das Erlernen moralischer Inhalte deshalb, weil sie einerseits zu einem guten Leben gehören und es andererseits auch ein Recht des Kindes darauf gibt, ein moralisch richtiges Handeln zu erlernen und vor allem auch sich gegenüber moralischen Normen kritisch zu positionieren. In diesem Sinne ist moralische Entwicklung immer auch mit dem Ziel ausgestattet, selbst Moral und Gerechtigkeit Setzende sein zu können, also autonom zu werden. Der instrumentelle Wert der moralischen Entwicklung ist sowohl für das Kind als auch die Gemeinschaft, die Familie und den Staat gegeben. Das Zusammenleben ist ungleich schwieriger zu gestalten, wenn keine moralische Konformität herrscht, also moralische Vorstellungen und entsprechende Normen und Handlungen weit auseinandergehen, ja so weit divergieren, dass sich keine gemeinsame Basis (an Rechten und Pflichten und deren Schutz durch den Staat und seine Institutionen) finden lässt. Aus beiden Gründen heraus, dem intrinsischen und dem instrumentellen Wert der Moralentwicklung und des Erlernens und Umsetzens von Moral, kann eine Verpflichtung für die maßgeblichen Akteure Familie und Staat und seiner Institutionen, insbesondere die Schule, abgeleitet werden. Diese haben sicherzustellen, dass jedes Kind bzw. das eigene Kind auch wirklich in den Genuss einer moralischen Entwicklung gelangt. Für viele Menschen ist die quasi „natürliche“ und naheliegendste Anlaufstelle die Familie bzw. die Eltern. Diese haben die moralische Entwicklung zu fördern und zu ermöglichen. Damit sind drei Schwierigkeiten verbunden: einmal die Frage, wer die Standards festlegt, die die Familie zu erfüllen hat, bzw. welche moralischen Inhalte sie zu vermitteln hat und wer diese kontrolliert. Zweitens sind all jene Fälle problematisch, in denen bezweifelt werden kann, dass die Eltern diese Aufgabe übernehmen können, bzw. wenn der begründete Verdacht besteht, dass die Eltern andere als die gewünschten moralischen Inhalte vermitteln. Und schließlich, drittens, ist zu fragen, inwieweit die Erziehung durch die Eltern prinzipiell ergänzungsbedürftig ist, also was der Staat zusätzlich bereitstellen muss. An diesem dritten Punkt hängt dann auch die Frage nach dem quasi natürlichen Konflikt zwischen staatlichen Eingriffen und familialer Autonomie. Die Frage nach den Inhalten wurde bereits als höchst problematisch ausgewiesen. Sobald sich eine Gemeinschaft bzw. ein Staat jedoch darauf festgelegt hat, welche moralischen Inhalte befürwortet werden und welche nicht, seien diese auch noch so „dünne“ Vorstellungen des Richtigen und Gerechten (z.B. in der Verfassung oder der Erklärung der Menschenrechte festgelegt), dann wird er deren Erlernen unterstützen und die dafür beste Umgebung fördern. Er ist dann des Weiteren dazu berechtigt, je sogar zum Wohle der Kinder und des Zusammenlebens dazu verpflichtet, das tatsächliche Erlernen dieser moralischen Inhalte zu kontrollieren und dort einzuschreiten, wo es gefährdet ist. Das rechtfertigt einerseits die Ergänzung der Eltern und der Familie durch staatliche Stellen soweit notwendig und sinnvoll (Schule), andererseits rechtfertigt es auch den Eingriff und teilweise, in besonders schwerwiegenden Fällen sogar vollständige, Aufhebung der Erziehungsautonomie der Eltern. Natürlich wird der Staat darum bemüht sein, die Bedingungen so zu gestalten, dass moralische Erziehung durch die Eltern und durch den Staat (Schule) sich möglichst ergänzen und Konflikte vermieden werden. Auch wird er darum bemüht sein, so weinig wie nötig in die Familien einzugreifen. Letztlich sind solche Eingriffe jedoch gerechtfertigt und die Familienautonomie und die Pflicht der Eltern, ihren Kindern eine moralische Entwicklung zu ermöglichen bzw. diese zu fördern, ist von der Verantwortung des Staates beschränkt. Das gilt natürlich auch immer nur, soweit der Staat selbst die von ihm durchgesetzten moralischen Inhalte begründen und rational ausweisen kann. Des Weiteren ist jedoch auch von einer Spannung zwischen dem Staat als einem politischen Gemeinwesen und der Schule als einer staatlichen Institution auszugehen, da die Schule, gemeinsam mit der Erziehung der Eltern, eben auch jene moralischen Inhalte vermitteln soll, die die Moralbegründung und die Moraldurchsetzung durch den Staat in Frage stellen. Wenn es absehbar ist, dass Moral und Gerechtigkeit niemals abschließend bestimmt werden können, sondern immer wieder neu verhandelt werden müssen, wie auch die Rahmenbedingungen ihres Erlernens – darunter das Verhältnis von Familie und Staat –, dann steht der Staat mit seiner Verpflichtung, moralische Entwicklung zu ermöglichen und zu fördern, immer schon in einem Spannungsverhältnis zu sich selbst. Er ist dazu verpflichtet, jene Bürgerinnen und Bürger hervorzubringen, die ihn selbst und seine Normen (und damit auch Gesetze und die politischen Prozesse und Herrschaftsinstrumente) beständig in Frage stellen.

Zum Schluss möchte ich die Ebene des Staates verlassen und auf die Frage nach einer globalen Ethik bzw. globalen Gerechtigkeit zu sprechen kommen. In der Philosophie wird diese verstärkt vor dem Hintergrund globalen Herausforderungen von Klimawandel, Armut und Krieg sowie der voranschreitenden Globalisierung und der Vernetzung der Welt diskutiert. Viele Probleme dieser Welt sind nicht mehr kleinräumig lösbar, da sie auf der globalen Vernetzung beruhen bzw. ein anderes Handeln vieler, oftmals nicht mehr direkt miteinander interagierender Akteure verlangen. So lassen sich zum Beispiel die mit dem vom Menschen erzeugten Klimawandel einhergehenden Veränderungen und Gefahren nicht mehr durch lokales Handeln abwenden. Schmid referiert, dass für solche moralischen Handlungen das Erreichen der sechsten Stufe der Moralentwicklung nach Kohlberg nötig sein wird, die jedoch von den meisten Menschen nicht erreicht wird. Es scheint somit zu einer moralischen Überforderung der Menschen durch die globale Entwicklung und Vernetzung zu kommen. Das ist kein günstiger Befund und er gibt drei Möglichkeiten, zwei optimistische und eine klar pessimistische, an die Hand: Erstens wäre es denkbar, dass durch eine Verbesserung der elterlichen und schulischen Erziehung und Bildung mehr Menschen, vielleicht sogar fast alle dennoch diese sechste Stufe erreichen können und die globalen Probleme so gelöst werden können. Das ist zunächst eine empirische Frage, aber auch eine, welche Priorität wir bzw. die Eltern und der Staat diesen globalen Problemen einräumen. Es wird nämlich wahrscheinlich der Fall sein, dass globale moralische Handlungen im Widerspruch zu vorhandenen Wertvorstellungen und moralischen Zielsetzungen im Kleinen und Lokalen stehen. Oder, zweitens, wenn das nicht möglich ist, lassen sich Wege finden, diese globalen Probleme zu lösen, die nicht das Erreichen der sechsten Stufe verlangen. Das könnte zum Beispiel durch moralisch gerechtfertigte Manipulation durch den Staat geschehen. Schließlich, drittens, könnte es auch sein, dass der Mensch mit diesen Problemen schlicht überfordert ist und diese nicht gelöst werden können, was mittelfristig für sehr viele Bewohner dieses Planeten katastrophale Auswirkungen haben wird. Welche dieser Optionen realisiert werden wird, lässt sich natürlich nicht vorhersagen. Es ist jedoch zu bedenken, dass es vor allem auch Organisationen und Institutionen sind, die ihr Verhalten zu ändern haben – man denke nur an die Produktionsbedingungen in Asien –, und dass dafür, die Verhaltensänderung einiger weniger Personen ausreichend sein könnte. Daraus ließe sich ableiten, dass es ein wichtiger Teil der moralischen Entwicklung ist, dass die Verantwortung für moralisches Handeln mit den (möglichen) Konsequenzen steigt.

# Fairplay im Ferntourismus?

Zur Reiseethik westlicher Touristen

Wolfgang Aschauer

## 1 Einführung

Der folgende Beitrag setzt sich mit den Potentialen verantwortungsbewussten Reisens im Ferntourismus auseinander. Die vorgenommene Analyse des Fairplay im Ferntourismus befasst sich weniger mit dem ökologisch nachhaltigen Reiseverhalten, sondern nimmt in einer tourismussoziologischen Perspektive auf interkulturelle Begegnungsweisen im Ferntourismus Bezug. Weil reiseethische Fragen – aus der Perspektive der Touristen betrachtet – am ehesten bei interkulturell herausfordernden Reisen offenbart werden, werden zwei Reiseformen beleuchtet, die in jüngerer Zeit auch Gegenstand umfangreicher tourismuswissenschaftlicher Forschung geworden sind. Ich thematisiere *erstens* das Reisen in Krisengebiete (z. B. Sönmez, 1998; Kuschel/Schröder, 2002; Freyer/Groß, 2004; Pechlaner/Glaeßer, 2005; Glaeßer, 2005 sowie Aschauer, 2008) und beziehe mich in meinem Fallbeispiel auf Ägypten. Wenn westliche Touristen massenhaft in das muslimisch geprägte und aktuell krisengeschüttelte Land reisen und sich somit eine hohe soziokulturelle Distanz zwischen Reisenden und Bereisten ergibt, so ist die touristische Begegnung durch ein hohes Niveau an Kulturkonfusion (Hottola, 2004) gekennzeichnet. Des Weiteren befasse ich mich mit der boomenden Reiseform des Slumtourismus (z. B. Frenzel/Koens, 2012; Frenzel, Koens/ Steinbrink, 2012). Immer mehr westliche Reisende, die nicht zuletzt durch ein überdurchschnittlich hohes Bildungsniveau gekennzeichnet sind, praktizieren vor allem in Kapstadt (Township-Tourismus, z. B. Rolfes, 2010) und in Rio de Janeiro (Favela-Tourismus, z. B. Freire-Mederios, 2009; Frisch, 2012) das Slumming, das durch eine hohe sozioökonomische Distanz zwischen Reisenden und Bereisten geprägt ist. Ich möchte an diesen beiden ethisch kontroversiell diskutierten Reiseformen aufzeigen, dass an zahlreichen Schauplätzen des Entwicklungsländer-Tourismus noch ein steiniger und langer Weg zu gehen ist, bis das Credo des touristischen Fairplay als erfüllt betrachtet werden kann.

Dies gilt sowohl für den touristischen Angebotsbereich und die Struktur des Tourismus als auch für die Reisenden selbst, deren Sehnsüchte, Erwartungen und Urlaubsmotive weit mehr am eigenen Wohlbefinden als am Gemeinwohl – am wechselseitigen Profit des Tourismus für Reisende und Bereiste – orientiert sind.

## 2 Die gemischte Bilanz des Entwicklungsländer-Tourismus – ein Überblick

Der Tourismus als eine der mittlerweile größten Industrien der Welt mit enormen Wachstumspotential (siehe WTTC, 2012) wird in Entwicklungsländern – zumindest aus der Perspektive der touristischen Stakeholder betrachtet – überwiegend positiv bewertet. Die Vorzüge des Tourismus werden in der Bereitstellung von Arbeitsplätzen, in der Verbesserung der Infrastruktur und im kulturellen und sozialen Fortschritt der Region gesehen. Die Tourismuseinkünfte ermöglichen den armen Ländern des globalen Südens, ihre Handelsbilanzdefizite zu mildern, deutliche Beschäftigungseffekte zu erzielen und es profitieren auch weitere Wirtschaftszweige, die mit dem Tourismus in Verbindung stehen. Andererseits gilt der Tourismus zugleich als Motor der Globalisierung. Wenn entsprechende Infrastrukturen geschaffen wurden (Airports, Hotels, Gastronomie etc.), können transnational aktive Manager tätig werden und die globale Urlaubskultur in neue Destinationen tragen. Die Touristen wollen ihre Erwartungshaltungen und Wünsche an Komfort global ähnlich befriedigt wissen, ein internationaler Standard verdrängt die Authentizität der Region. Obwohl der Anteil der Tourismuseinnahmen steigt, hat der Großteil der Einheimischen die Konsequenzen des Massentourismus wie Übervölkerung, Veränderungen traditioneller Strukturen und erhöhte Preise zu tragen (vgl. Baumhackl et al., 2006). Somit argumentieren Vertreter der Dependenztheorie (z.B. auch Mäder, 1987), die Tourismus als neue Form der Kolonialisierung verstehen (z.B. Wöhler, 2004), dass die gewonnenen Devisen zu großen Teilen wieder an westliche Staaten zurückfließen. Auch die Beschäftigungseffekte werden kritisch bewertet, weil westliche und lokale Eliten die obere Managementebene übernehmen, während die lokale Bevölkerung mit schlecht bezahlten Arbeitsplätzen konfrontiert ist. In Summe führt der Tourismus aus Sicht der globalisierungskritischen Dependenztheorie somit zu einer starken Außenabhängigkeit ohne substantiellen Wohlstandsgewinn für die lokale Bevölkerung.

Parallel zur Analyse der ökonomischen Potentiale und Risiken des Ferntourismus erfolgte bereits frühzeitig eine ökologiekritische Betrachtung. Der Tourismus wurde – zeitgleich mit dem Aufkommen der Ökologiebewegung in den 1970er Jahren – durch den maßlosen Verbrauch an Energie, Wasser und anderen Naturgütern als „Landschaftsfresser“ (Krippendorf, 1975) gebrandmarkt. Gerade in Entwicklungsländern zeigen Fallstudien, dass bis heute der ökonomische Profit klar vor der Bewahrung der Umwelt rangiert (z. B. Herdin, 2006, zur Post-Tsunami-Entwicklung in Thailand) und dass auch jene Gruppierungen, die sich gerne als die „besseren Reisenden“ bezeichnen, nur einen sehr begrenzten positiven Beitrag in Entwicklungsländern leisten (vgl. z. B. zu Backpackern: Spreizhofer, 1997). Insgesamt weist der Tourismus seit jeher ein höchst ambivalentes Verhältnis zur Natur zwischen Ausbeutung und Idealisierung (vgl. Henning, 1997, 103) auf. Tourismus nutzt und unterwirft die Natur für den Reisenden, er bleibt jedoch unmittelbar auf die ästhetischen Qualitäten angewiesen. Nicht zuletzt deshalb hat die Tourismusbranche frühzeitig begonnen, auf ökologische Veränderungspotentiale hinzuweisen, und somit eine intensive Kooperation mit ihren Kritikern gestartet. Auch die Reisenden scheinen zunehmend sensibilisiert, sie entdecken das ökologisch nachhaltige Reisen für sich (vgl. Friedl, 2002, 134 f.) und es werden nach wie vor große Hoffnungen in Potentiale eines sanften Tourismus (z. B. Kramer, 1983; Krippendorf, 1989; Kirstges, 2003) gesetzt. Die Aufgeschlossenheit der Tourismusunternehmen und der Reisenden kann jedoch nicht darüber hinwegtäuschen, dass die großräumige Erschließung neuer Feriengebiete mit teils zerstörerischen Folgen einhergeht.

Der Nachweis touristischer Effekte auf die Kultur der Zielregionen ist im Vergleich zu den ökonomischen Folgewirkungen ungleich schwieriger (vgl. auch Baumgartner und Leuthold, 2006, 122). Der Tourismus wird als Initiator für soziale und kulturelle Veränderung gesehen und kann auch strukturelle Umbrüche einleiten, wenn er in Form eines massenhaften und überforcierten Tourismus auftritt. Die modernisierenden Wirkungen des Tourismus setzen mit dem Anstieg des Tourismus sprunghaft ein und führen einerseits zu wirtschaftlichen Wachstum und zu sozialer Differenzierung, andererseits zu einer Auflösung traditioneller Wertsysteme. Materieller Besitz gewinnt an Bedeutung und ist mit Individualisierungstendenzen verknüpft (vgl. Henning, 1997, 136 ff.). Der Einfluss des Tourismus im Kontext der allgemeinen Entwicklungsdynamik der Globalisierung ist jedoch strittig und ambivalent (vgl. Schimany, 1997, 174). Der Tourismus kann nicht einseitig für die (Zer-)Störung gewachsener Traditionen (Kommerzialisierung) verantwortlich gemacht werden, weil in einzelnen Regionen (z.B. in Bali, vgl. Backhaus, 1997) der Tourismus zum Schutz und zur Revitalisierung des materiellen wie des immateriellen Kulturerbes beiträgt (vgl. dazu z.B. den Sammelband von Luger/Wöhler, 2010). Aufgrund der vielfältigen methodischen Probleme in Bezug auf die Messung kulturellen Wandels finden sich letztlich ambivalente Befunde und nur wenige empirische Erkenntnisse, die über fallspezifische Analysen hinausgehen.

Der kurze Überblick zu den weitreichenden Folgen des Tourismus auf Wirtschaft und Gesellschaft hat gezeigt, dass eine stärker ethisch begründete Auseinandersetzung des weltumspannenden Wirtschaftszweigs dringend geboten ist. In der herrschenden Praxis der Tourismuswirtschaft ist die Suche nach ethischen Normen stark kommerziell geprägt, denn es gilt vielerorts die Maxime, dass das gut ist, was dem Tourismus und der Wirtschaft nützt. Trotz mancher Positivbeispiele aus einzelnen Regionen scheinen der internationale Reiseverkehr und der institutionalisierte Tourismus bis heute überwiegend nicht den Kriterien der Nachhaltigkeit zu entsprechen und nur bedingt zur Völkerverständigung beizutragen.

In den letzten beiden Jahrzehnten wurden zumindest auf systemischer Ebene zahlreiche Unternehmensstandards und Verhaltenskodizes entwickelt, die der ethischen Dimension des Tourismus eine höhere Bedeutung verleihen. Die wichtigste Initiative ist der globale Ethikkodex für den Tourismus (UNWTO, 1999). Die 10 Artikel richten sich an alle Beteiligten der Tourismuswirtschaft, insbesondere an das Destinationsmanagement, das Hotelgewerbe, die Reiseveranstalter und an die Reisenden selbst. Wie Friedl (2002) kritisch anmerkt, bleibt es jedoch bei „schönen Worten", denn der Kodex hat rein empfehlenden Charakter, ein Bekenntnis bleibt unverbindlich und es gibt keine Kontrollmechanismen für die Einhaltung. Ähnlich kann auch die Initiative für nachhaltige Tourismusentwicklung ausgehend von weltweit operierenden Reiseveranstaltern (www.toinitiative.org) eingestuft werden. Die Unternehmen verpflichten sich quasi selbst zu einem ökologisch, ökonomisch und sozial sensiblen Umgang mit Tourismus, jedoch wird die Umsetzung der Standards bis dato nicht transparent überprüft.

Resümierend muss somit festgehalten werden, dass Fairplay im Sinne eines nachhaltigen Ferntourismus und Fairness im verantwortungsvollen Umgang mit der einheimischen Bevölkerung bis dato eher die Ausnahme als die Regel darstellt. Jedoch haben die Begriffe der Fairness und des Fairplay, die ursprünglich im Sport beheimatet waren, eine weite Reise in ethische Forschungsfelder angetreten und auch das Reisen selbst in ihren Blickwinkel genommen. Besonders bei jenen international tätigen Institutionen, die sich mit Nachhaltigkeit auseinandersetzen, hat Fairplay einen festen Platz in der Agenda (z.B. respect/NFI, 2010) und der Begriff findet sich auch explizit in der Analyse der Corporate Social Responsibility im Tourismus (siehe KATE, 2006). Die tourismuspolitischen Initiativen erfüllen zumindest die Funktion, die Öffentlichkeit für das Thema einer nachhaltigen Tourismusentwicklung zu sensibilisieren. Trotz aller Bekenntnisse zur Nachhaltigkeit scheint die Realität an den Anspruch des Fairplay nicht heranzureichen. Die Tourismuspolitik bleibt in vielen Entwicklungsländern auf eine bloße Steigerung der Nächtigungszahlen ausgerichtet. Besonders die Reisenden selbst werden kaum in die Pflicht genommen, was sich auch beim globalen Ethikkodex (UNWTO, 1999) zeigt. Wesentlich ausführlicher wird auf die Rechte der Touristen eingegangen, die Bereisten werden vernachlässigt.

Solange die touristischen Entfaltungsrechte im Vordergrund stehen und wenig *Pflichten für Reisende* gefordert werden, ist in praktischer Hinsicht wenig Relevanz des Kodex zu erwarten. Denn die Reisenden agieren in ihren Reisemotiven durchwegs egozentriert – schließlich soll der Urlaub die schönste Zeit des Jahres (Röhringer, 2009) darstellen. Wir sind jedoch nur als wachsame Reisende, die mit Vorwissen zu unbekannten Destinationen aufbrechen und mit „offenen Augen" vor Ort agieren, in der Lage, uns den komplexen politischen Regulierungen, ökonomischen Strukturen, soziokulturellen Auswirkungen und ökologischen Effekten anzunähern und Konzepten eines ethisch verantwortungsvollen Tourismus quasi „von unten" Auftrieb zu verleihen. Die folgenden Ausführungen werden zeigen, dass viele Reisende primär danach trachten, die eigenen hochgesteckten Erwartungen und Sehnsüchte mit tiefgreifenden Urlaubserlebnissen zu füllen. Während in den Badeparadiesen am Roten Meer die lokale Bevölkerung mehrheitlich *ausgeblendet* wird, weil politische Unruhen und gesellschaftliche Konflikte nicht ins Destinationsimage der „geschützten Urlaubsparadiese" passen, erfolgt bei Slumtouristen eine gezielte snapshotartige *Einblendung* der Armut. Im Endeffekt ist jedoch anzunehmen, dass aufgrund des kurzfristigen Eintauchens keine authentische Erfahrung des Slums bewirkt werden kann, sodass der Einblick in den Slum weniger zu einer tiefgreifenden Einsich, sondern eher zu einer *Verblendung* des Phänomens führt. In den folgenden Abschnitten erfolgt nun eine empirisch fundierte Auseinandersetzung der beiden Reiseformen und Folgewirkungen. Um mit dem Leitbegriff des Artikels (Fairplay im Ferntourismus) stets in der Analogie des Sports zu bleiben, möchte ich beide Reisephänomene – das Reisen in politisch instabile Gebiete und den Slumtourismus – jeweils abschließend anhand der Metapher eines Fußballspiels illustrieren. Abschließend sollen soziologisch einige Gründe für das vorrangig egozentrische Reiseverhalten angeführt werden.

## 3 Die Strategie der Ausblendung der Bevölkerung – egozentrierter Hedonismus bei Ägyptenreisenden und Ethnozentrismus bei Nichtreisenden

### 3.1 Überblick über die aktuelle touristische Nachfrage in Ägypten

Ägypten ist seit 2011 mit massiven politischen Umbrüchen konfrontiert und die politisch instabile Lage hat zu massiven Einbrüchen der touristischen Nachfrage geführt. Auch gegenwärtig nach dem Sturz der Regierung Mursi verbunden mit der Machtergreifung des Militärs befindet sich der Tourismus in Ägypten erneut in einer tiefen Krise.

Während Kriminalität in Urlaubsdestinationen kontrollierbar erscheint, weil Reisende glauben, sich mit entsprechenden Vorsichtsmaßnahmen dagegen schützen zu können, erfährt politisch motivierte Gewalt in den Medien eine intensivere Berichterstattung und löst somit bei potentiellen Touristen größere Sicherheitsbedenken aus (vgl. Neumayer, 2004, 277ff.). Denn politische Unruhen oder Terroranschläge sind unberechenbar und können quasi über Nacht an Brisanz gewinnen (vgl. Kuschel/Schröder, 2002, 13). Treten permanent Unruhen auf, wird der Tourismus intensiver, nachhaltiger und weitreichender in Mitleidenschaft gezogen, bis eine Beruhigung der Lage eintritt (vgl. Pizam, 1999, 7–11). Die aktuellen Zahlen seit Beginn des Arabischen Frühlings in Ägypten bestä-

Abbildung 1: Internationale Ankünfte in Ägypten von Jänner 2010 bis Juni 2013

tigen diese Thesen (vgl. Abbildung 1).[1] Als Folge der Arabischen Revolution entschieden sich europäische Reisende, Ägypten fernzubleiben, und es zeigte sich über das gesamte Jahr 2011 eine massive Beeinträchtigung des internationalen Tourismus (insgesamt rund ein Drittel weniger internationale Ankünfte). Die ersten demokratischen Wahlen und die Präsidentschaft von Mursi führten zu einer Stabilisierung des Tourismus auf deutlich niedrigerem Niveau im Vergleich zu 2010. Schließlich hat der aktuelle Umsturz durch das Militär einen neuerlichen Absturz des Tourismus eingeleitet, wie an den Daten ab Juli 2013 ersichtlich wird. Der Tourismus ist aktuell in einer ähnlich prekären Lage wie unmittelbar nach dem Sturz von Mubarak im Jänner 2011. Erst wenn keine weiteren gewaltsamen Konflikte auftreten und eine Beruhigung der Sicherheitslage eintritt, kann somit über die nächsten Monate eine schrittweise Erholung des Tourismus prognostiziert werden.

Politische Stabilität kann also insgesamt als eine entscheidende Determinante einer funktionierenden touristischen Entwicklung betrachtet werden (z. B. Neumayer, 2004, Reisinger/Mavondo, 2005). Reiseländer gelten als politisch stabil,

1 Monatliche Ankünfte; eigene Darstellung auf Basis der Daten von Capmas (www.capmas.gov.eg).

wenn keine sozialen Unruhen beobachtbar sind oder diese wirkungsvoll unterdrückt werden. Wie die jüngste touristische Entwicklung in Ägypten zeigt, können auch autoritäre Regime mit einer Stabilität des Tourismus einhergehen und müssen nicht zwingend mit einer geringen touristischen Nachfrage verbunden sein. Erst wenn die Regierungen von der Bevölkerung nicht mehr legitimiert sind und Unruhen von politisch motivierter Gewalt begleitet werden, wirkt die politische Instabilität negativ auf den Tourismus (vgl. Poirier, 1997, 677).

### 3.2 Die prekäre Lage der ägyptischen Bevölkerung

In der internationalen Tourismusforschung befassen sich zahlreiche Studien mit den Einflüssen von politischen Unruhen und Terroranschlägen auf die touristische Nachfrage (z.B. Enders/Sandler, 1991; Pizam/Smith, 2000). Inwiefern ein Ausbleiben des Tourismus die Bevölkerung in eine prekäre Lage bringt und gesellschaftliche und ökonomische Krisenlagen weiter verschärft, bleibt hingegen häufig unterbelichtet. Drei Indikatoren sollen den Zustand der ökonomischen Misere in Ägypten, der sich im Zuge des Umsturzes drastisch verschärft hat, ausdrücken (vgl. Abbildung 2).[2]

Das rasante Wirtschaftswachstum Ägyptens seit 2005 hat sich nach der Revolution (nicht zuletzt durch touristische Einbußen) massiv abgeschwächt, derzeit liegt das Wirtschaftswachstum bei einem Prozent (mittlere Linie) (vgl. World Bank, 2013a). Das Land gerät somit ökonomisch immer mehr unter Druck, was sich auch in einer zunehmenden Entwertung der Währung und in einer Rationierung der Währungsreserven bemerkbar macht. Die Daten der World Bank (2013b) zeigen, dass das Haushaltsdefizit Ägyptens 2009 bei 6,6% des BIP lag und mittlerweile aufgrund gesunkener Einnahmen und steigender Ausgaben nach der Revolution im Finanzjahr 2011/12 die als kritisch beschriebene Grenze von 10% überstiegen hat.

Zudem hat sich die Arbeitslosigkeit in Ägypten weiter erhöht. Lag der Anteil der Arbeitslosen Ende 2010 noch knapp über 9%, stieg dieser Anteil im Jahr 2011 bis über 12% an. Anfang 2013 liegt die Arbeitslosenquote bei rund 13,5%. Generell lässt sich festhalten, dass der ägyptische Arbeitsmarkt von einer niedrigen Partizipationsrate (vor allem von Frauen), einer hoher Beschäftigungsrate im

2 Quellen: Wirtschaftswachstum und Haushaltsdefizit: World Bank (2013a, b), Arbeitslosigkeit: http://de.statista.com/statistik/daten/studie/261572/umfrage/arbeitslosenquote-in-aegypten.

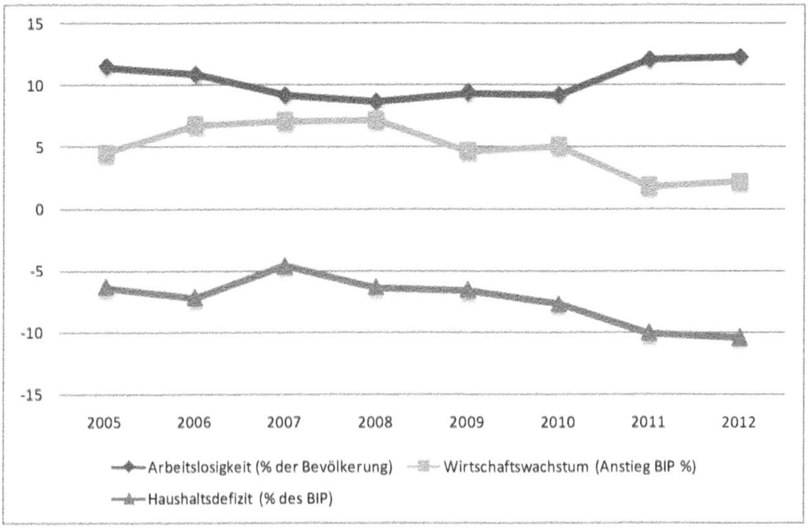


Abbildung 2: Drei Indikatoren zur Entwicklung der ägyptischen Wirtschaft

informellen Sektor und in ungesicherten Arbeitsverhältnissen sowie von Unterbeschäftigung und hoher Jugendarbeitslosigkeit geprägt ist (vgl. GIZ, 2013).

Gerade der Tourismus gilt in Ägypten als wichtiger Motor zur Schaffung von Arbeitsplätzen. Der Gesamtbeitrag des Tourismus (eingeschlossen der indirekten und induzierten Effekte) liegt bei 15%. Aktuell trägt der Tourismus zu 13% zur allgemeinen Beschäftigung bei (vgl. WTTC, 2013). Ein weiterer Ausbau des Tourismus würde also vor allem auch für die junge ägyptische Gesellschaft eine wichtige Chance zur Beschäftigung bieten. Andererseits liegt die Hotelauslastung derzeit nur bei 20 bis 30%, was einen massiven Schaden für die Tourismusbetriebe verdeutlicht (vgl. Central Bank of Egypt, 2012, 7). Es kann – bedingt durch die prekäre Lage des Tourismus – auch von zahlreichen Kündigungen am touristischen Arbeitsmarkt ausgegangen werden.

Insgesamt betrachtet können also zahlreiche Wechselwirkungen zwischen der touristischen Krise und der gesellschaftlichen Misere in Ägypten vermutet werden. Das Ausbleiben der Reisenden direkt nach dem Sturz Mubaraks trug dazu bei, dass Ägypten quasi in einem gesellschaftlichen Zustand der Regellosigkeit gefangen war. In anomischen Gesellschaften (vgl. Durkheim, 1993 [Orig. 1897];

Merton, 1968, Bohle et al., 1997)[3] orientieren sich die Bürger stärker an der eigenen Nation, Kultur und Religion und es profitieren zwangsläufig jene Kräfte, die den höchsten Organisationsgrad (sowohl sozial, lokal und finanziell) aufweisen. Die Wahlsiege der Islamisten sind also quasi logische Konsequenz des Arabischen Frühlings, nicht zuletzt aufgrund der prekären wirtschaftlichen Lage der Staaten. Jedoch konnte auch die Regierung Mursi die tiefgreifenden ökonomischen Probleme nicht lösen, neuerliche politische Unruhen bis hin zum Sturz der Muslimbrüder durch das Militär waren die Folge. Es stellt sich nun die Frage, welche Auswirkungen dieser Teufelskreislauf auf die künftige touristische Entwicklung des Landes ausüben könnte.

### 3.3 Motive und Einflussfaktoren einer ethnozentrischen Haltung (Nichtreisende)

Die dramatischen Einbußen des Tourismus in Ägypten in den Jahren seit der Revolution zeigen, dass in Zeiten politischer Instabilität häufig gänzlich auf Reisen verzichtet wird. Ich nenne diese erste Strategie der Reisenden, von Reisen nach Ägypten generell Abstand zu nehmen, eine *ethnozentrische Reaktion*, die durch eine mangelnde Auseinandersetzung mit der bereisten Kultur und durch eine Abwertung derselben zu kennzeichnen ist. Es muss betont werden, dass mit dem von progressiven und demokratischen Kräften eingeleiteten politischen *Umsturz* ein touristischer *Absturz* verbunden war, mit dem Ägypten in dieser Dimension nie zuvor konfrontiert war.[4] Sowohl die Daten aus Ägypten als auch erste Analysen zu Tunesien (z.B. Brändle-Ouertani, 2013) zeigen, dass nur eine äußerst geringe Minderheit an Reisenden eine Art Revolutionstourismus aus Solidarität mit den Bereisten zur Unterstützung des Demokratisierungsprozess in Betracht zog. Die meisten westlichen Reisenden beschlossen, den beliebten

3 Durkheim (1897) hat das Konzept der Anomie entwickelt und verdeutlicht damit die Regellosigkeit in Zeiten massiver Umbrüche, die auch zu einer Erhöhung der Selbstmordrate beiträgt. Merton, der die Anomietheorieweiterentwickelt hat, versteht darunter den Zusammenbruch der kulturellen Struktur (Merton, 1968, 216).

4 Und dies trotz zahlreicher Krisen in den letzten Jahrzehnten (von Terroranschlägen wie beispielsweise in Luxor 1997 über kriegerische Auseinandersetzungen im Mittleren Osten wie beispielsweise den Irak-Krieg bis hin zur globalen Finanz- und Wirtschaftskrise 2008/2009). Unter dem Regime Mubarak legte der Tourismus eine beeindruckende Entwicklung hin (z.B. Steiner, 2010). Menschenrechtsverletzungen bzw. Terroranschläge konnten die Reisenden kaum beeindrucken, solange politische Stabilität im Land garantiert werden konnte.

nordafrikanischen Reisezielen den Rücken zu kehren. Verantwortlich für das negative Destinationsimage verbunden mit ethnozentrischen Sichtweisen der Nichtreisenden sind einerseits die Medien und andererseits latente Vorbehalte gegenüber Muslimen in der europäischen Bevölkerung (vgl. Aschauer, 2011).

Für die Medien führen negative Ereignisse zu einer Auflagensteigerung, weil sie einen hohen Informationsbedarf beim Rezipienten auslösen und somit eine breite Leser- bzw. Zuhörerschaft erreicht wird. Im Kontext von politischen Unruhen bedeutet dies, dass Medien stets in eindrucksvollen Bildern von den spannungsgeladenen Zuständen vor Ort berichten und somit implizit davor warnen, wie unkontrollierbar die derzeitige Lage für Reisende ist. Dies bewirkt ein einseitiges Stimmungsbild über die ägyptische Bevölkerung und eine falsche Risikowahrnehmung bei potentiellen Reisenden (vgl. Kuschel/Schröder, 2002, 16f.). Medienanalysen (z.B. Hafez/Richter, 2007) zeigen, dass nicht nur in Boulevardmedien, sondern auch im öffentlich-rechtlichen Fernsehen vorschnelle Verbindungslinien zwischen Muslimen, Islamismus und Fundamentalismus gezogen werden. Zu stark betrachten die Medien den Islam als Fundament des Terrors, als zentralen Ursprung für extremistische, fanatische und militante Motive (vgl. Jones/Clarke, 2006, 10–13).

Die Schlagzeilen, die im Zuge der ersten freien Wahlen in Ägypten und Tunesien in deutschsprachigen Medien kursierten, verdeutlichen die oftmals reißerische und einseitige Berichterstattung. Schlagzeilen wie „Scharia oder Scharia light? Eine gefährliche Wahl!“ (Kommentar von Abdel-Samad in der „Welt“, 3.11.2011) im Kontext der Wahlen in Tunesien oder „Gottesstaat Ägypten? Islamisten feiern klaren Wahlsieg“ (nach der Wahl in Ägypten, „News“, 9.1.2012) wirken meinungsbildend und lenken die Einstellungen der Europäer in eine bestimmte Richtung. Zur Beschreibung dieses Effekts ist das Konzept des Agenda-Settings (McCombs/Shaw, 1972) gut geeignet, die Medien bestimmen nicht, was wir denken, aber worüber wir nachzudenken haben. Nach den Wahlen schienen uns die Medien gezielt darauf vorzubereiten, dass wir eine Islamisierung Ägyptens zu erwarten haben, obwohl gerade die gegenwärtige Pattsituation zwischen progressiven und konservativen Bevölkerungsschichten die Vielschichtigkeit und Polarisierung der ägyptischen Bevölkerung ausdrückt. Da in den westlichen Gesellschaften wenig direkter Kontakt zu Muslimen besteht, wird das Image dieser Bevölkerungsgruppe nahezu ausschließlich von medialen und politischen

Diskursen geprägt. Die andauernde Präsenz der Kritik am Islam begünstigt die Zunahme islamophober Tendenzen, eine zweite wesentliche Barriere des europäischen Tourismus in muslimischen Ländern. Seit dem 11. September sind Bedrohungsszenarien durch Islamisten ständig in der Öffentlichkeit präsent und auch die islamkritische massenmediale Berichterstattung sowie politische Ausgrenzungsstrategien gegenüber muslimischen ImmigrantInnen haben zugenommen. Dies führt dazu, dass die generelle Einstellung zahlreicher Europäer gegenüber Muslimen von Ambivalenz bis hin zu Misstrauen und Ablehnung geprägt ist (vgl. Bielefeldt, 2009, 168).

### 3.4 Reisemotivation und Destinationsbewertung der Reisenden

Aufgrund der einseitigen Medienberichterstattung und der Zunahme islamophober Tendenzen in Europa erscheint es umso notwendiger, den Tourismus als Chance zu betrachten, die stereotype Haltung gegenüber Ägyptern aufzuweichen und eine vielschichtige Sichtweise der Muslime – abseits der negativen und oft einseitigen Medienberichterstattung – in unsere Welt zu tragen. Doch können dies die Reisenden, die trotz der gegenwärtigen Krise nach Ägypten aufbrechen, leisten? Erste Studien zu den Einflussfaktoren auf das Destinationsimage in muslimischen Ländern im Kontext von Terroranschlägen (z. B. Arana/Leon, 2008) oder politischen Unruhen zeigen, dass eine höhere Reiseerfahrenheit und eine umfassende Informationsbereitschaft eher eine kritischere Haltung zum Tourismus verbunden mit einer erhöhten Risikowahrnehmung bewirkt (z. B. Aschauer, 2014). Ein gezieltes Interesse für die aktuelle politische Situation in Ägypten könnte somit ethische Bedenken in Hinblick auf eine Ägyptenreise auslösen. Ein Erholungsurlaub in einem Krisengebiet, wo Konflikte mit Waffengewalt jederzeit neu entflammt werden können und einzelne Gruppierungen (egal ob unter Mubarak, Mursi oder dem gegenwärtigen Militärregime) teils gewaltsam unterdrückt werden, scheint vielen informierten Reisenden ethisch nicht vertretbar. Sie gesellen sich somit zu jenen Reisenden, die – begründet durch eine ethnozentristische Haltung – Reisen nach Ägypten generell ablehnen. Meine Annahme ist, dass aktuelle Reisende in erster Linie einen egozentrisch-hedonistischen Reisestil pflegen. Es scheint in den Badeparadiesen am Roten Meer wenig Platz für die notleidende lokale Bevölkerung zu sein und politische Unruhen und gesellschaftliche Konflikte passen nicht in das verklärte Destinationsimage der geschützten Urlaubsparadiese und werden demzufolge ignoriert. Erste Studien (z.B. Aschauer, 2014) weisen darauf hin, dass Pauschalreisende wenig Interesse für die aktuelle gesellschaftliche Situation in Ägypten aufbringen. Dennoch besteht auch bei den egozentrisch-hedonistischen Reisenden die Chance, dass korrigierende Erfahrungen im Reisegepäck mit nach Hause genommen werden und folglich ein differenzierteres Bild Ägyptens via Mund-zu-Mund-Propaganda vermittelt wird.

Zur Prüfung dieser These soll ebenfalls ein zentrales Ergebnis einer Studie (vgl. Aschauer, 2014) berichtet werden. Diese vergleicht das Destinationsimage von deutschen Reisenden im Sinai vor Ort (n >= 72) (vgl. Aschauer, 2008) mit dem Destinationsimage der Salzburger Bevölkerung (n >= 63), die als potentielle Reisende eines europäischen Quellmarktes betrachtet werden können.[5] Auch wenn ein Vergleich der beiden Samples methodisch problematisch erscheint, werden in Abbildung 3 eindeutige Tendenzen einer unterschiedlichen Destinationswahrnehmung erkennbar.[6]

Es zeigt sich, dass Österreicher in ihrem Alltag die Destination Sinai äußerst kritisch und vorurteilsbehaftet ansehen, während sich deutsche Pauschaltouristen vor Ort von den Qualitäten des Urlaubsziels sehr beeindruckt zeigen. Die Touristen betonen das gute Preis-Leistungs-Verhältnis, die attraktiven Strände und die hohe Qualität der Infrastruktur und die zahlreichen Sehenswürdigkeiten, während Passanten in Österreich überwiegend eine negative Bewertung vornehmen. Auch bei den Sicherheitsindikatoren findet sich eine deutlich negativere Bewertung in der Salzburger Bevölkerung. Es wird eine höhere Gefahr terroristischer Anschläge, eine überwiegend unsichere Urlaubsatmosphäre und eine höhere Kriminalität als bei den Urlaubern vor Ort angenommen. Einzig die politische Stabilität wurde in Österreich höher eingeschätzt als bei den Touristen vor Ort, die voraussichtlich schon damals besser über die politische Situation in Ägypten informiert waren. Reisende vor Ort befinden sich in einer entspannten Urlaubssituation, haben das Reiseziel Sinai bewusst ausgewählt und zeigen sich überwiegend von der Urlaubsszenerie vor Ort beeindruckt. Reisende, die sich

5 Es wurden den Reisenden zu Qualitätsaspekten der Destination und bezüglich der Sicherheitslage Gegensatzpaare vorgegeben, die zwischen –3 (linker Pol) und +3 (rechter Pol) bewertet wurden.

6 Eigene Berechnungen, vgl. Aschauer, 2008; 2014.

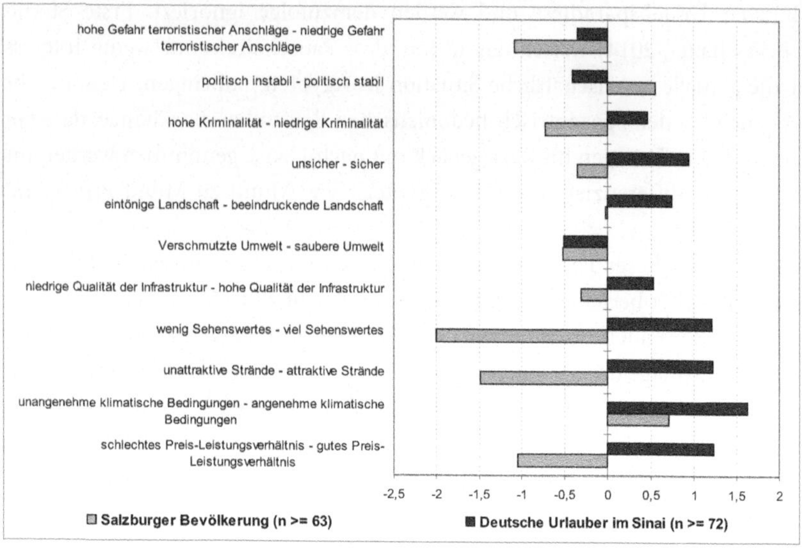


Abbildung 3: Vergleich Destinationsimage Sinai von Reisenden vor Ort (deutsche Touristen) und in der Salzburger Bevölkerung

derzeit trotz politischer Spannungen für einen Urlaub in Ägypten entscheiden, werden somit voraussichtlich insgesamt ein positiveres Bild der Destination nach außen tragen und auch die regionalen Unterschiede in der Bedrohungslage adäquat kommunizieren.

### 3.5 Fairplay im Verhalten westlicher Reisender in Ägypten? Eine erste Analogie zum Fußball

Wenn wir nun analysieren, ob ein Fairplay zwischen Reisenden und Bereisten im ägyptischen Tourismus vorliegt, so kann die Strategie der Ausblendung der ägyptischen Bevölkerung anhand der Metapher des Systems Fußball anschaulich nachgezeichnet werden.

Denn nicht die Bevölkerung entscheidet über die Arenen des touristischen Spiels, sondern es werden pompöse Settings von westlichen Konzernen und arabischen Investoren (vgl. Steiner, 2010) – primär ausgerichtet an den Bedürfnissen der zahlungskräftigen Mannschaften der Reisenden – errichtet. Ausschließlich die touristischen Stakeholder entscheiden, wer von der lokalen Bevölkerung Zutritt zur touristischen Arena erhält. Der Zugang beschränkt sich jedoch auf die Hinterbühne und ist mit strikten Auflagen verbunden. Die lokalen Arbeitskräfte erleben sich rein als Zuschauer in einem fremdgesteuerten touristischen

Spiel. Ihre Daseinsberechtigung besteht einzig darin, die Ordnung des Systems aufrechtzuerhalten.

In höheren Positionen gelingt es einzelnen Personen, die Türen zum Spielfeld zu öffnen und die unterschiedliche Gästeklientel quasi als Balljunge entsprechend zu versorgen und zu unterhalten. Je nach Gutdünken können sich die Reisenden am Spielfeld bewegen oder aber in ihre luxuriösen Kabinen zurückziehen. Während die (oft ausländischen) Manager in privilegierten Positionen in den Logen des Stadions das Geschehen dirigieren, müssen die Arbeitskräfte während bzw. nach Erfüllung der Aufgaben in die verdeckten Bereiche des Stadions entschwinden.

Für die Betreiber der Arenen ist das touristische Spiel ein lukratives Geschäft. Die Gästeklientel wählt die paradiesischen Stadien, die in austauschbarer Form in mehreren Ländern vorliegen, primär aufgrund des konkurrenzlosen Preises, der über harte Arbeitsbedingungen und billige Löhne erzielt werden kann. Die Arenen werden nicht zuletzt deshalb in den Peripherien des Landes errichtet, um nicht zu viel Unmut und Kulturkonfusion (z. B. Hottola, 2004) zwischen Reisenden und Bereisten zu erzeugen. Denn die Einheimischen betrachten das seltsame Treiben im eigenen Land durchaus ambivalent. Während innerhalb der hermetisch abgeriegelten Spielstätten „der Rubel rollt" (denn die Russen stiegen in den letzten Jahren zur führenden touristischen Gruppe auf) herrscht vor den verschlossenen Toren bittere Armut.

Die einzige Möglichkeit des Austausches besteht, wenn einzelne Reisende freiwillig die Arena verlassen und mehr über die Außenwelt des Systems erfahren wollen. Da die Umwelt der touristischen Arena instabil und bedrohlich erscheint, erfolgt der Austritt nur über gesicherte Pfade und in Konvois von „Mannschaftsbussen". Der touristische Spieler sieht sich in der Außenwelt sofort wie ein Fußballstar umringt von „Fans", die jedoch weniger an der Persönlichkeit des Gastes interessiert sind, sondern diesen primär als Goldesel „benutzen", um zumindest in geringem Ausmaß vom touristischen Kuchen profitieren zu können.

Aufgrund dieses Machtgefälles werden Vorurteile zwischen den Gästen und Einheimischen eher verstärkt als abgebaut. Den touristischen Akteuren ist bewusst, dass viele Einheimische dem Spiel skeptisch bis ablehnend gegenüberstehen. Sie fürchten Tumulte in der Außenwelt und radikale Kräfte, die bereits in der Vergangenheit die Zerstörung einzelner Spielstätten bewirkt haben. Politische Instabilität und terroristische Aktivitäten bewirken schließlich, dass viele Gäste das Spielfeld fluchtartig verlassen, die Arenen bei künftigen Gästen an Beliebtheit verlieren, der Bau künftiger Stadien mit Unsicherheit behaftet ist und die Akteure des bestehenden Systems an Einfluss verlieren.

Die Stimmungen der Außenwelt sind für die Spieler jedoch insgesamt wenig relevant, die Einstellung zu den Einheimischen vor den Toren bleibt indifferent. Den Gästen reicht die Balance zwischen dem genussvollen Match zwischen unterschiedlichen Gästeklientels verbunden mit oberflächlichen Kontakten mit dem Servicepersonal und dem Rückzug in idyllische Raststätten und pompöse Kabinen mit vertrauten Standards als kulturelle Brise völlig aus, um den Aufenthalt in der Fremde zu rechtfertigen.

Man könnte die Analogien des ägyptischen Tourismus zum Fußball noch länger weiterspinnen, doch die bisherigen Ausführungen sollen klarstellen, dass es sich weniger um eine faire Auseinandersetzung zwischen Gästen und Einheimischen handelt, sondern vielmehr höchst ungleiche Partizipationschancen vorliegen. Auf dem Spielfeld des Tourismus handelt es sich nicht um eine ernsthafte Auseinandersetzung der Kulturen, sondern eher um eine Farce. Die Gäste vergnügen sich am Spielfeld unter sich und verweilen dort nach der Maxime hedonistischer Genüsse und spielerischer Wettkämpfe zwischen Gleichgesinnten, während die Servicekräfte das ausländische Match irritiert als Zuschauer beobachten. Vor den verschlossenen Toren kämpft die breite Masse um wenige Eintrittsplätze in die Glitzerwelten des Tourismus.

## 4 Verblendung durch egozentrierte Authentizitätssuche – Die Reisemotive der Slumtouristen

Im Unterschied zu Ägyptenreisenden wählen Slumtouristen eine gänzlich andere Strategie des Reisens. Sie entschließen sich, die notleidende Bevölkerung und somit die Schattenseite der bereisten Gesellschaft nicht *auszublenden*, sondern gezielt ins Licht zu rücken. Dennoch wird auch diese Form, ähnlich wie das Reisen in Krisengebiete, ethisch vielfach als verwerflich gebrandmarkt. Es handelt sich schließlich nur um kurzfristiges Eindringen in eine den westlichen Reisenden völlig fremde Welt. Diese „Glimpses of Another World" wie sie Thomas

Frisch (2012) treffend in seinen Forschungen zu Rio de Janeiro beschreibt, sorgen zwar – ähnlich wie bei Ägyptenreisen – für korrigierende Erfahrungen. Diese Form des Tourismus verdeutlicht jedoch – wie erste Studienerkenntnisse zeigen – keine nachhaltige Form der Entwicklungshilfe, wie sie auch in den STEP-Programmen der UNTWO (Sustainable Tourism – eliminating poverty) (www.unwtostep.org) gefordert wird, sondern die tiefgreifenden Erlebnisse kommen eher den westlichen Reisenden selbst (zur eigenen Identitätsstärkung) zugute. Auch im Slumtourismus ist somit ein Fairplay zwischen Reisenden und Bereisten nicht gegeben, vielmehr erfolgt – so meine These – eine Verblendung der Armut durch egozentrierte Authentizitätssuche.

### 4.1 Slumming – zur Darstellung einer neuen Tourismusform

Der Slumtourismus ist eine sehr junge Tourismusform und hat sich erst in den 1990er Jahren rasant entwickelt. Die Herkunft des Reisenden ist primär auf den Norden begrenzt, die Destinationen auf den armen Süden. Slums in Großstädten repräsentieren die Schattenseite wachsender sozialer Disparitäten und Ungleichheiten. Kennzeichen dieser benachteiligten Stadtviertel sind ein mangelnder Zugang zur städtischen Infrastruktur, eine niedrige Qualität der Wohnanlagen, Überbevölkerung und eine problematische Sicherheitslage.

Die Ursprünge des Slumming gehen nach Steinbrink/Pott (2010) jedoch sehr weit zurück, die Autoren setzen den Beginn des Slumtourismus mit dem Startpunkt der Industrialisierung fest. Im viktorianischen London im 19. Jahrhundert explodierten die Bevölkerungszahlen und es entwickelte sich zunehmend eine starke räumliche Segregation sozialer Klassen. Für die Londoner waren die sich entwickelnden Slums eine bedrohliche und gleichzeitig faszinierende Lebenswelt. Der Gang in die verruchten Vorstadtviertel galt als Abenteuer. In New York ließ sich um die Jahrhundertwende dann erstmals eine Touristifizierung des Phänomens erkennen. Slums werden als Symbol der ethnischen und kulturellen Diversität konzipiert und erscheinen für die Besucher als exotische und bunte Attraktion. Die Beispiele aus London und aus New York demonstrieren, dass der Slum immer schon als die andere Seite der Stadt, als „symbolischer Ort des Anderen" konstruiert und wahrgenommen wurde. Die Entwicklung des Slumtourismus erstreckte sich vom Moral Slumming (Londoner East End im 19. Jahrhundert) über das Ethnicslumming in den USA Anfang des 20. Jahrhunderts bis zum heutigen Global Slumming, weil sich über mehrere Kontinente vergleichbare Ausformungen dieses Tourismustyps zeigen. Die drei Zentren des Slumtourismus sind Kapstadt, Rio de Janeiro und Mumbai, hier liegen bis dato auch die meisten fallspezifischen Analysen vor. Oft sind steigende Touristenzahlen auch durch bekannte Filme wie beispielsweise „City of God“ oder „Slumdog Millionnaire“ inspiriert.

In den Medien wird diese Form des Tourismus sehr kritisch beäugt und als unethisch eingestuft (vgl. Selinger/Outterson, 2009). Tatsächlich findet in der Tourismuswissenschaft derzeit jedoch eine differenzierte und weitgehend wertfreie Auseinandersetzung mit diesem neuen Forschungsfeld statt und es wird versucht, von einseitigen Polemiken Abstand zu nehmen. Die Schwierigkeiten, sich dem Phänomen des Slumtourismus auf einer konzeptuellen Ebene zu nähern, werden auch in verschiedenen Begrifflichkeiten deutlich. Während Rolfes (2010) in seinem Grundlagenartikel zum Slumtourismus den Begriff „Poverty Tourism“ (Armutstourismus) zur neutralen Beschreibung des Phänomens vorschlägt, präferieren Frenzel et al. (2012) den negativer anmutenden Ausdruck des „Slumming“. Andere Autoren betonen die kulturelle Ausrichtung der Reiseform als Variante des Ethno- bzw. Kulturtourismus (vgl. Ramchander, 2004). Laut Freire-Mederios (2009) sollte beim Slumtourismus eher von „Social and Reality“-Touren gesprochen werden, weil die Erfahrung der sozialen Kohäsion im Slum verbunden mit der Authentizitätssuche der Reisenden im Vordergrund steht. Die Definition von Freire-Mederios (2009) zielt bereits stärker auf die Motive der Reisenden ab, die im nächsten Abschnitt ausführlich reflektiert werden.

### 4.2 Die Reisemotive der Slumtouristen

Der Slum wird von den Reisenden als einer der letzten Orte der kulturellen Ferne (des Lokalen) im globalen Dorf der touristischen Industrie betrachtet. Der westliche Tourist sehnt sich nach einer authentischen, vormodernen Welt und idealisiert den Typus einer rückständigen Community, die „arm, aber glücklich“ lebt. Die Einheimischen spielen dieses Spiel notdürftig mit, profitieren Sie doch finanziell von dieser romantisierenden Kulturdarstellung.

Die Authentizitätserfahrung spielt im Slumtourismus eine zentrale Rolle. Wang (1999) unterscheidet beispielsweise zwischen der intrapersonellen und interpersonellen Authentizität im Tourismus. Wir wollen das Spontane und Unmittelbare auf Reisen erleben bis hin zu einem neuen Körpergefühl und neuen Sinneswahrnehmungen, wir wollen aber auch interpersonell und kulturell neue Erfahrungen erreichen, die unser Selbst bereichern (sei es durch die Pflege der Partnerschaft und Beziehungen oder durch interkulturelle Kontakterfahrungen). Diese Ausführungen zur Authentizität repräsentieren die Sonnenseite des Tourismus, sie gelten jedoch auch für die dunklen Schauplätze des Tourismus, die im Darktourismus (z.B. Foley/Lennon, 2000; Birna/Hyde, 2013) und Slumtourismus repräsentiert sind.

Sharpley (2009) nennt in Bezug auf den Darktourismus drei Praktiken des Erlebniskonsums: Spiel, Integration und Abgrenzung. Möglicherweise geht es einzelnen Touristen primär darum, aus einem gesicherten Kontext heraus an einer Kollektiverfahrung teilzuhaben. Diese Strategie des Spiels verdeutlicht einen voyeuristischen Zugang zum Slum. Integration meint das Streben, sich physisch und psychisch in die fremde Welt hineinzuversetzen. Auch das Prestigemotiv, das Sharpley (2009) als Abgrenzung definiert, könnte eine Rolle spielen. Mit immer extremeren Reisezugängen gelingt es, den eigenen Status aufzuwerten und ausgefallene Reiseerlebnisse zu kommunizieren.

Küblböck (2012) unterscheidet zwischen der objektiven, konstruierten und existentiellen Authentizität. Slums gehören objektiv zu Schauplätzen des Tourismus (was an der Popularität der Slums in Kapstadt und Rio de Janeiro deutlich wird, siehe Abschnitt 4.3). Slums sind jedoch nicht nur spezifische Stadtviertel, sondern symbolische Orte. So stehen beispielsweise die Townships stellvertretend für das Leid der Schwarzen in Südafrika durch die lang währende Apartheid. Existentielle Authentizität verkörpert nach Küblböck (2012) die Hinwendung zu Tabuthemen der gegenwärtigen Gesellschaft. Neben dem Tabu des Todes, das den hohen Stellenwert des Dark Tourism erklärt (z.B. Stone, 2012), kann auch das Scheitern als großes Tabuthema der gegenwärtigen Aktivgesellschaft (z.B. Lessenich, 2009) betrachtet werden. Armut und Leid werden in westlichen Gesellschaften zunehmend ausgegrenzt (z.B. Bauman, 2005). In dieses Vakuum stößt der Slumtourismus, verbannte Orte feiern ihre Auferstehung im öffentlichen Raum. Die existentielle Authentizitätssuche, der Küblböck (2012) einen zentralen Stellenwert einräumt, verdeutlicht, dass wir als Reisende durch Slumming Wege finden, uns dem Leid zuzuwenden und nicht mehr länger wegzusehen. Schreckensorte bieten also das Potential, sich mit der eigenen

Identität (in Auseinandersetzung mit dem Leid anderer Menschen) auseinanderzusetzen und die eigenen Lebensumstände neu zu bewerten. So zitiert auch Backhaus (2012) in seiner Studie zum Slumtourismus die folgende treffende Interviewpassage: „Sicher einer der klassischen Momente, in denen man sich wieder bewusst wird, was man hat." (Backhaus, 2012, 192)

### 4.3 Empirische Erkenntnisse zu Slumtouristen

Die meisten empirischen Studien beziehen sich auf den Township-Tourismus in Kapstadt und den Favela-Tourismus in Rio de Janeiro. Anhand ausgewählter Forschungen sollen nun zentrale Ergebnisse zur touristischen Angebotsstruktur und zu den Erfahrungen der Reisenden wiedergegeben werden. Während der Township-Tourismus bis heute politisch interessierten Reisenden die Folgen der Apartheid näherbringt, ist der Favela-Tourismus stark auf eine Imagekorrektur des Slums ausgerichtet. Es steht die Vermittlung der authentischen brasilianischen Kultur im Vordergrund (vgl. Frenzel/Koens, 2012, 196f.). Allein aufgrund dieser Unterschiede erscheint es wesentlich, die touristische Repräsentation und Vermarktung einzelner Slums zu analysieren (z.B. Frisch, 2012) und auf die unterschiedlichen touristischen Ausformungen des Slumtourismus in einzelnen Ländern Bezug zu nehmen (z.B. Rolfes, 2010).

Südafrika besticht als Destination nicht nur durch vielfältige Naturattraktionen, sondern erzielt durch das Image des kulturellen Schmelztiegels eine beträchtliche Wirkung auf Reisende. Das kulturelle Interesse wird durch die lange Kolonialgeschichte, eine Vielzahl an MigrantInnen aus Europa und Asien und vor allem durch den Kampf der Schwarzen zur Befreiung aus der Apartheid genährt. Im Jahr 2011 zählte das Land über 8 Millionen internationale Touristenankünfte, insofern ist Südafrika nach Marokko die zweitwichtigste Destination auf dem afrikanischen Kontinent (vgl. UNWTO, 2013). In diesem Kontext ist die Attraktivität der Township-Besuche zu verstehen. Mittlerweile nehmen jährlich rund 300.000 Besucher eine Slumtour[7] in Anspruch. Dies entspricht in etwas ei-

7 Die Touren werden in der Regel halbtags durchgeführt und dauern in etwa vier Stunden. Sie werden von Schwarzen in einer Gruppe von wenigen Reisenden (maximal 20) durchgeführt. Ein Museumsbesuch bringt den Reisenden die Geschichte der Apartheid näher. Danach wird ein Township in Kapstadt angefahren, wobei eine Schulinstitution (häufig mit Tanzperformances der Kinder), verschiedene Wohngebiete und private Wohnungen besichtigt werden. Die

nem Viertel aller Kapstadt-Reisenden und lässt den Slumtourismus zu einem lukrativen Geschäft werden (vgl. Rolfes, 2010, 428). Über die Township-Besucher liegt eine der wenigen quantitativen Studien über die Erfahrungen der Reisenden vor. 79 Touristen füllten vor und nach dem Besuch einen standardisierten Fragebogen aus. Eine Einschätzung des Slums mittels eines Polaritätenprofils zeigt besonders deutlich die korrigierte Wahrnehmung auf. Die Bewohner werden überwiegend als fröhlicher eingeschätzt, zusätzlich werden mit den Slums auch Hoffnung, Freiheit und Harmonie assoziiert. Die Townships werden danach als deutlich sicherer, entwickelter und moderner als vor Beginn der Tour wahrgenommen. Es manifestiert sich insgesamt das Image eines starken Zusammenhalts verbunden mit einer hohen Veränderungsmotivation und Eigeninitiative der BewohnerInnen. (vgl. Rolfes, 2010, 432). Qualitative Untersuchungen zeigen, dass auch die Touranbieter dem Angebot positiv gegenüberstehen. Neben ökonomischen Motiven zeigt sich bei vielen auch die idealistische Sichtweise, den Reisenden das reale südafrikanische Leben näherzubringen. Sie weisen auch explizit darauf hin, dass dem Tourismus eine wichtige Rolle im ökonomischen Fortschritt der Stadtgebiete zukommt (vgl. ebd., 429f.). Insofern wird anhand der Studien von Rolfes (2010) in Kapstadt deutlich, dass das intendierte Ziel der Reiseveranstalter, das Image der Townships zu verbessern, durchaus gelingt.

In Rio de Janeiro wird auf Basis der ersten empirischen Erkenntnisse eine differenziertere Wertung des Slumtourismus deutlich. Zahlreiche Studien befassen sich mit dem Stadtviertel „Rocinha" in der wohlhabenden südlichen Zone von Rio.[8] Insgesamt gehen Schätzungen davon aus, dass bis zu 4000 Reisende pro Monat die Rocinha besuchen (vgl. Freire-Mederios, 2009, 580). Wenn man diese geschätzten Zahlen auf mehrere Favelas hochrechnet, dürfte das Niveau des Slumtourismus noch deutlich unterhalb der Township-Besuche in Kapstadt liegen (vgl. Rolfes, 2010, 433). Die Touren sind ähnlich arrangiert wie in Südafrika

Tour endet meist mit dem Besuch von Shops und einem Pub, wo in der Regel ein traditionelles Bier an die Touristen ausgegeben wird. Zusätzlich zur Möglichkeit des Kaufs lokaler Produkte werden auch Spenden für verschiedenste Institutionen gesammelt (vgl. Rolfes, 2009, 429).

8 Die Rocinha gilt nur mehr in der öffentlichen Wahrnehmung als Favela, sie wird seit 1993 offiziell als Stadtviertel (bairro) geführt (vgl. Freire-Mederios, 2009, 583). Das bevölkerungsreiche Stadtgebiet mit hoher interner Differenzierung hat jedoch von politischer Seite und von der brasilianischen Forschung viel Aufmerksamkeit erfahren.

und werden in einem halben Tag absolviert. Reisende werden in kleinen Gruppen in Minibussen oder Jeeps in die Favelas gebracht und werden dort – begleitet von einem Guide – durch die Favelas geführt. Dieser klärt die Teilnehmer über räumliche Disparitäten in Rio und über die vielfältigen Strukturen innerhalb der Favela auf. Es erfolgen Restaurant-, Schul- und Wohnungsbesuche und die Teilnehmer können sich mit Projektmitarbeitern über Sozialprojekte austauschen (vgl. Rolfes, 2010, 434).

Frisch (2012) zieht auf Basis seiner qualitativen Erhebungen mit Slumtouristen und Touranbietern eine gemischte Bilanz. Aus seiner Sicht hat sich der Favela-Tourismus von einem Nischenprodukt zu einer Variante des Massentourismus entwickelt. Von den Anbietern wird die Gästeklientel überwiegend als homogene „westliche Gruppe" gesehen. Die Zugehörigkeit zum westlichen Kulturkreis scheint ein Hauptcharakteristikum der Besucher zu sein, ein Ergebnis, das auch Rolfes (2010) für die Townships bestätigt. Frisch (2012) hält fest, dass sowohl die Touranbieter als auch die Guides nicht in den Slums wohnen und die benachteiligten Stadtviertel rein für touristische Marktzwecke nutzen. Die lokale Bevölkerung, die über Souvernirshops, Restaurants, Schulen und Kunststudios am Slumtourismus beteiligt ist, wirkt nicht *aktiv* an der symbolischen Repräsentation des Slums mit, sondern ist rein *passiv* den Reisenden ausgesetzt und vom Goodwill der Tourveranstalter abhängig. Der kulturelle Austausch zwischen Reisenden und Bereisten reduziert sich folglich auf ein Minimum. Frisch (2012) nimmt an, dass Bewohner folglich am Kulturkontakt nicht partizipieren, sondern eher *resignieren,* weil sich wenige Möglichkeiten der Partizipation und kommunikativen Verständigung zeigen (vgl. Frisch, 2012, 335).

Zusammenfassend können folgende zentrale Aussagen aus den ersten Studien des Slumtourismus abgeleitet werden: Die Touristen streben nach alternativen, „echten" Erfahrungen als Gegenpol zum Massentourismus. Sie sind sich jedoch ihrer voyeuristischen Neugierde weitgehend bewusst und sehen die eigene Aktivität häufig zwiespältig. Besuche in Slums sind „starke Erfahrungen", die eine hohe und lang andauernde Erlebnisqualität versprechen (vgl. hierzu Backhaus, 2012, 189f.). Die Zusammenhänge zwischen politischen Maßnahmen, räumlicher Segregation und der prekären ökonomischen Lage werden jedoch wenig reflektiert (siehe ebd., 193). Insofern scheint Salazars (2004) kritische Haltung, dass Reisende oft weniger an der Entwicklung der Slums als an der eigenen Entwicklung interessiert sind, einen gewissen Wahrheitsgehalt aufzuweisen.

Die Touranbieter sehen, beeinflusst durch ökonomischen Profit, den Slumtourismus überwiegend positiv. Sie erfüllen die vorrangigen Motive der Besucher, indem sie ein hohes Maß an Authentizität vermitteln. Insgesamt scheint es den Anbietern auch aus idealistischer Sicht wichtig zu sein, oberflächliche Sichtweisen von Armut in Slums sowie auch einseitige Vorurteile gegenüber Slumtourismus zu korrigieren. Erste qualitative und quantitative Forschungsergebnisse zu den Slumbesuchern zeigen, dass diese Strategie durchaus funktioniert. Da das kurze Eindringen in den Slum jedoch kein realitätsgetreues Bild der Lebensrealität ermöglicht, wird in diesem Artikel an der zentralen Annahme einer *verblendeten Sichtweise* festhalten. Oder wie Frisch resümiert: Es bleibt bei einer Form des „negative sightseeing with a bitter, voyeuristic aftertaste" (Frisch, 2012, 336).

Die Wahrnehmungen der SlumbewohnerInnen bleiben bisher aufgrund von Sprachbarrieren und des schwierigen Zugangs zum Feld unterbelichtet (vgl. Koens et al., 2012, 238). Solange wir nur vermuten können, dass ein hohes Maß an Irritation (vor allem auch über die Beweggründe und das Interesse der reichen Besucher, siehe Backhaus, 2012, 192) auftritt, können wir wenig Aussagen über Fairplay und Fairness im Umgang mit den Bereisten treffen. Über ethisch verantwortungsvollen Tourismus kann nur Bilanz gezogen werden, wenn alle Parteien am Diskurs zur Ausrichtung des Tourismus beteiligt sind. Aus der Perspektive der Forschung ist es somit dringend geboten, mehr über die Einschätzungen der lokalen Bevölkerung zu erfahren.

Ich möchte die Auseinandersetzung mit dem Slumtourismus mit einer zweiten Analogie zum Fußball beschließen. Im Unterschied zu Ägypten erscheint die Spielkonstellation im Slumtourismus eine völlig andere zu sein.

### 4.4 Fairplay im Verhalten westlicher Slumtouristen – eine zweite Analogie zum Fußball

Gerade im Kontext der Fußballweltmeisterschaften in Südafrika 2010 und in Brasilien 2014 soll(t)en die beiden Metropolen Kapstadt und Rio de Janeiro als Vorzeigeobjekte des Tourismus vermarktet werden. Doch es tritt seit Jahren ein unerwartetes und für die lokalen Tourismusakteure ein weitgehend unverständliches Phänomen auf. Westliche Reisende entscheiden sich bewusst gegen einen Besuch der neu erbauten Spielstätten des Ferntourismus, sondern sie bevorzugen einen Auftritt im Schatten der Prestigebauten in den Slumgebieten. Es erfolgt eine bewusste Abgrenzung zur globalen Tourismusindustrie und eine Hinwendung zur ausgeblendeten und segregierten Zone der Armut. Die touristischen Stakeholder verfolgen diese Entwicklung unbeeindruckt, weil sie sich sicher sein können, dass diese Vereinbarung zu einem Freundschaftsspiel von Goliath gegen David nur einen zeitlich eng begrenzten Ausflug in eine andere Welt darstellt und die westlichen Reisenden bald wieder in die vertrauten Arenen zurückkehren werden. Sie überlassen deshalb das Feld lokalen Anbietern also ihrerseits den Davids im Tourismus und vermarkten den Boom der alternativen touristischen Spielpraxis, um ein nachhaltiges Wirken des Tourismus zur Armutsreduzierung nach außen zu kommunizieren.

Ein Aufenthalt in den Arenen des Slums wird nämlich von den Touranbietern als Benefizspiel vermarktet. Das Eindringen in das Setting erfolgt im Rahmen eines perfekt organisierten und zeitlich begrenzten Korsetts. Die Slumbewohner verdeutlichen die arrangierte Kulisse der Zuschauer, wobei die Grenzen zwischen dem Publikum und den Spielern fließend gestaltet und einzelne kontrollierte Begegnungen ermöglicht werden. Für die Akteure des Spiels ergibt sich, wie in einem Freundschaftsspiel üblich, eine Win-win-Situation. Die Tourunternehmen profitieren ökonomisch von den ausgefallenden Reisebedürfnissen der Besucher, die ihrerseits alternative Reiseerfahrungen und korrigierende Sichtweisen des Slums mitnehmen. Die Tourunternehmen öffnen die verschlossenen Schauplätze für Reisende, sie ermöglichen eine kontrollierte Dosis an Kulturerfahrung. Gerade die Bruchstücke einer anderen Welt, die aus einem schützenden Kokon heraus erlebt werden, sind der nachhaltige Profit für die Reisenden. Deswegen werden bei diesem touristischen Spiel die Scheinwerfer nicht auf das Spielfeld, sondern auf die Kulisse gerichtet. Da der Besuch der Slumsettings nach exakt definierten Regeln abläuft, sind das Resultat dieser Spielerfahrung jedoch vorrangig verblendete Images des Slums, weil ein authentisches Eindringen in hochgradig benachteiligte Stadtviertel im Rahmen der kurzen Spieldauer nicht möglich ist. Das Publikum (die SlumbewohnerInnen) sind jedoch genötigt, ein Nullsummenspiel zu bewältigen. Die westlichen Reisenden ermöglichen bescheidene ökonomische Erträge auf Kosten der öffentlichen Zurschaustellung des eigenen Lebens.

## 5 Wie sind ethnozentrische und egozentrische Handlungslogiken im Tourismus erklärbar? Bruchstücke einer soziologischen Zeitdiagnose

Im Artikel wurde vorrangig auf westliche Reisende Bezug genommen, wobei diese Kategorisierung zwangsläufig grob und unscharf bleibt. Es ist wichtig zu betonen, dass sämtliche Trends auf Individualebene stets unter einem Regime des Pluralismus (Münch, 2010) ablaufen und dass nicht zu leichtfertig von gesamtgesellschaftlichen Entwicklungsmustern gesprochen werden sollte. Als *kulturellen Rahmen* können wir jedoch festhalten, dass wir uns – egal ob in Nordamerika, Westeuropa und Australien[9] – in hochgradig individualisierten Gesellschaften der Spätmoderne befinden. Die kulturelle Interpretation der Individualisierungsthese hat in den letzten Jahrzehnten in der Soziologie einen deutlichen Wandel erfahren. Während die Freisetzung aus den traditionellen Formen der Vergemeinschaftung und die Entfaltung einer selbstbestimmten Lebensführung zunächst vielfach befürwortet wurde, sind wir heute mit *weitreichenden Folgen* dieser neuen Freiheiten konfrontiert, die eine Neubewertung der Individualisierungsthese erforderlich machen. Im amerikanischen Diskurs wurde bereits in den 1980er Jahren – deutlich früher als in Europa – auf die Gefahren des utilitaristischen Individualismus (z. B. anfangs Berger et al., 1977) hingewiesen. Die Individualisierung bedingt – und darin stimmen zahlreiche amerikanische Theoretiker überein – einen zwar autonomen, aber auch einsamen Menschen. Es könnte somit als These formuliert werden, dass die Identität des Menschen im Zuge der vielseitigen Anforderungen, die das neoliberale System und dessen Durchdringung des Sozialen bedingt, tatsächlich zu einer Gefährdung des Individuums führt. Wie soll im Kontext von Knappheit, pessimistischen Zukunftsprognosen, Aufrufe zur Flexibilisierung, zur permanenten Selbstdarstellung, zur Bastelbiographie, eine stabile Identität aufrechterhalten werden? Gerade die Ökonomisierung des Sozialen bedingt auch die vielfach beschriebene Ellbogen-

9 Ich spreche gemeinhin von westlichen Reisenden und meine damit nordamerikanische, westeuropäische und australische Touristen. Dies ist auch insofern vertretbar, weil die meisten Fernreisenden aus diesen Gebieten stammen. Nichtsdestotrotz ist künftig zu beachten, dass diese touristische Einbahnstraße immer mehr „Gegenverkehr" erhält, weil auch neue Märkte wie Chinesen, Araber aus den Ölstaaten oder Russen an Bedeutung gewinnen und teils durch ein völlig unterschiedliches Reiseverhalten gekennzeichnet sind (vgl. z. B. zu China Arlt/Freyer, 2008; Fugmann, 2009).

Mentalität. Individualisierung wird zu einer Bedrohung der gesellschaftlichen Kohäsion, weil die Strategie der „rohen Bürgerlichkeit" (Heitmeyer, 2012) zu dominieren beginnt. Das eigene Wohlergehen steht im Vordergrund, verbunden mit einer zunehmend solidaritätsfeindlichen Ideologie, die das Gemeinwohl ignoriert (vgl. Wohlrab-Saar, 1997, 24f.).[10]

All diese Entwicklungen führen zu einem tief verankerten, hedonistischen und egozentrierten Reisestil. Die egozentrische Urlaubshaltung verbunden mit einem Überlegenheitsempfinden gegenüber Muslimen erklärt die Strategie der Ausblendung der ägyptischen Bevölkerung. Islamkritiker gewinnen in Europa immer mehr an Zuspruch, sie definieren den Westen als Hort von Demokratie, Menschenrechten und progressiven Werten, während sie den Islam ausschließlich negativ konnotieren und mit Fanatismus, Unterdrückung und Gewalt in Verbindung bringen. Nach Saeed (2007) werden Muslime von den Massenmedien als unheimliche und nicht integrierbare „Andere" stigmatisiert. Es setzt sich somit eine indifferente und resignative Haltung der Europäer durch, dass der Islam unvereinbar mit der westlichen Kultur sei. Das ethnozentrische Nichtreisen könnte darauf zurückzuführen sein. Denn dem konstruierten Wir wird das muslimische „Andere" gegenübergestellt, das mit Misstrauen behaftet ist und als Feindbild instrumentalisiert wird (vgl. Hafez, 2009, 51–54). Die Salonfähigkeit von Ressentiments gegenüber Muslimen liefert also eine Erklärung, warum seit den Umstürzen in Nordafrika auch die liberalen, demokratischen Kräfte des ägyptischen und tunesischen Volkes – zumindest von der Seite westlicher Touristen – keine Solidarität erfahren haben.

Die Quellen des Slumtourismus liegen aus meiner Sicht stärker in den Pathologien der westlichen Wettbewerbs- und Leistungsgesellschaft begründet. Die Dominanz der Marktlogik führt zum Credo des flexiblen Menschen (Sennett, 1998). Ein wesentliches Charakteristikum scheint aktuell die Selbstinszenierung zu sein, der Kampf um Anerkennung für das eigene Handeln, nicht nur im beruflichen, sondern auch im privaten Bereich. Die öffentliche Zurschaustellung

---

10 Diese Tendenz in der amerikanischen Individualisierungsdebatte zeigt sich bereits in den Titeln einschlägiger Werke. Berger et al. (1977) beschreiben „The Homeless Mind", Sennett (2002) „The Fall ofthe Public Men" oder Putnam (2000) spricht vom reduzierten Sozialkapital „Bowling Alone".

der eigenen Leistungen, Weltanschauungen und des eigenen Lebens- und Freizeitstils zeigen das krampfhafte Bedürfnis nach Aufmerksamkeit und die große Angst, übersehen zu werden und unterzugehen (vgl. Schroer, 2010, 282–285).

Die Kehrseite dieses Steigerungsspiels um Anerkennung ist die permanente Überforderung des Individuums. Der Fortschrittsglauben gerät zunehmend ins Wanken und es dominiert das Stimmungsbild, dass exorbitant hohe Anstrengungen unternommen werden müssen, um den sozialen Aufstieg zu schaffen oder das gegenwärtige Erfolgsniveau zumindest halten zu können. Dieses Hamsterrad der Leistungslogik bewirkt einen Anstieg der inneren Leere. Es fehlt die Zeit, sich mit grundlegenderen Sinnfragen auseinanderzusetzen, wodurch der subjektive Eindruck eines „rasenden Stillstands" (Rosa, 2009, 110) überwiegt. Das Leben bietet unzählige Potentiale, aber man entwickelt sich nicht weiter, es gibt stets vielfältige Optionen, aber keine langfristigen Strategien, die *Ausrichtung* des Lebens wird ziellos und unbestimmt. Für Hartmut Rosa verdeutlicht der gegenwärtige Wandel vom Fortschrittsglauben und den Versprechungen der Moderne hin zur Wahrnehmung *zielloser* Beschleunigung den zentralen Übergang von der klassischen Moderne zur derzeitigen Spätmoderne (vgl. Rosa, 2013, 57f.). Das Marx'sche Konzept der Entfremdung sollte aus seiner Sicht neu entdeckt und als Oberbegriff für eine *gestörte Weltbeziehung* der Subjekte definiert werden, die sich auf die Beziehung zur Arbeit, zur Gesellschaft insgesamt und zu den Mitmenschen auszuwirken beginnt (vgl. Rosa, 2009, 121).

Die Routinisierung und Reglementierung des Alltags sowie die bestehenden Systemzwänge üben zwar eine Entlastungsfunktion für das Individuum aus und tragen zu einer systemischen Stabilität der Gesellschaft bei, sie verringern jedoch das Herausforderungspotential des Einzelnen. Touristische Erlebnisse forcieren gerade das Auf- und Ausleben von Gefühlen, was uns schließlich zur Handlungslogik der Slumtouristen führt. Durch Reisen tritt man mit der Welt in ein intensiveres Austauschverhältnis, man schafft sich quasi Zeitinseln für Resonanzerfahrungen. Die Erfahrung einer anderen Welt im Slum ist eine dieser „Resonanzerfahrungen", die das Individuum nachhaltig prägt und dessen Identität stärkt. Besonders das herausfordernde Reisen ermöglicht und verspricht also die Chance der Selbsterfahrung, Selbsterfüllung und Selbstvergewisserung. Diese Sinnerfahrungen, die vom Einzelnen in unterschiedlicher Intensität empfunden werden, können zu einer verstärkten bzw. ständig wiederkehrenden Reisetätigkeit beitragen. Sie erklären auch die Suche nach extremen Reiseformen durch die zunehmende Sehnsucht nach Antworten in einer undurchsichtigen Welt.

## 6 Literatur

Abdel-Samad, H. (2011). Scharia oder Scharia light? Eine gefährliche Wahl! www.welt.de/debatte/kommentare/article13693824/Scharia-oder-Scharia-light-Eine-gefaehrliche-Wahl.html. Zugegriffen: 10. März 2014.

Araña, J.E. and León, C.J. 2008. The Impact of Terrorism on Tourism Demand: A Stated Preference Approach. *Annals of Tourism Research*. 35 (2), 299–315.

Arlt, W.G. und Freyer, W. (2008). Deutschland als Reiseziel chinesischer Touristen. Chancen für den deutschen Reisemarkt. München/Wien: Oldenbourg.

Aschauer, W. (2008). Tourismus im Schatten des Terrors. Eine vergleichende Analyse der Auswirkungen von Terroranschlägen (Bali, Sinai, Spanien). München: Profil.

Aschauer, W. (2011). Die terroristische Bedrohung, kulturelle Wandlungsprozesse und Islamophobie in Europa. In: M. Reiter und H. Embacher (Hrsg.), *Europa und der* 11. *September* (S. 221–249). Wien: Böhlau-Verlag

Aschauer, W. (2014). New approaches in the research on terrorist attacks affecting tourism demand. In: A. Hazel (ed.). *Tourism and Violence*. Farnham: Ashgate, in press.

Backhaus, N. (1997). Tourismus auf *Bali* – vom Paradies zum Museum. In: *Tourismus Journal* 1, (1), 90–116.

Backhaus, N. (2012). Die Slum-Tour als touristische Aneignungspraxis: Kulturvermittlung durch eine Exkursion. *Zeitschrift für Tourismuswissenschaft*, 4 (2), 181–195.

Bauman, Z. (2005). Verworfenes Leben. Die Ausgegrenzten der Moderne: Hamburg: Hamburger Edition.

Baumgartner, C. und Leuthold, M. (2006). Fairer Tourismus in Zeiten der Glokalisierung. Eine kleine, parteiische Geschichte der Globalisierung im Tourismus. In H. Baumhackl, G. Habinger, F. Kolland und K. Luger (Hrsg.), *Tourismus in der „Dritten Welt". Zur Diskussion einer Entwicklungsperspektive* (S. 121–126). Wien: Promedia.

Baumhackl, H., Habinger, G., Kolland, F. und Luger, K. (Hrsg.) (2006). Tourismus in der „Dritten Welt". Zur Diskussion einer Entwicklungsperspektive. Wien: Promedia.

Berger, P., Berger, B. und Kellner, H. (1975). Das Unbehagen in der Modernität. Fischer: Frankfurt 1975.

Bielefeldt, H. (2009). Das Islambild in Deutschland. Zum öffentlichen Umgang mit der Angst vor dem Islam. In Th. Schneiders (Hrsg.), *Islamfeindlichkeit. Wenn die Grenzen der Kritik verschwimmen* (S. 167–200). Wiesbaden: VS Verlag für Sozialwissenschaften.

Birna, A. und Hyde, K. F. (eds.) (2013). New perspectives on dark tourism. Special Issue. International Journal of Culture, Tourism and Hospitality Research 7 (3).

Bohle, H.H. et al. (1997). Anomie in der modernen Gesellschaft: Bestandsaufnahme und Kritik eines klassischen Ansatzes soziologischer Analyse. In: W. Heitmeyer (Hrsg.). Was treibt die Gesellschaft auseinander? Frankfurt: Suhrkamp, S. 29–68.

Brändle-Ouertani, E. (2013). Zwei Jahre nach der Revolution – Tunesien-Tourismus während der Demokratisierung. www.tourism-watch.de/content/zwei-jahre-nach-der-revolution-tunesien-tourismus-waehrend-der-demokratisierung. Zugegriffen: 10. März 2014.

Central Bank of Egypt (2012): External Position of the Egyptian Economy. Online-Dokument: www.cbe.org.eg/NR/rdonlyres/1DBB0811-373B-4431-A350-18C24CC84A28/1655/External38.pdf. Zugegriffen: 10. März 2014.

Durkheim. E. (1993). Der Selbstmord. (orig. Le suicide, 1897). Frankfurt: Suhrkamp.

Enders, W. und Sandler, T. (1991) Causality between transnational terrorism and tourism: the case of Spain. Terrorism. 14, 49–58.

Foley, M. und Lennon, J. (2000). Dark Tourism. The attraction of death and disaster, London.

Freire-Mederios, B. (2009). The favela and its touristic transits. *Geoforum,* 40, 580–588.

Frenzel, F. und Koens, K. (2012). Slum Tourism: Developments in a Young Field of Interdisciplinary Tourism Research. *Tourism Geographies,* 14 (2), 195–212.

Frenzel, F., Koens, K. und Steinbrink, M. (Hrsg.). Slum Tourism Poverty, Power and Ethics. London: Routledge.

Frisch, T. (2012). Glimpses of Another World: The Favela as a Tourist Attraction. *Tourism Geographies,* 14 (2), pp. 320–338.

Freyer, W. und Groß, S. (Hrsg.) (2004). Sicherheit in Tourismus und Verkehr. Dresden: Fit.

Friedl, H. (2002). Tourismusethik. Theorie und Praxis des umweltverträglichen Reisens. Wien: Profil Verlag.

Fugmann, R. (2009). Chinesische Touristen in Deutschland. Potentiale und Perspektiven des Quellmarkts China. Eichstätter Tourismuswissenschaftliche Beiträge, Band 12. München: Profil Verlag.

Gesellschaft für internationale Zusammenarbeit und Entwicklung (GIZ) (2013): Ägypten. Online-Dokument: http://liportal.giz.de/aegypten/wirtschaft-entwicklung.html. Zugegriffen: 10. März 2014.

Glaeßer, D. (2005). Handbuch Krisenmanagement im Tourismus. Erfolgreiches Entscheiden in schwierigen Situationen. Berlin: Erich Schmidt.

Hafez, K. und Richter, C. (2007). Das Islambild von ARD und ZDF. Aus Politik und Zeitgeschichte, Beilage zur Wochenzeitung „Das Parlament", 26/27, 40–46.

Hafez, F. (2009). Islamophober Populismus. Moschee- und Minarettverbote österreichischer Parlamentsparteien. Wiesbaden: VS-Verlag.

Heitmeyer, W. (2012). Gruppenbezogene Menschenfeindlichkeit (GMF) in einem entsicherten Jahrzehnt. In: ders. (Hrsg.). Deutsche Zustände, Band 10. Frankfurt: Suhrkamp, S. 15–41.

Henning, C. (1997). Reiselust. Touristen, Tourismus und Urlaubskultur. Frankfurt a.M./Leipzig: Insel-Verlag.

Herdin, T. (2006). Same, Same but Different? Tourismusentwicklung nach dem Tsunami in Thailand. In H. Baumhackl, G. Habinger, F. Kolland und K. Luger (Hrsg.), *Tourismus in der „Dritten Welt". Zur Diskussion einer Entwicklungsperspektive* (S. 194–213). Wien: Promedia.

Hottola, P. (2004). Cultural Confusion. Intercultural Adaptation in Tourism. *Annals of Tourism Research* 31 (2), 447–466.

Jones, S.H. und Clarke, D.B. (2006). Waging terror: The Geopolitics of the Real. Political Geography, 25 (3), 298–314.

KATE (Kontaktstelle für Umwelt und Entwicklung) (Hrsg). Fairplay auch im Tourismus. Tourismusunternehmen in globaler Verantwortung. http://ki-rum.kate-stuttgart.org/content/e825/e1463/e4598/index_ger.html. Zugegriffen: 10. März 2004.

Kirstges, T. (2003). Sanfter Tourismus: Chancen und Probleme der Realisierung eines ökologieorientierten und sozialverträglichen Tourismus durch deutsche Reiseveranstalter. Wien – München: Oldenbourg.

Kramer, D. (1983). Der sanfte Tourismus: umwelt- und sozialverträglicher Tourismus in den Alpen: Wien: Österreichischer Bundesverlag.

Krippendorf, J. (1975). Die Landschaftsfresser. Tourismus und Erholungslandschaft. Verderben oder Segen? Bern: Hallwag.

Krippendorf, J. (1988) (Hrsg.). Für einen anderen Tourismus: Probleme – Perspektiven – Ratschläge. Frankfurt: Fischer.

Küblböck, S. (2012). Sich selbst an dunklen Orten begegnen: Existenzielle Authentizität als Potenzial des Dark Tourism. In: H.-D. Quack und A. Steineke (Hrsg.), Dark Tourism: Faszination des Schreckens Paderborn: Universität Paderborn, S. 113–126.

Kuschel, R. und Schröder, A. (2002). Tourismus und Terrorismus. Interaktionen, Auswirkungen und Handlungsstrategien. Dresden: Fit.

Lessenich, S. (2009). Mobilität und Kontrolle. Zur Dialektik der Aktivgesellschaft. In: K. Dörre, H. Rosa und S. Lessenich (Hrsg,), Soziologie-Kapitalismus-Kritik: Eine Debatte. Frankfurt: Suhrkamp, S. 126–177.

Luger, K. und Wöhler, K.H. (2010). Kulturelles Erbe und Tourismus. Rituale, Traditionen und Inszenierungen. Innsbruck: Studienverlag.

Mäder, U. (1987). Vom Kolonialismus zum Tourismus. Von der Freizeit zur Freiheit. Zürich: Rotpunkt-Verlag.

Mc Combs, M. und Shaw, D. (1972). The agenda-setting function of mass media. Public Opinion Quarterly, 36 (1972), 176–187.

Merton, R. (1968). Social Theory and Social Structure. New York: The free press.

Münch, R. (2010). Das Regime des Pluralismus. Zivilgesellschaft im Kontext der Pluralisierung. Frankfurt: Campus.

Neumayer, E. (2004). The Impact of Violence on Tourism: Dynamic Econometric Estimation in a Cross-National Panel. *Journal ofConflict Resolution* 48 (2), 259–281.

News (2012). Gottesstaat Ägypten? Islamisten feiern klaren Wahlsieg. www.news.at/a/wahlen-aegypten-gottesstaat-aegypten-315915. Zugegriffen: 10. März, 2014.

Pechlaner, H. und Glaeßer, D. (Hrsg.) (2005), Risiko und Gefahr im Tourismus. Erfolgreicher Umgang mit Krisen und Strukturbrüchen. Berlin: Erich Schmidt.

Pizam, A. (1999). A Comprehensive Approach to Classifying Acts of Crime and Violence at Tourism Destinations. *Journal of Travel Research* 38, 5–12.

Pizam, A. und Smith, G. (2000). Tourism and Terrorism. A Quantitative Analysis of Major Terrorist Acts and their Impact on Tourism Destination. *Tourism Economics*, 6 (2), 123–138.

Poirier, R.A. (1997). Political Risk Analysis and Tourism. *Annals of Tourism Research* 24 (3), 675–686.

Putnam, R.D. (2000). Bowling alone: thecollapseandrevivalof American community. New York: Simon & Schuster.

Ramchander, P. (2004). Towards the responsible management of the socio-cultural impact of township tourism. Pretoria: University of Pretoria, Department of Tourism Management. http://upetd.up.ac.za/thesis/available/etd-08262004-130507/. Zugegriffen: 10. März 2014.

Reisinger, Y. und Mavondo, F. (2005). Travel Anxiety and Intentions to Travel Internationally: Implications of Travel Risk Perception. Journal of Travel Research 43, 212–225.

Respect (Hrsg.). Afrika – Fairplay auch im Tourismus. www.nfi.at/index.php?option=com_content&task=view&id=397&Itemid=142&lang=fr. Zugegriffen: 10. März 2014.

Rolfes, M. (2010). Poverty tourism – theoretical reflections and empirical findings of an extraordinary form of tourism. GeoJournal, 75 (5), 421–442.

Röhringer, C. (2009). Urlaub – die schönste Zeit des Jahres? Resourcedocument. Diplomarbeit Universität Wien. http://othes.univie.ac.at/4599. Zugegriffen: 31. Jänner 2014.

Rosa, H. (2009). Kapitalismus als Dynamisierungsspirale. Soziologie als Gesellschaftskritik. In: K. Dörre, H. Rosa und S. Lessenich (Hrsg,), Soziologie-Kapitalismus-Kritik: Eine Debatte. Frankfurt: Suhrkamp, S. 87–125.

Rosa, H. (2013). Beschleunigung und Entfremdung. Entwurf einer kritischen Theorie spätmoderner Zeitlichkeit. Frankfurt a. M.: Suhrkamp.

Saeed, A. (2007). Media, Racism and Islamophobia. The Representation of Islam and Muslims in the Media. *Sociology Compass*, 1 (2), pp. 443–462.

Salazar, N. B. (2004). Developmental Tourists vs. development tourism. A case study. In: A. Raj (Ed.). Tourist Behaviour: A psychological perspective. New Delhi: Kansishka Publishers, pp. 85–107.

Schimany, P. (1997). Tourismus und Kultur. Zusammenhänge und Prozesse in vergleichender Perspektive. *Tourismusjournal* 2, 167–192.

Schroer, M. (2010). Individualisierung als Zumutung. In: P. A. Berger und R. Hitzler (Hrsg.). Individualisierungen. Ein Vierteljahrhundert „Jenseits von Stand und Klasse". Berlin: Springer-VS, pp. 275–289.

Selinger, E. und Outterson, K. (2009). The Ethics of Poverty Tourism. Boston School of Law Working Papers. www.bu.edu/law/faculty/scholarship/workingpapers/documents/SelingerEOuttersonK06-02-09.pdf. Zugegriffen: 10. März 2014.

Sennett, R. (1998). Der flexible Mensch. Die Kultur des neuen Kapitalismus. Berlin: Berlin Verlag.

Sennett, R. (2002). The fall of the public man. London: Penguin Books.

Sharpley, R. (2009). Shedding Light on Dark Tourism. In. R. Sharpley und R. Stone (Hrsg.). The darker side of travel: the theory and practice of dark tourism. Bristol, S. 3–22.

Sömnez, S. (1998): Tourism, Terrorism and Political Instability. *Annals of Tourism Research* 25 (2), 416–456.

Spreitzhofer, G. (1997). Rucksack-Rausch und Freizeitwahn. Drei Jahrzehnte Alternativtourismus in Südostasien. In: Ch. Stock (Hrsg.): *Trouble in Paradise. Tourismus in die Dritte Welt* (S. 161–170). Freiburg: Informationszentrum Dritte Welt.

Steinbrink, M. und Pott, A. (2010). Global Slumming. Zur Genese und Globalisierung des Armutstourismus. In: H. Wöhler et al. (Hrsg.), *Tourismusräume. Zur soziokulturellen Konstruktion eines globalen Phänomens* (S. 247–270). Bielefeld: transcript.

Steiner, C. (2010). An Overestimated Relationship? Violent Political Unrest and Tourism Foreign Direct Investment in the Middle East. *International Journal of Tourism Research.* 12 (6), 726–738.

Stone, P.R. (2012). Dark Tourism and significant other death. Towards a Model of Mortality Mediation. *Annals of Tourism Research,* 39 (3), pp. 1565–1587.

UNWTO (1999). Global Code of Ethics. Resource document. http://ethics.unwto.org/content/global-code-ethics-tourism. Zugegriffen: 31. Jänner 2014.

UNWTO (2008). Sustainable Tourism – eliminating poverty. www.unwtostep.org. Zugegriffen: 10. März 2014.

UNWTO (2013). Tourism Highlights. Resource document. http://mkt.unwto.org/publication/unwto-tourism-highlights-2013-edition. Zugegriffen: 10. Jänner 2014.

Wang, N. (1999). Rethinking Authenticity in Tourism Experience. *Annals of Tourism Research,* 26 (2), pp. 349–370.

Wöhler, K.H. (2004). Fernreisen als postkoloniales Reisen. In K. Luger (Hrsg.), Ferntourismus – Wohin? Der globale Tourismus erobert den Horizont. Innsbruck/Wien: Studienverlag, S. 57–71.

Wohlrab-Saar, M. (1997). Individualisierung: Differenzierungsprozess und Zurechnungsmodus. In U. Beck und P. Sopp (Hrsg.). Individualisierung und Integration. Neue Konfliktlinien und neuer Integrationsmodus? Opladen: Leske & Budrich, S. 23–36.

World Bank (2013a): GDP growth (annual %). Online-Dokument: http://data.worldbank.org/indicator/NY.GDP.MKTP.KD.ZG

World Bank (2013b): Cash surplus/deficit. Online-Dokument: http://data.worldbank.org/indicator/GC.BAL.CASH.GD.ZS

WTTC (2012). Travel and Tourism Economic Impact. World. www.wttc.org/site_media/uploads/downloads/world2012.pdf, Zugegriffen: 10. März 2014.

WTTC (2013). Travel and Tourism Economic Impact. Egypt 2013. Online-Dokument: www.wttc.org/site_media/uploads/downloads/egypt2013.pdf. Zugegriffen: 10. März 2014.

# Kommentar: Fairplay im Ferntourismus?

Zur Reiseethik westlicher Touristen

Andreas Koch

## 1 Einleitung

In seinem Beitrag „Fairplay im Ferntourismus? Zur Reiseethik westlicher Touristen" stellt Wolfgang Aschauer eine normative Beziehung zwischen den Reiseeinstellungen und Werthaltungen von Touristen und der ethischen Maxime der Fairness her. Wenngleich die Einschränkung auf *Fern*tourismus und *westliche* Touristen nicht ganz nachvollziehbar ist und auch im Artikel nicht weiter erläutert wird, so ist seine Fokussierung auf zwei besondere Reiseformen – das Reisen in Krisengebiete am Beispiel Ägyptens und das Reisen in Slums am Beispiel Kapstadts und Rio de Janeiros – schlüssig. Denn es wäre angesichts der zahlreichen unterschiedlichen Tourismusformen (z. B. Tages-, Städte-, Kurtourismus), Reisemotive (z. B. Erholung, Bildung, Abenteuer) und Reisezwecke (z. B. Urlaubs- oder Geschäftsreise) vermessen, allgemeingültige Aussagen zu diesem Zusammenhang formulieren zu wollen. Allerdings stellt sich auch bei der Betrachtung dieser beiden, in ihrer Intention besonderen Reiseformen die Frage, was den Tourismus auszeichnet, um ihn unter dem Gesichtspunkt von Fairness und Fairplay zu betrachten.

Diese Frage wird im Folgenden differenziert nach dem Adressaten der Forderung nach Fairness, den sozial- und politisch-geographischen Besonderheiten der beiden touristischen Destinationsformen und den sozialnormativen Ansprüchen, die gegenüber Touristen mit derartigen Reisezielen geltend gemacht werden, in den Blick genommen. Diese Aspekte werden von Aschauer eher implizit angesprochen, wenngleich er in seinen kritischen Analysen die grundsätzliche Problematik der Beziehung von Tourismus und Fairness differenziert und abwägend auf den Punkt bringt.

Fairness und Fairplay werden dabei in einem weiten Sinn als anständige, ehrliche und gerechte Haltung (Fairness) bzw. als anständiges Verhalten (Fairplay) verstanden. Mit diesen Definitionen wird zwar das Verständnis der Beziehung

Tourismus – Fairness nicht zwangsläufig erhöht, da die Definitionskriterien ihrerseits klärungsbedürftig und verschieden interpretierbar und zudem kontextsensitiv sind, wie anhand eines Beispiels aus dem Bereich der Medizin verdeutlicht werden kann. Was hier fairerweise erlaubt bzw. erwünscht ist, hängt von gesellschaftspolitischen Aushandlungsdiskursen ab: Infusion und künstliche Befruchtung, Blut- und Samenspende, „normale" und reproduktive Medizin. Diese Definition ist jedoch bis zu einem gewissen Grad anschlussfähig an politisch-philosophische Ansätze von Fairness (vgl. Dworkin, 2011, 71 u. 108; Gertenbach et al., 2010, 121ff.; Özmen, 2013, 69ff.; Rawls, 1988, 133f.). Nach John Rawls (ebd., 133) ist Fairness ein elementarer Grundsatz für Einzelmenschen, der den Charakter der Verpflichtung – im Unterschied zu den natürlichen Pflichten – gegenüber den Regeln von Institutionen dann beinhaltet, wenn diese Institutionen seinen beiden Gerechtigkeitsgrundsätzen entsprechen und wenn die Annahme der Regeln als vorteilhaft erachtet werden und somit freiwillig erfolgt. Während diese Deutung im Bereich des Sports gut übertragbar erscheint – die Institution „Fußballspiel" erwartet von Spielern eine regelkonforme Verpflichtung während des Spiels oder auch im Bereich der Transferpolitik – erscheint mir dies im Zusammenhang des Tourismus deutlich schwieriger.

## 2 Der Adressat der Fairnessforderung

Der Tourismus hat sich in den letzten Jahrzehnten zu einer hochgradig komplex organisierten Industrie entwickelt, die von der Reiseplanung und -vermarktung, der Reise selbst, dem Aufenthalt vor Ort bis hin zu Reiselogistik und Kommunikationstechnologien (z.B. Tourismusportale im Internet) eine effiziente Vernetzung der an diesem System beteiligten Unternehmen, Aufsichts- und Naturschutzbehörden, Kommunen sowie politischen Interessensvertretungen, um nur einige zu nennen, erreicht hat. Diese Vernetzung hat durch Globalisierung und damit einhergehend Deregulierung und Privatisierung aber auch zu einer ökonomischen Verwertungslogik geführt, die im – inszenierten wie authentischen – Bedürfnis nach Erholung, Bildung, Anders- und Neuartigkeit oder Alternativen zum Alltag daheim das Profitstreben in den Mittelpunkt stellt. Dies zeigt sich nicht zuletzt an der extrem ausdifferenzierten Formulierung der Zielgruppen, die sich über alle Alters-, Interessens-, Soziale-Klassen- und Lebensstilgruppen hinweg erstreckt und so die Vorstellung einer sehr persönlichen Ansprache von Wünschen und Präferenzen suggeriert.

Vor diesem Hintergrund stellt sich die Frage, wer wem gegenüber eine faire Haltung einnehmen soll. Wie kann bzw. soll sich Fairness bei den von Aschauer genannten Tourismusformen manifestieren? Die Frage nach dem Adressat der Fairnessforderung ist somit eine des sozialen Maßstabs. Die Schwierigkeit dabei ist, dass sie sich mühelos vervielfältigen lässt und eine Beantwortung von der Zuordnung nach prinzipieller Verantwortlichkeit der Fairnessregeln abhängt. Eine faire Haltung kann zwischen dem Touristen und dem Slumbewohner gefordert werden, ferner aber auch zwischen dem Touristen und dem Slum, der Touristengruppe und dem Slumbewohner bzw. dem Slum, sowie zwischen dem Reiseveranstalter und dem Slumbewohner bzw. dem Slum. Dies kann analog auf den Cluburlaub übertragen werden.

Die Ausführungen von Wolfgang Aschauer legen eine Interpretation nahe, die primär auf die individuelle Ebene – zwischen Tourist und Slumbewohner bzw. einheimischem Clubmitarbeiter – abzielt. Für diese Ebene sieht er zu Recht kaum Spielräume, solange „schöne Worte“ dominieren: „Resümierend muss festgehalten werden, dass Fairplay im Sinne eines nachhaltigen Ferntourismus und Fairness im verantwortungsvollen Umgang mit der einheimischen Bevölkerung bis dato eher die Ausnahme als die Regel darstellt.“ Meines Erachtens ist es für diese Debatte jedoch wenig zielführend, wenn zunächst und vor allem „Pflichten für Reisende“ gefordert werden. Der Adressat der Fairnessforderung muss vielmehr auf der Ebene des Reiseveranstalters gesehen und es müssen entsprechende Regelwerke für diesen formuliert werden. Um in der Analogie des Sports zu bleiben: Der Reiseveranstalter ist der eigentliche Spieler auf dem Spielfeld des Tourismus, und seine Mit- bzw. Gegenspieler sind jene nationalen wie internationalen Unternehmen, Behörden, Ministerien etc., die in den genannten Netzwerken organisiert sind. Der Tourist bleibt Zuschauer. Mit dem Kauf des Tickets kann er sich mit den lokalen gesellschaftlichen Verhältnissen des Slums (des Clubs) auseinandersetzen, er kann ein politisches Commitment entwickeln, muss es aber nicht. Auch der Zuschauer eines Fußballspiels kann Fan einer Mannschaft sein oder einfach der besonderen Atmosphäre an diesem Ort etwas abgewinnen.

## 3 Sozialgeographische Besonderheiten des Slum- und Clubtourismus

Die Zuschauerrolle des Touristen führt auch dazu, dass er sich nicht bewusst und kritisch mit den Fairnessregeln der Tourismusindustrie auseinanderzusetzen braucht. Ein Fußballfan, der zur Weltmeisterschaft 2014 nach Brasilien reist, hat nicht die politische Macht besessen, gegen die menschenunwürdigen Bedingungen der Errichtung der Spielstätten oder Infrastrukturen aufzubegehren, da die Errichtung selbst, aber auch die Entscheidung über die Ausrichtungsorte von politischen Systemen außerhalb seiner politischen Mitwirkungsrechte oder von gänzlich undemokratischen Institutionen (Fifa) durchgeführt wurde. Auch Sinn und Zweck der touristischen Spielregeln erfordern von ihm keine diskursive Analyse und Hinterfragung. Man mag die Abseitsregel im Fußball für unsinnig erachten – und man mag den Besuch eines Slums für verwerflicher halten als den Besuch einer Moschee, eines Sakralbaus, der durch Touristen profanisiert wird –, aber man wird wohl kaum den Besuch von der Klärung einer derartigen Haltung abhängig machen.

In diesen Zusammenhang sind auch die sozial- und politisch-geographischen Besonderheiten der von Wolfgang Aschauer in den Blick genommenen Destinationen zu integrieren. Sofern seine Ausführungen zum Krisentourismus in Ägypten sich auf den Urlaub im Resort erstrecken, ist es wichtig, zu bedenken, dass es sich hierbei im Prinzip um exterritoriale Gebiete handelt, die von internationalen Konzernen im Privateigentum geführt werden. Diese Gebiete sind in der Regel umzäunt und streng bewacht, die Bewegungsfreiheit sowohl für die Exkludierten wie die Inkludierten ist stark eingeschränkt. Welche symbolische Bedeutung steckt in dieser sichtbaren räumlichen Organisation? Eine Lesart, die sich aufdrängt, ist die, dass man die Touristen vor den Bürgern des Gastlandes schützen muss; es scheint zwingend geboten, sie von Armut, sozialer Ungleichheit und Unterdrückung fernzuhalten. Hinter dieser Lesart stehen die Interessen sowohl der Reiseveranstalter (und ihrer Netzwerke) als auch der nationalen Regierungen (hier also Ägypten). Beide Seiten wollen sich nicht in ihre politischen Karten schauen lassen, die Devisen aber nehmen sie bereitwillig.

Die Forderung nach Fairness auf Seiten der Touristen erscheint mir hier kaum legitimierbar, denn wie soll man eine anständige Haltung gegenüber der Unanständigkeit der Lebensverhältnisse vor Ort einnehmen können? Auch wenn sich, wie Wolfgang Aschauer zu Recht kritisiert, die mediale Berichterstattung zum

Beispiel über den Islam ändern würde, würde das nicht viel an der Frage des fairen Verhaltens in den touristischen Enklaven ändern. Die Kritik der Ausblendung, die Aschauer anspricht, wäre nicht an die Reisenden selbst, sondern an die Verantwortlichen der Tourismuswirtschaft und Politik zu richten.

Im Unterschied zum Resort ist der Slum räumlich-integraler Bestandteil einer Stadt (sofern eben diese Stadt einen Slum hat). Die humanitären und sozialen Verhältnisse, die in einem Slum herrschen, sind unzweifelhaft moralisch abzulehnen. Ihre Existenz verdankt sich aber nur teilweise den politischen Machtverhältnissen der jeweiligen Stadt. Kritik an Stadtpolitik und -planung muss daher auch die hohen Zuwanderungsraten aus den ländlichen Regionen der jeweiligen Länder berücksichtigen – zum Beispiel nach Dhaka, der Hauptstadt Bangladeschs, mit derzeit geschätzten 15 Mio. Einwohnern, wandern täglich etwa 1400 Menschen ein (Grefe, 2013, 33). Fairnesskriterien für Slumtourismus dürfen daher die noch wesentlich problematischeren Lebens- und Arbeitsverhältnisse in den ländlichen Regionen jener Länder respektive Megastädte, in denen das urbane Prekariat wächst, nicht ausblenden (Saunders, 2011; Davis, 2006).

## 4 Sozialnormative Ansprüche an Touristen

Eine Möglichkeit, den Touristen aus der Zuschauerrolle zu holen und ihn in die Rolle eines aktiven Mitspielers zu versetzen, bestünde darin, die sozialnormativen Ansprüche, die mit dem Tourismus verbunden sind, zu hinterfragen und zu ändern – eine Utopie, auf die Wolfgang Aschauer am Ende seines Beitrages explizit hinweist.

Reisen kann zum einen als Ausnahmezustand begriffen werden, es ist das Andere zu Alltag, Routine, Arbeit. Zum anderen hat Reisen den Nimbus des Statussymbols, über das Reisen kann man sich selbst inszenieren, man erlangt Aufmerksamkeit und Anerkennung, und dies umso mehr, je ausgefallener und ungewöhnlicher die Reiseziele und die damit verbundenen Motive und Handlungen sind (hierzu zählen auch die Ausübung von Extremsportarten in entlegenen Weltgegenden oder das Wochenendshopping in New York). Der Urlaub im Slum mag hier widersprüchlicher erscheinen als im abgegrenzten Resort, da offen bleibt, wie er zur identifikatorischen Außendarstellung genutzt werden kann. Der Cluburlaub dagegen übersetzt die physisch-materielle Abgrenzung des Urlaubsdomizils in eine symbolische Abgrenzung, die zum Ausdruck bringen soll, dass man sich nicht (unbedingt) mit den Problemen des Urlaubslandes auseinandersetzen will.

Ein erster Schritt bestünde darin, die Regeln der Fairness gegenüber den Mitmenschen im eigenen Land, der eigenen Stadt oder der eigenen Nachbarschaft auf den Prüfstand zu stellen. Denn während man in der Fremd- und Andersheit eines Slums die Authentizität der dort lebenden Menschen und ihrer Lebensbedingungen als Projektionsfläche zu den eigenen Lebensbedingungen sucht, will man zu Hause nur bedingt oder, besser noch, gar nicht mit den Lebensverhältnissen von zum Beispiel Migranten, Alleinerziehenden, Armen, Arbeitslosen oder Alten konfrontiert werden. Dies zeigt sich unter anderem an der Art der politischen Auseinandersetzung mit Bettlern und Obdachlosen. Des Weiteren wäre auch zu prüfen, wie nachhaltig identitätsstiftend das Erleben von Authentizität in der Ferne nach der Rückkehr ist. Um einen Vergleich aus der Konsumwelt zu ziehen: Ist es nur das pure Shoppingerlebnis, das zählt, oder geht es tatsächlich um den Konsum, also die wiederholte Nutzung des erworbenen Gutes (kaufe ich nur eine Musik-CD oder höre ich sie auch?).

Es sind somit Kriterien der Aufmerksamkeit(sökonomie) (Franck, 1998), der eigenen Identität(sstiftung und -konsolidierung) (Kaufmann, 2005) und der sozialen Anerkennung (Honneth, 2005), die in ihrer Wertschätzung Alternativen zur neoliberalen Verwertungslogik brauchen. Spezifische Fairnessregeln im Tourismus einzufordern, nur den Slumbewohnern oder Mitarbeitern von Clubhotels gegenüber eine anständige Haltung einzunehmen, greift meines Erachtens zu kurz. Was es braucht, ist der allgemein um sich greifenden sozialräumlichen Segregation Einhalt zu gebieten. Wer schon zu Hause in Städten lebt, in denen die sozialen Schichtunterschiede zwischen den Stadtteilen groß, innerhalb dieser Stadtteile jedoch gering sind, wird kaum in der Lage und bereit sein, diese Schichtunterschiede in einem ägyptischen Clubareal oder einer Megacity mit Slumbevölkerung aufmerksam wahrzunehmen. Als fairer Mitspieler und Mitgestalter von Fairnessregeln im Tourismus wäre es notwendig, Aufmerksamkeit und Anerkennung nicht über Distinktionsphänomene des Außergewöhnlichen zu suchen, sondern sie im Mitmenschlichen des Alltags zu finden. Dann ließen sich auch wirkliche Solidarität und Empathie für jene Menschen aufbauen, die bis dahin zum Ziel touristischer Inwertsetzung instrumentalisiert wurden.

## 5 Literatur:

Davis, Mike. 2006. *Planet of Slums*. London, New York: Verso.

Dworkin, Ronald. 2011. *Was ist Gleichheit?* Frankfurt a. M.: Suhrkamp Verlag.

Franck, Georg. 1998. *Ökonomie der Aufmerksamkeit*. München, Wien: Carl Hanser Verlag.

Gertenbach, Lars; Laux, Henning; Rosa, Hartmut und David Strecker. 2010. *Theorien der Gemeinschaft zur Einführung*. Hamburg: Junius Verlag.

Grefe, Christiane. 2013. Willkommen im Chaos. *Die Zeit*, Nr. 15, 4.4.2013, 33–34.

Honneth, Axel. 2005. *Verdinglichung. Eine anerkennungstheoretische Studie*. Frankfurt a. M.: Suhrkamp Verlag.

Kaufmann, Jean-Claude 2005. *Die Erfindung des Ich. Eine Theorie der Identität*. Konstanz: UVK Verlagsgesellschaft.

Özmen, Elif. 2013. *Politische Philosophie zur Einführung*. Hamburg: Junius Verlag.

Rawls, John. 1988. *Eine Theorie der Gerechtigkeit*. 4. Auflage, Frankfurt a. M.: Suhrkamp Verlag.

Saunders, Doug. 2011. *Arrival City: How the Largest Migration in History is Reshaping our World*. London: William Heinemann.

# Biografien

## Herausgeber

Assoz.-Prof. Minas Dimitriou arbeitet am Interfakultären Fachbereich für Sport- und Bewegungswissenschaften an der Universität Salzburg. Seine Forschungsschwerpunkte sind Sport und Politik, Medien und Olympische Spiele, Sportkommunikation und Eventisierung von Sport. Er ist darüber hinaus auch Geschäftsführer des Universitätslehrgangs „Sportjournalismus".

Dr. Gottfried Schweiger arbeitet als Senior Scientist am Zentrum für Ethik und Armutsforschung der Universität Salzburg. Er forscht dort vor allem zu Fragen der globalen Gerechtigkeit und Ethik (insbesondere Armut) und zu Fragen der Steuergerechtigkeit und zur Einkommensgerechtigkeit (insbesondere im Sport).

## AutorInnen:

Prof. Günter Amesberger, Leiter des Fachbereichs Sport- u. Bewegungswissenschaft und Teamleiter AG Sportpädagogik, -psychologie, -soziologie, Universität Salzburg.

Ass.-Prof. Wolfgang Aschauer, Assistenzprofessor im Bereich Europäisch vergleichende Sozialstrukturanalyse am Fachbereich Politikwissenschaft und Soziologie, Universität Salzburg.

Prof. Michael Breitenbach, emeritierter Professor für Molekulare Genetik an der Universität Salzburg.

A.o. Prof.in Helga Embacher, außerordentliche Professorin (Zeitgeschichte) am Fachbereich Geschichte an der Universität Salzburg.

Dr. Helmut P. Gaisbauer, Politikwissenschaftler, Senior Scientist am Zentrum für Ethik und Armutsforschung, Universität Salzburg.

Prof. Franz Gmainer-Pranzl, Professor an der Katholisch-Theologischen Fakultät der Universität Salzburg und Leiter des Zentrums „Theologie interkulturell und Studium der Religionen" Salzburg und Leiter des Zentrums „Theologie interkulturell und Studium der Religionen"

Prof.[in] Eva Jonas, Professorin für Sozialpsychologie, Leiterin des Fachbereichs Psychologie und der Abteilung Sozialpsychologie an der Universität Salzburg.

Prof. Andreas Koch, Professor für Sozialgeographie und stellv. Leiter des Zentrums für Ethik und Armutsforschung, Universität Salzburg.

Ass.-Prof. Harald Oberhofer, Assistenzprofessor für Volkswirtschaftslehre an der Universität Salzburg.

Mag. Jörg Paetzold, Doktorand am Salzburg Centre for European Union Studies, Universität Salzburg.

Prof. Walter Pfeil, Professor für Arbeitsrecht und Sozialrecht mit Doppelzuweisung im Fachbereich Arbeits-, Wirtschafts- und Europarecht und im Schwerpunkt Recht, Wirtschaft und Arbeitswelt, Universität Salzburg.

A.o. Prof. Rudolf Renger, arbeitet am Fachbereich Kommunikationswissenschaften der Universität Salzburg und ist dort stellv. Leiter der Abteilung Journalistik.

Prof.[in] Christine Schmid, Professorin für Bildungsforschung an der Universität Salzburg.

Prof. Clemens Sedmak, Professor für Sozialethik am King's College London, Universität London. Gastprofessor für Sozialethik und Leiter des Zentrums für Ethik und Armutsforschung, Universität Salzburg.

Ass.-Prof. Andreas M. Weiß, Assistenzprofessor (Moraltheologie) und Fachbereichsleiter am Fachbereich Praktische Theologie, Universität Salzburg.

Prof. Hannes Winner, Professor für Volkswirtschaftslehre an der Universität Salzburg und dort stellv. Leiter des Salzburg Centre of European Union Studies.

The manufacturer's authorised representative in the EU is Springer Nature Customer Service Centre GmbH, Europaplatz 3, 69115 Heidelberg, Germany. If you have any concerns regarding our products, please contact ProductSafety@springernature.com

Printed and bound by CPI Group (UK) Ltd, Croydon, CR0 4YY
23/04/2026
02095638-0001